Jean-Cla

CW01522557

Immortalité numérique

Intelligence artificielle et transcendance

Ⓒ Science-eBook, Mai 2016
Première édition : Juin 2014
http://www.science-ebook.com
ISBN 979-10-91245-38-8

Table

Je ne veux pas devenir immortel par mon œuvre,
je veux devenir immortel en ne mourant pas !

Woody Allen.

Avant-propos

Les technologies numériques bousculent ce que nous avions cru établi, jusqu'à remettre en cause la nature humaine. Il en est ainsi de ce rêve aussi ancien que l'humanité : l'immortalité. L'homme, ce mortel, a en effet toujours envié cette longévité aux dieux. Et voici que la science et la technologie nous laissent entrevoir la possibilité de devenir immortel, si ce n'est au niveau de la chair, en tout cas au niveau de notre personnalité numérique.

Certains technoprophètes prédisent que les avancées vont s'accélérer de manière exponentielle jusqu'à l'avènement d'une intelligence artificielle omnisciente. Cette singularité technologique pourvoirait ensuite à tous les besoins de l'humanité. Dès lors, nous pourrions vivre à ses côtés comme de purs esprits débarrassés des contingences organiques.

Allons-nous devenir des fantômes numériques errants dans les limbes d'Internet, des cyborgs immortels ou bien encore des clones accédant à leur passé multimédia ?

L'objectif de ce livre est de faire un état de ces questions qui régulièrement font l'objet de débats et de questionnements. En particulier, il convient de bien différencier l'image véhiculée par les films à grand spectacle et la réalité des laboratoires.

Dans la première partie, nous introduisons la notion d'immortalité numérique en montrant l'évolution de l'identité et de la personnalité sur les réseaux vers celle d'un double virtuel. Dans un second temps, nous remontons aux racines de l'immortalité. Autrefois chasse gardée des religions, ce sujet est devenu un enjeu pour la science, non seulement pour la médecine et les biotechnologies, mais également pour les technologies numériques.

La seconde partie aborde le sujet controversé de la singularité technologique. Depuis l'accélération exponentielle du progrès jusqu'à l'immortalité par téléchargement de l'esprit dans un ordinateur, en passant par l'avènement d'une super-intelligence artificielle, nous tordons le cou aux prédictions fantasmatiques des transhumanistes. Sans rejeter la possibilité de progrès scientifiques significatifs, nous revenons à une vision plus réaliste des perspectives liées aux recherches dans les laboratoires.

En particulier, dans la troisième partie, nous faisons un point sur cette jeune discipline qu'est l'intelligence artificielle. Après avoir fait beaucoup parler d'elle et fait rêver le grand public, elle a connu une succession d'avancées réelles et de périodes moins fastes, voire de désaffection. Nous rappelons son histoire et les principaux courants qui la composent, puis nous présentons une vision pragmatique de ses enjeux et de ses applications.

La quatrième et dernière partie aborde le sujet de la transcendance. Pour les hommes, elle est synonyme d'immortalité, d'une vie éternelle à l'instar des dieux, fusse-t-elle limitée à une sauvegarde de la mémoire multimédia d'un individu sous la forme d'un fantôme numérique. Pour une machine, immortelle par construction, la véritable transcendance est plutôt celle de l'accès à la conscience.

Pour conclure, nous proposons une approche de l'intelligence artificielle basée sur les sciences de la complexité afin d'étudier cette perspective d'un point de vue scientifique.

PARTIE 1

Rêves d'éternité

1

Que devient un profil Facebook après la mort ?

Au début de l'année 2009, le site *Rue89* publiait un article en commençant par ces mots (Faure 2009) : « On ne meurt jamais sur Facebook. J'ai déjà deux morts parmi mes amis. La semaine dernière, Facebook m'a rappelé que c'était l'anniversaire de l'un d'eux. »

En août 2013, Facebook comptabilisait plus d'un milliard d'utilisateurs, 50 millions de pages créées, 240 milliards de photos téléchargées et partagées. Près de 50 % des 18-34 ans se connectent à leur compte Facebook dès le réveil. Un utilisateur moyen y passe environ 20 minutes par jour et il est en relation avec un peu plus de 140 amis. Les chiffres de Facebook sont impressionnants, et cela depuis sa création en février 2004 par Mark Zuckerberg, un étudiant de la prestigieuse université d'Harvard.

Avec un tel nombre d'utilisateurs, le décès d'un titulaire de compte est loin d'être rare. Une estimation rapide donne près de 50 millions de « morts Facebook » en 2015 uniquement pour les États-Unis (Good 2010).

Selon le statisticien Hachem Saddiki, Facebook pourrait devenir un véritable cimetière virtuel avec plus de personnes décédées que de personnes vivantes en 2098 (Slate 2016).

Si certains services internet ferment les comptes automatiquement après une certaine durée d'inactivité, d'autres proposent des procédures plus contraignantes. Ainsi, pour fermer le compte de certaines messageries, il est nécessaire de fournir plusieurs documents administratifs autorisant le représentant du défunt à accéder à ses informations.

Sur Facebook, le décès n'entraîne pas automatiquement la fermeture du compte et sa disparition. Sur certaines pages, on peut ainsi voir un avis signalant la mort, des photos de l'enterrement et des condoléances qui ont été postées. De temps à autre, des amis laissent des petits mots de souvenir.

Dans les faits, quatre cas peuvent se présenter pour ces profils endeuillés :

1. Le profil reste tel qu'il est sans aucune modification. Il continue donc à être accessible en fonction des paramètres de confidentialité qu'avait paramétrés son titulaire. En d'autres termes, la vie continue, comme si de rien n'était.

2. Un membre de la famille ou un ami proche décide de contacter Facebook pour l'informer. Après réception des documents attestant de la preuve du décès, Facebook place le profil en mode « mémorial ». Certaines parties sont cachées pour protéger la vie privée du défunt et de ses proches, le membre est retiré des groupes auxquels il appartenait et seuls ses amis peuvent accéder à son profil. Tous les services de proposition de nouveaux amis, les

applications, la messagerie sont stoppés.

3. Un membre de la famille fait la demande à Facebook de désactivation du compte. Dans ce cas, le profil n'est plus accessible et il disparaît des membres du réseau social.

4. Une ou plusieurs personnes ont connaissance des paramètres de connexion et du mot de passe du défunt. Ils continuent à gérer le profil du disparu en son nom et à sa place. Notons au passage que ce type de pratique est en désaccord avec les termes du règlement d'utilisation de Facebook. Le transfert d'un profil à une autre personne doit en effet obtenir un accord écrit de leur part.

Dans bon nombre de cas, les utilisateurs de Facebook choisissent de laisser le profil actif, de façon à pouvoir interagir avec cette rémanence de la personne qui a disparu. Dans un article récent (Buck 2013), plusieurs exemples pointent les raisons de ce comportement.

Scott a perdu sa sœur de quarante-cinq ans d'un cancer du sein en décembre 2011. En tant que son plus proche parent, il s'est occupé de sa sœur avant, pendant et après sa mort : « Ma responsabilité était de m'occuper et de disperser ce qui restait de la vie de Nancy. Arrêter son abonnement téléphonique, ses cartes de crédit, les divers services auxquels elle avait souscrit, son compte de messagerie, étaient des conclusions et des décisions logiques... La seule chose avec laquelle je ne savais pas quoi faire était sa page Facebook. »

Scott considérait non seulement son profil comme la mémoire de ce qu'elle avait accompli dans sa vie, mais aussi comme un ensemble d'expériences personnelles qu'elle avait choisi de partager avec ses amis : « Je pense que la page Facebook de Nancy est pour moi une sorte de tombe virtuelle, comme pour d'autres membres de la famille et de ses amis. Nous n'avons pas besoin de parcourir des milliers de kilomètres et de chercher sa pierre tombale pour la retrouver. À la place, on clique juste sur n'importe quel ordinateur et on la voit, on se rappelle d'elle, on lui laisse des messages et on sourit ou bien on pleure sur ce qui lui est arrivé. »

Kirsten a rencontré Damien, un musicien reconnu, par l'intermédiaire d'amis communs. Au fil des années, ils sont devenus des amis proches. Damien a écrit et produit le thème de la chanson d'anniversaire de son fils de neuf ans. Malheureusement, Damien est mort dans un parking à Orlando lors d'une banale agression pour vol. Après deux mois, les larmes aux yeux, Kristen fit écouter à l'un de ses amis la voix de Damien : « Cette nuit-là, j'ai envoyé un message au profil toujours actif de Damien. Cela m'a donné la possibilité de lui dire ce que je souhaitais, même s'il ne le saura jamais. »

Au Mexique, les familles honorent leurs morts en laissant des objets et des victuailles sur des autels. De la même façon, des utilisateurs Facebook partagent des bons souvenirs et des histoires, postent leurs photos préférées, comme des présents sur le mur des défunts.

Margaret a perdu son ami dans un accident de voiture en 2009, mais elle et sa famille continuent de maintenir sa page Facebook active : « Les gens ont construit des cimetières et des monuments commémoratifs depuis que l'homme existe. Maintenant, ces monuments sont numériques. »

Dans notre société occidentale, les individus doivent arriver à supporter une perte chère en se détachant émotionnellement du défunt. Selon l'anthropologue Michaelanne Dye, dans les vingt dernières années, les chercheurs ont commencé à étudier les bienfaits de maintenir un lien avec les défunts : « considérant cela, Facebook apparaît comme un moyen naturel pour faire le deuil de la personne décédée. »

Mais l'anthropologue pointe également une nouvelle pratique dans la construction de l'identité. Aujourd'hui, les identités sont coconstruites en interaction avec les médias sociaux : « Par conséquent, l'identité numérique du défunt ne fait pas que perdurer dans le monde virtuel, elle continue d'évoluer et de s'adapter à mesure que d'autres continuent d'interagir avec elle. »

Pour beaucoup, Facebook est donc devenu un moyen commode d'accès à une forme de cimetière virtuel et, par conséquent, de catharsis. Pour certaines personnes cependant, ces pratiques peuvent être plus pénibles que bénéfiques. Le profil restant accessible de façon publique, les suggestions automatiques, les rappels pour l'anniversaire, les demandes de nouveaux amis, les commentaires des personnes ignorant le décès viennent perturber les proches. Ainsi Dunham a du faire face à un flot de messages après la mort de Cheryl : « les gens postent des vœux de bonne année ou d'anniversaire qui montrent bien qu'ils ne savent pas qu'elle est morte. À des choses stupides comme "Passe un bon anniversaire, on ne vit qu'une fois !", j'ai commencé par répondre simplement qu'elle était morte, mais comme elle avait plus de mille amis sur Facebook, ce n'était pas la bonne solution. J'ai certainement blessé involontairement certaines personnes. »

Pour Andrew qui a perdu sa femme Debra, les amis n'étaient pas toujours sincères : « Avec la plupart des amis Facebook, il n'y a pas la profondeur de véritables émotions, comme on en a dans une relation réelle. Un tas de gens s'expriment dans un registre émotionnel qui n'a pour objectif que de montrer aux autres combien leurs sentiments sont profonds, que cela soit vrai ou non. J'ai trouvé cela faux et désagréable. Je n'ai pas du tout apprécié cette expérience. »

Andrew se demandait s'il devait maintenir ou désactiver de façon permanente le profil de son épouse.

Enfin, dans d'autres cas heureusement assez rares, on peut signaler des comportements plus problématiques, qui se caractérisent par une interaction très fréquente avec le profil du mort.

La perception des comportements engendrés est donc variée en fonction des situations et des personnes. Elle dépend aussi largement de la culture et des traditions religieuses.

Néanmoins, pour une majorité, le deuil au travers de Facebook semble plus facile. Une femme confie : « Pouvoir accéder au profil après la mort est bénéfique. Cela permet une relation avec ceux qui l'ont aimé, une source de souvenirs et d'émotions à partager et une opportunité de dire au revoir dans un sens qui adoucit la douleur et permet à la vie de reprendre son cours. »

Un bon nombre de questions restent néanmoins en suspend : Qui détient alors les droits du compte Facebook ? Est-ce qu'il fait partie du patrimoine du défunt et par conséquent léguable à ses héritiers légitimes ? Dans quelle mesure appartient-il encore à Facebook ?

Ces questions ne sont pas véritablement tranchées. D'après l'avocate Murielle Cahen, un premier problème réside dans le fait que Facebook est un site américain. Même si le droit français est *a priori* applicable, la capacité à faire exécuter une éventuelle décision est une tout autre chose.

Prenons par exemple le cas où les proches préfèrent désactiver le compte. En théorie c'est tout à fait possible. En pratique, c'est un peu plus difficile, d'autant que l'entreprise de Menlo Park change régulièrement son interface et son règlement. La version au moment où ce livre a été écrit stipule qu'il faut aller dans les paramètres de sécurité du compte, pour y trouver un lien de désactivation. Une fois désactivé, le site indique que le journal et toutes les informations associées disparaissent immédiatement. Personne ne peut plus alors trouver le profil sur le réseau social par l'intermédiaire d'une recherche, ni consulter les informations associées. C'est exactement le but recherché de celles et ceux qui souhaitent sortir du réseau. Mais, quelques lignes en dessous, il est aussi indiqué que le compte peut être réactivé à tout moment en se connectant avec son adresse électronique et son mot de passe. Le journal est alors restauré dans son intégralité, avec ses amis, photos, centres d'intérêt, etc. Si vous pensiez que tout avait disparu : eh bien non !

Il est quand même possible de tout supprimer définitivement, mais dans ce cas, la documentation met en garde l'utilisateur contre cet acte sacrilège : vous ne pourrez plus jamais le réactiver, ni récupérer son contenu ou ses informations. Comment faire ? Il suffit de contacter Facebook...

En résumé, cela risque de prendre du temps. En outre, même si les données ne sont plus accessibles, il n'est pas du tout évident qu'elles soient effacées de leurs serveurs, d'autant qu'en utilisant Facebook, l'utilisateur cède un droit d'utilisation. De plus, il est certain que les «likes», les commentaires et bien d'autres informations ne disparaissent pas des profils des amis et des amis des amis. Pour la législation américaine, les courts commentaires ou les mises à jour de profils ne constituent pas des éléments soumis à la protection par copyright.

Il est vrai que pour faire fonctionner le service offert et permettre de visualiser un profil dans de bonnes conditions, Facebook doit en pratique posséder certains droits d'utilisation, sans quoi l'entreprise pourrait avoir de nombreux problèmes juridiques. Néanmoins, il est également vrai que le modèle économique de l'entreprise repose sur l'utilisation des données de ses utilisateurs et leur valorisation financière. Enfin, dans la récente affaire Snowden, il est apparu que Facebook avait vraisemblablement collaboré avec l'agence de la sécurité nationale américaine NSA, en lui permettant un accès libre aux données de tous ses utilisateurs. La combinaison de contenus non protégeables, de droits partagés avec Facebook sur les images et l'accès au compte, rendent en pratique le transfert légal une procédure assez compliquée.

Une solution qui permettrait, non pas de résoudre, mais de simplifier l'aspect juridique serait de penser à laisser ses dernières volontés numériques. Des agences spécialisées et certaines sociétés d'assurance commencent à traiter ce genre de sujet. En France, à l'Institut de l'Internet et du Multimédia, plusieurs projets ont ainsi vu le jour. Citons par exemple le site *La vie d'après* qui, dès 2010, mettait en place un ensemble de services allant de la sauvegarde des données jusqu'à l'envoi de messages électroniques à une liste de personnes sélectionnées après le décès (Laviedapres 2009). En seulement quelques années, ce type de services est devenu pratiquement monnaie courante.

2

L'immortalité numérique

Au lieu de garder les cendres de Tatie Danielle dans une urne sur la cheminée, pourquoi ne pas conserver l'essence des êtres disparus sous forme numérique ?

Cette question surprenante débutait un article de 2007 qui présentait succinctement le projet d'un designer proposant la « clé de l'immortalité » : un petit écrin biseauté noir à la forme futuriste. Il s'agissait en fait d'une simple clé USB permettant de stocker des vidéos, des bandes sons, des photos et tous types de souvenirs numériques de l'être cher (Anonymous 2007a).

Ce qui pourrait paraître une boutade pointe en fait un sujet qui dépasse largement celui du compte Facebook que nous avons évoqué précédemment. Depuis quelques années, on ne compte plus en effet les projets qui, de près ou de loin, ont un rapport avec l'immortalité numérique.

Ainsi, l'américain Gregory Peter Panos proposait dès 1994 le projet *Personal Form* visant à simuler un être humain et documenter son existence (Panos 1994). Grâce aux technologies d'acquisition d'images et de données, de capture des mouvements, d'échantillonnage des expressions faciales, il est en effet possible d'élaborer une base de données, certes colossale en taille, qui pourrait servir ensuite dans l'élaboration d'un modèle numérique du corps. Cet avatar deviendrait en quelque sorte une représentation virtuelle, mais réaliste de son modèle. Il pourrait être animé et même doté de la personnalité de son double organique. Pour cela, Gregory Peter Panos prévoyait d'enregistrer également des données sur les livres, les musiques, les films, les lieux, les personnes préférés, mais aussi les choses aimées ou détestées, les expériences vécues ou souhaitées, les emplois, les accidents, les voyages et bien plus encore. Le sujet serait également interviewé et filmé dans un kiosque automatisé pour qu'il réponde à un grand nombre de questions, autant que possible, de façon à obtenir une base de données assez large pour envisager une simulation de sa personnalité.

Selon Gregory Peter Panos, une telle simulation de l'humain déboucherait sur un grand nombre d'applications. Les premiers à vouloir sauvegarder ainsi leur image seraient les célébrités, mais le projet devrait être accessible à tous ceux qui souhaitent conserver une trace d'eux-mêmes ou de leurs proches.

On ne peut évidemment que sourire devant la naïveté du projet, mais celui-ci nous rappelle de façon troublante toutes les données que les utilisateurs de Facebook sauvegardent volontairement ou non au fil des jours.

Gregory Peter Panos est loin d'être le seul à envisager de sauvegarder l'ensemble des données de la vie d'un être humain de façon à atteindre l'immortalité numérique.

Vous vous souvenez certainement du film *Total Recall* de Paul Verhoeven en 1990. Dans cette histoire, inspirée par la nouvelle de Philip K. Dick *We Can Remember It for You Wholesale*, Douglas Quaid, interprété par Arnold Schwarzenegger, est un modeste ouvrier qui vit sur Terre en 2084. Douglas est obsédé par un rêve récurrent où il explore la planète Mars. Il fait alors appel à la société *Rekall* qui propose l'implantation de souvenirs factices dans la mémoire de ses clients souhaitant voir leurs rêves devenir réalité. Des rêves aussi réels que de vrais souvenirs...

C'est un scénario sensiblement différent qu'a proposé un chercheur de Microsoft pour son projet un peu fou qu'il a pourtant baptisé du même nom : *Total Recall* (Bell 2009).

Gordon Bell déteste oublier. Alors il veut enregistrer toute sa vie, la stocker dans une mémoire informatique et atteindre ainsi l'immortalité numérique. Il rêve d'une mémoire absolue qui permettrait de se souvenir des événements importants de son existence, mais aussi des moindres détails. Ce serait une sorte d'encyclopédie personnelle multimédia constamment mise à jour, un cerveau électronique inaltérable, un double numérique qui serait à ses côtés tout au long de la vie pour l'assister et qui continuerait à le représenter au-delà de la mort.

Pour Gordon Bell, les avantages seraient considérables pour le bien-être personnel, mais aussi pour l'entourage et même le bien commun. Chacun pourrait ainsi faire profiter à d'autres le fruit de ses connaissances, transmettre le récit de sa vie à sa famille, améliorer sa gestion du temps, partager son expérience professionnelle avec des gens ayant le même métier, mieux se comprendre soi-même à travers l'analyse de ses comportements, servir de dossier médical personnel, pallier les pertes de mémoire dues à la vieillesse, etc. La liste est longue.

Pour cela, il faut tout conserver, tout scanner, tout archiver : notes, photos, vidéos, documents, factures, etc., et cela à chaque instant de l'existence. Comment Gordon Bell en est-il arrivé à travailler sur ce projet délirant ?

Au départ, il avait rejoint Microsoft en 1995 en tant que chercheur. Il avait déjà un hobby prédestiné puisqu'il avait fondé le musée de l'histoire de l'ordinateur. À l'origine, ce collectionneur compulsif cherchait juste à se débarrasser du papier dans son environnement professionnel. Il a donc commencé par scanner tous les documents, les courriers qu'il recevait, ses travaux de recherche, ses articles, ses demandes de brevets. Et puis, de fils en aiguilles, il a continué avec tous ses dossiers personnels, ses photos, ses diplômes, les dessins de ses enfants et il a pris en photo presque tous les objets qu'il possédait dont son impressionnante collection de « mugs ».

Avec son collègue Jim Gemmell, ils commencèrent en 1999 un projet de recherche baptisé *MyLifeBits* (Bell 2007). Il s'agissait d'une base de données multimédia supportant des annotations textuelles et sonores, des recherches rapides et l'intégration dans un navigateur web. Le logiciel incluait également des outils pour enregistrer des pages web, des émissions radiophoniques et télévisuelles. Son objectif était d'évaluer la faisabilité, l'intérêt, mais aussi le coût d'une conservation totale de toutes les données d'une vie.

Rapidement, Gordon Bell devint le cobaye de son propre projet. Il s'équipa autour du cou d'un appareil photo paramétré pour prendre des clichés automatiquement. En outre, son ordinateur stockait toutes pages web qu'il visitait. De même, son smartphone, son GPS et un capteur cardiaque enregistraient méthodiquement tous ses faits et gestes.

L'étude a été sponsorisée par Microsoft depuis son lancement en 1999. Jim Gemmel a dirigé le projet avec un développeur pendant quatre ans. L'entreprise a également subventionné un programme de recherche de trois ans avec une douzaine d'universités, en fournissant des financements, le logiciel *MyLifeBits* et des *SensCam*. Il s'agissait d'un dispositif développé par le laboratoire de recherche Microsoft de Cambridge composé d'un appareil photo numérique miniature qui prenait des photos automatiquement associé à d'autres capteurs.

Le projet *MyLifeBits* proprement dit s'est achevé en 2007 pour se poursuivre sous le nom plus accrocheur de *Total Recall*. Selon Gordon Bell, son projet a influencé certains développements chez Microsoft, mais aussi *Lifelog* de l'agence américaine de recherche pour la défense (DARPA). Depuis, le projet de Gordon Bell a fait de nombreux émules et l'on parle de cette pratique sous le terme de *Lifelogging*.

Lorsqu'on lui demande ses sources d'inspiration, le chercheur n'hésite pas à citer plusieurs films de science-fiction. Outre *Total Recall*, il fait référence à *Final Cut* de Omar Naim, dans lequel Robin Williams joue un « cutter », quelqu'un qui a le pouvoir d'éditer les histoires enregistrées dans les implants des gens, et *Superman* de Richard Donner en 1978 dans la scène où le père de Superman apparaît sous la forme d'un hologramme et raconte l'histoire de son peuple. C'est sous cette forme que Gordon Bell souhaiterait que les logiciels *de Lifelogging* apparaissent : un avatar en trois dimensions, avec l'apparence, la voix et le comportement de leur modèle organique.

Le projet a suscité de nombreux commentaires et polémiques aux États-Unis. La première préoccupation était celle de la confidentialité des informations pour qu'elles ne soient pas utilisées par un tiers, un pirate, le gouvernement, la justice ou les sociétés d'assurance. Pour le chercheur, le danger serait de partager sans contrôle l'ensemble de ses données personnelles. Il milite d'ailleurs pour un usage strictement privé du *Lifelogging*. Il se dit lui-même très étonné de la manière dont certains étalent leur vie sur les réseaux sociaux. Financé par Microsoft à l'ère de l'affaire Snowden, cet aspect du projet peut en effet laissé perplexe.

Une autre question résidait dans l'absence de consentement préalable des personnes filmées à leur insu. Gordon Bell proposait que les appareils soient capables de communiquer entre eux pour respecter les préférences de chacun de manière à flouter automatiquement les visages si nécessaire.

Mais l'angoisse la plus répandue était celle de perdre toutes ses données, de voir toute sa vie effacée d'un seul coup par un virus ou une panne informatique, ou bien qu'elles deviennent obsolètes et illisibles.

Depuis, d'autres projets similaires ont vu le jour. La *National Science Foundation* a subventionné pour un demi-million de dollars les universités d'Orlando et de Chicago pour utiliser l'intelligence artificielle, l'infographie et le stockage de données afin de créer des avatars humains réalistes. Jason Leigh à l'université de Chicago considère que c'est un premier pas vers l'immortalité virtuelle : « Le but est de combiner l'intelligence artificielle avec les dernières technologies d'infographie et de jeu vidéo pour créer des archives de la vie des gens au-delà de ce qu'il est possible de faire en stockant traditionnellement des textes, images et séquences vidéo. »

Il envisage ainsi de créer un humain virtuel et de lui adjoindre toutes les informations nécessaires pour représenter de façon convaincante son alter ego réel. Selon lui, une version très simplifiée existe déjà avec le monde virtuel *Second Life* (Anonymous 2007b).

Si Gregory Peter Panos, Gordon Bell et plus récemment Jason Leigh envisagent une immortalité numérique limitée à une mémoire de la vie et de la personnalité, d'autres pensent qu'il sera possible à court terme d'envisager une véritable immortalité.

Parmi eux, Ray Kurzweil est devenu en quelques années le prophète de ce qu'il convient d'appeler la singularité technologique. Pour cet homme qui approche les soixante-dix ans, l'immortalité est devenue une véritable obsession – il est rare que des jeunes s'intéressent à l'immortalité (Kurzweil 2004). Il prédit dans son livre sur le sujet que l'humanité vaincra la mort dans moins de vingt ans.

Nous reviendrons largement sur la singularité technologique dans la seconde partie de notre ouvrage. Mais avant cela, il convient de mieux comprendre les origines historiques et culturelles de cette quête humaine de l'immortalité.

3

Les racines de l'immortalité

Qui n'a pas un jour songé à l'immortalité ? Cette idée de transcender la mort est aussi vieille que l'humanité. Toutes les cultures semblent avoir fait référence, sous une forme ou sous une autre, au mythe de rester vivant pour une longue période de temps indéfinie, voire éternellement.

L'immortalité revêt en effet de multiples formes (Goossaert 2013). Selon les cas, elle concerne la survie de l'âme, celle du corps, ou bien les deux. Elle est parfois considérée dans son sens figuré, c'est-à-dire à titre posthume. C'est le plus souvent un terme des registres romantique et poétique. On pense évidemment aux immortels de l'Académie Française, mais surtout à tous les héros, artistes, scientifiques, hommes d'État qui ont marqué l'histoire et la culture humaines. Si le sens commun veut que tout être vivant meure et disparaisse, certains gardent l'espoir que leur souvenir résistera à l'usure du temps.

Si beaucoup trouvent dans les traditions religieuses une croyance dans la vie après la mort, certains voient dans les avancées scientifiques et technologiques récentes, la promesse d'un allongement de la vie terrestre, voire une remise en cause de la mort.

Pour tenter de voir plus clair dans cette notion, où se confondent des notions très différentes de ce qu'est l'individu, la vie et la mort, nous allons effectuer un voyage dans le temps.

Remontons pour cela il y a plus de 45 000 ans sur un versant verdoyant de la vallée de la Sourdoire. Nous sommes dans ce qui deviendra le département de la Corrèze en région Limousin, tout près d'un petit village de moins de trois cents âmes qui prendra le nom de la Chapelle-aux-Saints. Sur le flanc de la colline, dans le banc calcaire exposé au nord, les pluies et l'érosion ont formé une succession de cavités. Il y a bien longtemps, vivait là un groupe de plusieurs familles préhumaines.

Pourquoi préhumaines ? Parce qu'il ne s'agissait pas des *Homo Sapiens*, mais de ses cousins baptisés *Homo Neanderthalensis*. Ce nom provient d'une autre vallée située sur le territoire des villes d'Erkrath et de Mettmann, entre Düsseldorf et Wuppertal en Allemagne, où furent découverts en 1856 des ossements et un fragment de crâne. Notons au passage que par un heureux hasard, *Neandertal* signifie « vallée de l'homme nouveau ». Nous savons aujourd'hui que l'homme de *Neandertal* représentait une espèce différente de l'*Homo sapiens*, mais avec lequel il se métissait ponctuellement. Il vivait en Europe et en Asie occidentale au Paléolithique moyen, entre environ 350 000 et 30 000 ans avant le temps présent.

Contrairement à l'image d'un être primitif, plus proche du singe que de l'homme, le front simiesque proéminent, fruste, laid et complètement attardé, l'homme de *Neandertal* était probablement très intelligent, avec une grande richesse culturelle. Ainsi apparaissaient avec lui parmi les plus anciennes manifestations de préoccupations esthétiques et symboliques. Nos familles de la vallée de la Soudoire collectaient des fossiles et des minéraux rares, utilisaient de l'ocre et des plumes décoratives, sculptaient sommairement sur des os et des pierres.

Mais le plus émouvant reste la découverte de véritables sépultures. Dans la première cavité, appelée la *Bouffia Bonneval*, une fosse a été utilisée pour inhumer le corps d'un néandertalien. Sa dépouille était très certainement recouverte pour la protéger, alors que d'autres vestiges d'animaux avaient manifestement été exposés longuement à la surface du sol. De là à imaginer un recueillement de la famille et l'amorce de rites funéraires, il n'y a qu'un pas. En tout cas, il y avait manifestement l'émergence d'une pensée symbolique complexe.

Le long de la même ligne de falaises, la *Bouffia Bonneval* faisait partie d'un complexe de sept grottes où l'on a découvert ensuite trois autres corps, deux enfants et un second adulte, confirmant l'hypothèse d'une occupation assez longue du site par des groupes familiaux (Rendu 2013).

À l'aube de l'humanité, nos lointains ancêtres enterraient donc leurs morts et décoraient probablement leur sépulture. Rien ne permet encore de déterminer si certains objets étaient disposés à proximité des tombes paléolithiques en pensant à un éventuel au-delà ou bien s'il s'agissait plus simplement de marques posthumes d'affection. Mais ce qui est certain, c'est que parmi les espèces vivantes connues, l'homme est le seul à prendre ainsi soin de ses défunts. Cette prise de conscience de la scission entre vie et mort constitue un préalable indispensable à l'émergence des rites funéraires et à la perpétuation de la mémoire des disparus.

Depuis la découverte du site de la Chapelle-aux-Saints, de nombreuses autres traces de rituels funéraires ont été mises à jour chez les *Homo archaïques*. Ce qui peut surprendre, c'est l'uniformité des caractéristiques des premières sépultures. Il s'agissait généralement d'une fosse creusée dans le sol, dans une grotte ou un abri-sous-roche. Les défunts étaient couchés sur le dos ou bien sur le côté selon les cas. Les parois de la tombe étaient consolidées par quelques pierres, recouvertes ensuite par des dalles pour sceller l'ensemble. La fosse était parfois saupoudrée d'ocre et l'on y trouvait des offrandes sous la forme d'os d'animaux divers, cerfs, sangliers, aurochs (Mohen 2004).

Pendant la période paléolithique supérieure, soit de 35 à 10 000 ans avant notre ère, les rites funéraires se diversifiaient alors que les grottes s'ornaient de fresques murales. Les morts se voyaient parés d'habits et de bijoux et les sépultures multiples faisaient leur apparition, signe d'un renforcement de l'organisation sociale. Puis, avec la sédentarisation, les comportements funéraires devinrent progressivement de plus en plus sophistiqués. Entre 9 000 et 7 000 ans avant notre ère, les chasseurs-cueilleurs élaboraient les premiers cimetières mésolithiques où étaient rassemblées les sépultures des membres du groupe social. Un millénaire plus tard apparaissaient les premières formes de dolmens, puis d'énormes tumulus recouvrant des coffres de pierre et enfin des sépultures avec des couloirs qui mettaient en scène les morts.

Cette progression marque à la fois l'évolution des

rites funéraires et la naissance des dieux. Avec eux, c'était la croyance en l'au-delà et à l'immortalité qui s'installaient durablement dans les cultures humaines (Philibert 2002).

Quittons l'Europe et dirigeons-nous vers le continent africain, berceau de l'humanité. Nous sommes à présent sur les bords du Nil, en plein âge d'or de la civilisation pharaonique. Entre la fin de l'Ancien Empire, vers 2 250 avant J.-C., et la fin du Nouvel Empire, en 1 000 avant J.-C., qu'ils soient du peuple ou même pharaon, les Égyptiens passaient une bonne part de leur existence à préparer leur mort. Les arts funéraires étaient portés à leurs paroxysmes. De l'achat d'un tombeau aux frais de momification du corps, chacun y consacrait autant que sa fortune le lui permettait. Les tombes égyptiennes étaient aménagées comme de véritables lieux de vie : des chambres pour l'éternité. Elles étaient équipées avec des meubles, des ustensiles de cuisine, des reproductions peintes et sculptées de serviteurs et d'animaux de compagnie et, plus spécifiquement, des amulettes, des petites statues de bois ou de pierre, appelée *chaouabti* puis *ouchebti* (Aubert 2005).

Les Égyptiens pensaient que leur esprit pouvait s'y réincarner et reprendre ainsi un corps véritable. La statuette était donc plus qu'un simple ornement, mais un double du corps terrestre dont la vertu magique reposait sur sa capacité à accueillir l'esprit du défunt. Dans cette approche sacrée rituelle, la représentation en trois dimensions d'un être vivant ne se distinguait pas de la vie elle-même, elle y participait. Le double était bien une image, mais il pouvait être animé de vie.

Figure 1. Chaouabti de la dame Taabtiou, Nouvel Empire vers 1570-1070 av. J.-C. (Courtoisie BnF, photographie d'André Pelle).

Cette conception de la vie et de la mort peut nous paraître étrange, mais il convient de la replacer dans son contexte. Dans les croyances égyptiennes de cette période, le corps ou *Khet* n'était qu'un simple support matériel qui abritait plusieurs entités spirituelles, dont le *Ka* : le double vital spirituel. La statuette représentait le réceptacle du *Ka* après la mort. Si la statuette était vivante pour les Égyptiens, au même titre qu'un corps, c'était que la vie n'était pas liée au support, mais au *Ka*. Traditionnellement, le *Ka* est assimilé à l'âme, mais c'était bien plus dans leur esprit (Rieusset-

Lemarié 1999) : « Quand *Khoum*, le dieu potier, fabrique dans la glaise le premier corps, il crée en même temps le *Ka*, jumeau énergétique du corps physique. Sans le *Ka*, il n'y a pas de vie. Mourir, c'est séparer le *Ka* du corps. »

La disjonction entre le corps matériel et le *Ka* était autant un espoir qu'une source d'angoisse. D'un côté, c'était l'espoir d'une forme de vie éternelle. Après la mort, le *Ka* pouvait transiter du corps à la statuette pour perpétuer la vie. Mais les croyances entretenaient également la peur des ombres errantes, des spectres qui rôdaient et n'aspiraient qu'à s'infiltrer dans le corps d'une victime pendant son sommeil en se glissant en elle par la bouche, le nez ou les oreilles. Ils ne prolongeaient plus la vie, mais s'en prenaient aux vivants pour lui « sucer le sang » non sans provoquer des troubles et des maladies. Ces *Ka* errants seront identifiés par la science moderne aux virus.

Affirmer que les morts avaient un *Ka* était en quelque sorte une négation de la mort elle-même. Mais cette négation n'avait de sens que si les vivants continuaient à s'occuper de leurs ancêtres par les offrandes qui représentaient les manifestations visibles du souvenir. Ces rites empêchaient la mémoire « d'éclater en de multiples morceaux », de se dissoudre et de disparaître. La personne décédée ne continuait à avoir un *Ka* que si l'on entretenait sa mémoire par des rites. Même les dieux avaient un *Ka* et ils pouvaient également subir cet éclatement en morceau, cet oubli. Ainsi, la religion égyptienne que l'on assimile hâtivement au schéma simpliste de dieux immortels garants d'une éternité promise peut être aussi considérée dans les faits comme un culte sophistiqué de la mémoire. Une lecture athée de ces rites serait peut-être une moindre trahison que leur interprétation naïve en une croyance religieuse garantissant une éternité promise par les dieux. Dans ce culte de la mémoire, les images et les textes, mais plus encore, les sculptures jouaient un rôle prépondérant. Il y était fait une place cruciale à l'imagination et au pouvoir spécifique de la représentation en trois dimensions, entre autres au travers des *chaouabti*.

Des croyances animistes préhistoriques à la fondation des grandes religions, l'humanité s'est construite dans une lutte constante et perpétuelle contre la disparition et le néant. Avec l'immortalité, qu'elle soit symbolique, c'est-à-dire basée sur la mémoire, ou physique, en misant sur la survie du corps et de l'âme, l'homme a toujours tenté et par tous les moyens possibles de conjurer l'inévitable érosion du temps.

4

Dans les traditions religieuses

L'homme est un animal mortel, comme les autres. Mais il est sans doute le seul animal qui se sache mortel et qui se veuille immortel (Mohen 2004). Dans toutes les sociétés humaines, la mort est devenue un passage plus qu'une finalité. Au moins depuis l'Égypte des pharaons, ce sont les religions qui se sont emparées des rites et des croyances en une continuation de la vie après la mort. De son côté, la science c'est longtemps abstenu d'une quelconque ingérence dans ce domaine réservé, la possibilité d'une subsistance de la vie après la destruction du cerveau ayant été, jusqu'à présent, considérée comme impossible.

Les traditions religieuses ont donc investi le territoire de l'immortalité, tant au niveau symbolique, avec la perpétuation de la mémoire des défunts, qu'au niveau des croyances en une vie post-mortem du corps et de l'âme. Pour une majorité d'entre elles, le corps fait l'objet de toutes les attentions. Mais cette focalisation sur le devenir du corps n'a qu'un seul objectif : permettre à l'âme de trouver le bon chemin. Qu'il soit mis en terre, incinéré, ou dévoré par les vautours, les traditions convergent toutes sur l'application nécessaire d'une succession plus ou moins complexe de rites appliqués au corps, mais qui ne visent qu'à assurer le devenir de l'âme. Pour la plupart, c'est une meilleure conservation du corps qui est la condition nécessaire afin que l'âme puisse retrouver son enveloppe charnelle dans l'au-delà. Pour d'autres, la disparition physique du corps est indispensable à la libération de l'âme.

Il faudrait consacrer plusieurs ouvrages uniquement à l'immortalité dans les religions, tellement le sujet est vaste. Nous nous contenterons ici du rappel de quelques principes dans les trois grandes religions que sont, par ordre chronologique, le bouddhisme, le christianisme et l'islam.

Bouddha nomme la méditation le chemin de l'immortalité et l'irréflexion le chemin de la mort. On assimile souvent le bouddhisme à une religion centrée sur la réincarnation, mais il s'agit plutôt d'un cycle de naissance, mort et renaissance qui s'opère en fonction des actes de l'individu.

Par réincarnation, on entend généralement un retour dans la chair d'un autre organisme, un processus par lequel un principe immatériel passe d'un corps à un autre. Le principe immatériel est dénommé âme, conscience, esprit, énergie ou substance vitale selon les cas, et le corps matériel peut être celui d'un autre humain, d'un animal ou même d'une plante. À la suite de la mort, le principe immatériel quitte le corps du défunt pour s'incarner dans un autre corps après une nouvelle naissance. Il s'en suit une succession ininterrompue de vies terrestres successives.

Pour les bouddhistes, ce cycle de renaissances (*samsara*) n'est pas un accomplissement heureux de l'immortalité, mais plutôt un processus pénible et ne menant à rien. La souffrance se perpétue ainsi de vie en vie, même si chaque vie ne dure, en réalité, qu'un seul instant. Le sage éclairé, lui, vise à s'en extraire pour rejoindre le *nirvana*, c'est-à-dire l'état de non-besoin.

Une autre différence importante réside dans la non-croyance de l'existence d'une âme ou d'un esprit au sens où nous l'entendons généralement. Le bouddhisme appelle *citta* l'esprit lumineux, cet état dénué de toute souillure ou d'attachement mental. Plus précisément, il s'oppose à la notion du soi : il n'y a pas de soi qui se réincarne, mais un non-soi (*anatta*), une impersonnalité qui fait partie de toute chose.

À la place des notions occidentales de corps et d'esprit, le bouddhisme distingue cinq agrégats d'attachement (*skandha*) : la forme, les sensations, les perceptions, la formation mentale et la conscience. Cette dernière est la base de la croyance en une dualité sujet et objet. Celui qui n'arrive pas à trancher les agrégats ne peut alors que s'attacher à son *ego*, croire en sa propre existence, là où il n'y n'existe que des phénomènes éphémères, impersonnels et insatisfaisants. Les cinq agrégats s'opposent ainsi à la croyance en la personne et son essence pour affirmer, au contraire, la caractéristique du non-soi. De cette manière, l'immortalité devient alors une évidence logique, celle d'une continuité dans un univers d'illusions.

D'ailleurs, la renaissance n'est pas un « article de foi » du bouddhisme à la différence des concepts essentiels d'absolu, *nirvana* et *anatta*. Le thème de la vie future peut être ignoré par celui qui n'y croit pas, par exemple avec le *Zen* qui se préoccupe essentiellement de l'instant présent : « ici et maintenant ». Si dans les croyances populaires, la réincarnation est tenue pour une réalité du monde physique, les bouddhistes plus avancés y voient plutôt une parabole, une image simplifiée d'un concept trop complexe pour être délivré tel quel.

Le bouddhisme s'oppose ainsi à d'autres traditions qui croient en l'existence d'une âme immortelle pouvant transmigrer de corps en corps, l'incinération étant généralement le passage obligatoire pour purifier et libérer l'âme. Pour l'hindouisme, seules la réduction du cadavre en cendres et son évaporation en fumée permettent au mort de quitter sa gangue corporelle pour le ramener à son essence spirituelle. Sous l'influence de l'hindouisme, cette pratique a été ensuite reprise et adaptée par la plupart des grandes religions asiatiques (Wikipedia 2016a).

Le christianisme, quant à lui, a introduit un concept d'immortalité différent de la réincarnation : celui de la résurrection de la chair. De ce fait, le souci de préserver le corps en vue de la résurrection a longtemps été prédominant chez les chrétiens par rapport aux autres rites funéraires. Pendant plusieurs siècles, ils étaient même enterrés la tête à l'ouest, de manière à être les premiers témoins de la seconde venue du Christ sur terre, signe annonciateur de la résurrection des morts. Ce n'est qu'en 1963 que l'Église catholique a rejoint les églises protestantes en admettant que l'incinération ne s'opposait à aucun élément de la doctrine chrétienne, alors que les églises orthodoxes restaient intransigeantes sur l'obligation de l'inhumation.

Le concept de résurrection prend racine dans l'observation de la fragilité de la vie humaine et dans celle du renouvellement perpétuel de la vie à travers le déroulement des saisons. Le retour du printemps après l'hiver est une allégorie courante de ce cycle, dont la perception remonte vraisemblablement au paléolithique.

La résurrection de la chair est le centre de la foi et de l'espérance chrétiennes depuis que le Christ, mort sur la croix pour racheter les péchés du monde, est lui-même revenu à la vie au terme de la Pâque. À l'image du Christ, le « premier né d'entre les morts », les croyants méritants sont appelés à revêtir ce « corps glorieux » dont parle Saint-Paul. Cette expression caractérise le corps de Jésus après son retour à la vie. Elle signifie que l'état définitif des bienheureux ne sera pas seulement l'âme spirituelle séparée du corps, mais que leur corps mortel reprendra vie à la fin des temps. Il sera alors transfiguré et rendu « spirituel ». Ce processus du retour à la vie après la mort est une action strictement divine, puisque seul Dieu est maître de la vie : « Comment se fera la résurrection dépasse les capacités de notre imagination et de notre entendement. »

Mais lorsque l'on s'intéresse d'un peu plus près à ce sujet, on peut noter quelques convergences avec d'autres conceptions religieuses et plus particulièrement le bouddhisme. Lorsque l'homme abandonne l'enveloppe périssable de son être, toutes les expériences corporelles qu'il a eues durant son existence terrestre continuent à le marquer et à le suivre comme son ombre. Engluée dans la matière, l'ombre des réalités dont il est à présent privé l'empêche de percevoir le nouveau monde dans lequel il pénètre. Mais si, dans sa vie, il a réussi à maîtriser les réalités terrestres et à leur imprimer sa marque créatrice sans en subir la séduction, il dispose alors d'une clarté rayonnante qui, par-delà la mort, chasse les ombres et éclaire ce qui est obscur (Bock 2009).

Contrairement à la souffrance du cycle des renaissances bouddhistes, l'immortalité dans l'islam est une perspective agréable (Kasimirky 1841a). Pour les pieux, l'au-delà musulman est en effet décrit comme un paradis, un jardin où « coulent des ruisseaux à l'eau toujours pure et limpide, des ruisseaux de lait à la saveur inaltérable, des ruisseaux d'un vin délicieux à boire, des ruisseaux d'un miel pur et distillé. »

Pour les non-croyants au contraire, c'est un enfer décrit comme un lieu de torture éternel (Kasimirky 1841b) : « Ceux qui ne croient pas à nos versets, nous les brûlerons dans le feu. Chaque fois que leurs peaux auront été consumées, nous leur donnerons d'autres peaux en échange afin qu'ils goûtent au châtiment. »

L'islam, comme le judaïsme, insiste sur le respect de l'intégrité du corps et sa purification qui conditionne celle de l'âme. Dans les deux traditions, le rituel de la toilette du corps est une étape importante avec des règles très précises (Abdallah 2010).

Une fois le corps purifié et préservé en vue de la résurrection, le fidèle doit être enterré la tête tournée en direction de La Mecque, exactement comme lorsqu'il accomplissait, de son vivant, ses cinq prières quotidiennes.

Dans les grandes religions monothéistes issues du bassin méditerranéen, la résurrection se déroule juste avant le jour du jugement dernier. C'est un jour unique pour tous où se manifestera aux humains le jugement de Dieu sur leurs actes et leurs pensées. Certains seront damnés alors que d'autres seront trouvés justes aux yeux de Dieu. Le devenir des justes et des damnés varie ensuite en fonction des traditions religieuses et des textes.

Si pour le corps, l'immortalité passe par la résurrection, qu'en est-il de l'âme ?

Pour le corps il n'y a en effet aucun doute dans le texte de la *Genèse* (3 : 19) : « tu es poussière et tu retourneras à la poussière. » Mais pour l'âme, les choses se compliquent, car elle est citée plus de mille fois dans la *Bible*, mais rien n'est écrit précisément à propos de son immortalité. Dans l'*Ecclésiaste* (12 : 8), il est dit que si le corps retourne à la poussière, l'esprit quant à lui retourne à Dieu qui l'a donné. Le fait d'utiliser ici le terme d'esprit au lieu de l'âme pointe également le flou qui existe à propos de ces deux notions (Meyer 1997a).

Une interprétation, certes audacieuse, conduit en fait à la conclusion que l'âme n'est pas immortelle. Dieu a créé avec la poussière le corps et il lui insuffle la vie, car il est le seul capable de ce prodige. Il en résulte un corps vivant doté d'un esprit et d'une âme. À la mort, le corps retourne à la poussière et le souffle de vie ou esprit, retourne à Dieu. L'âme, quant à elle semble disparaître. Soit elle se confond avec l'esprit, auquel cas elle perdure avec lui, soit elle s'éteint avec la vie. Pour mieux comprendre, prenons la métaphore d'une ampoule électrique (Meyer 1997b). Sa structure physique, le verre, les fils et la douille représentent le corps. Lorsqu'on alimente la lampe avec un courant électrique, le fil chauffe et la lumière apparaît. L'électricité, c'est l'énergie vitale, le souffle de la vie. La lumière c'est la conséquence de ce processus, c'est l'âme vivante de l'ampoule. Si le verre est brisé, tout s'arrête. L'ampoule devient un ensemble de débris dont il faut se séparer et recycler les constituants.

Depuis la découverte par l'homme de *Neandertal*, ou

bien l'un de ses prédécesseurs, de la scission entre la vie et la mort, entre le corps et l'esprit, l'humanité n'a eu de cesse que d'envisager une suite à la vie terrestre, une échappatoire à cette destinée funeste et inévitable qu'est la mort. Si les traditions religieuses ont investi le territoire de l'immortalité, chacune avec ses propres croyances et ses rites, la littérature imaginaire et plus particulièrement le fantastique, a également fortement influencé notre conception de la vie après la mort. C'est ce que nous allons voir à présent.

5

Dans l'imaginaire

Tout comme dans les religions, dans la littérature et plus généralement dans l'imaginaire et les arts, l'immortalité est un sujet si vaste que nous ne pourrons ici qu'esquisser un tableau général sans aucune intention d'exhaustivité. Nous nous contenterons modestement de pointer quelques créatures fantastiques dotées de cette capacité extraordinaire.

Les plus anciennes d'entre elles sont issues de la tradition religieuse de la Grèce antique : les dieux de l'Olympe. Longtemps après la disparition de la religion grecque puis romaine, la mythologie antique est devenue tout au long de notre histoire un sujet d'inspiration. Aujourd'hui encore, elle sert de base ou influence toutes les formes de production artistique.

La mythologie grecque nous est parvenue grâce à un vaste ensemble de textes dont les plus anciens sont les épopées d'Homère et les poèmes d'Hésiode, principalement la *Théogonie*, ainsi qu'un grand nombre d'œuvres picturales et de statues.

Les dieux olympiens comptent douze divinités canoniques, huit dieux : Zeus, Apollon, Poséidon, Arès,

Héphaïstos, Hermès, Hadès, Dionysis, et quatre déesses : Aphrodite, Artémis, Héra, Athéna. Ils sont parfois complétés par Hestia et Déméter. La liste de ces divinités a en effet varié selon les époques et les textes.

Les dieux de la mythologie grecque sont des immortels. Néanmoins, ils ne sont pas des créatures extérieures au monde des hommes. Ils n'ont pas toujours existé et ils n'ont pas créé le monde. Ils ne sont donc pas éternels, mais juste immortels, si l'on peut dire. Ils sont nés de parents divins et ils ne peuvent pas mourir. Ils ressemblent aux hommes, mais cette apparence est trompeuse, car leurs capacités, tout comme les proportions de leur corps, sont surhumaines. Ainsi, ils sont gigantesques et leur poids est généralement colossal. Les blessures dans les combats ne mettent pas leur existence en péril. Dans leurs veines, ne coule pas du sang, mais un autre liquide : l'ichor. Ils se nourrissent principalement de nectar et d'ambroisie, une substance délicieuse bien plus douce que miel, qui leur garantit l'immortalité.

Quittons le Panthéon des divinités grecques, pour évoquer une autre sorte de créatures fantastiques qui défient la mort, mais dans un tout autre genre : les fantômes.

Un fantôme se définit généralement comme une apparition ou un phénomène interprété comme la manifestation surnaturelle d'une personne décédée qui n'a pas réussi ou souhaité continuer son voyage vers l'au-delà. Son âme reste alors emprisonnée dans le monde terrestre, mais dépossédée de son enveloppe corporelle.

Le nom provient d'un terme grec ancien qui, transcrit en *phantasma* par le latin, donna le terme *fantasme*, puis *fanstome* au XIIe siècle pour désigner une illusion avant de prendre son sens actuel. Les fantômes sont également appelés des revenants, spectres, poltergeists ou parfois ombres, même si ces termes ne sont pas totalement synonymes.

Le thème des fantômes est aussi ancien qu'universel. Dans toutes les cultures où les religions et les croyances considèrent que l'être humain est constitué d'un corps mortel et d'un esprit capable de perdurer après la mort, il existe des histoires de fantômes. Parmi les plus anciennes, l'Égypte antique les dépeint comme des âmes perdues qui reviennent pour hanter les vivants ou venger le défunt.

Claude Lecouteux distingue les « vrais » revenants, des morts qui décident délibérément de revenir, par opposition aux « faux » revenants. Ces derniers sont constitués par des personnes décédées dont la présence semble perdurer quelque temps après leur décès, malgré eux, comme s'ils n'arrivaient pas à disparaître définitivement, ou bien tirés de l'au-delà pour défendre leur sépulture, ou bien encore pour répondre à un appel de nécromancie (Lecouteux 1986).

L'image traditionnelle du fantôme est celle d'un corps enveloppé d'un linceul blanc, au motif logique que les défunts reviennent dans l'état où ils ont été inhumés. Celle des fantômes traînant de lourdes chaînes est due à la description antique de Pline le Jeune et à l'iconographie médiévale. Dans les faits, toutes les tenues ou presque ont été recensées, car les revenants portent la plupart du temps les vêtements qu'ils avaient de leur vivant. Si par revenant, on indique une personne à l'apparence identique à celle qu'elle avait de son vivant, le fantôme est le plus souvent décrit comme une forme floue ou lumineuse qui paraît flotter au-dessus du sol. Les poltergeists, ou esprit frappeurs représentent une catégorie particulière. Il s'agit essentiellement de manifestations physiques comme des déplacements d'objets, des jets de pierres, des bruits inexpliqués, des perturbations d'appareils ou de véhicules, des feux spontanés ou mobiles, etc., sans que l'on puisse distinguer leurs causes.

L'une des représentations parmi les plus communes des fantômes est celle d'une dame blanche qui, selon Érasme, est l'un des faits les plus répandus (Érasme 1968). Elles se présentent sous la forme de femmes vêtues de robes blanches qui hantent un lieu particulier, une pièce, un escalier, une route, où elles sont mortes par accident ou bien assassinées. Leurs apparitions sont généralement annonciatrices d'événements funestes, car elles reviennent pour se venger ou bien pour expier leurs fautes passées.

Les fantômes ont toujours représenté un thème particulièrement riche pour la littérature fantastique et le cinéma. En effet, dès 1896, Georges Méliès les mettait en scène dans son film *Le manoir du diable*. Plus récemment, l'une des variations sur le thème des fantômes parmi les plus populaires fut la comédie *SOS Fantômes* réalisée par Ivan Reitman en 1984.

À l'inverse des fantômes qui sont des créatures éthérées, des âmes perdues qui errent dans notre monde, d'autres morts-vivants gardent leur corps, mais perdent une grande partie de leur personnalité : les zombies.

Le terme provient du créole haïtien *zonbi* qui signifie « revenant » pour désigner une personne victime de sortilèges vaudous. Soit celle-ci est morte puis ramenée à la vie, soit elle est vivante, mais sa conscience a été détruite afin de la rendre corvéable à merci. À l'origine, des termes à consonances proches désignaient les dieux esprits ou démons dans certaines tribus africaines.

Aujourd'hui le zombie fait partie des créatures classiques des films et séries horrifiques, où il représente un revenant ayant perdu son humanité et sa conscience, mu par un besoin incontrôlable et violent de dévorer tout ce qui vit, et dont le mal est terriblement contagieux (Wikipedia 2016b).

Dans la culture occidentale, la créature de Frankenstein imaginée par Mary Shelley (1797-1851) (Shelley 2012) est certainement celle qui se rapproche le plus du zombie vaudou. Néanmoins, les différences sont importantes. En particulier, le corps du monstre de Frankenstein ne provient pas d'une seule personne, mais résulte de l'assemblage de nombreux cadavres. En outre, il conserve une conscience, des émotions humaines et il fait également preuve d'intelligence, contrairement aux zombies. Inspirée par la tradition du Golem, cette histoire de monstre en quête d'humanité qui se retourne contre son créateur incarne les dérives possibles d'une science sans contrôle. Le roman de Mary Shelley aura par la suite une influence considérable sur la littérature fantastique contemporaine. Depuis sa publication, il a aussi fait l'objet de multiples adaptations cinématographiques dont le célèbre film de James Whale (1889-1957) en 1931.

La conception contemporaine du zombie a été popularisée par le film *La nuit des morts-vivants* de George Romero en 1968. Depuis, le zombie est une personne contaminée par une maladie virale ou une substance chimique qui lui donne un aspect de cadavre en décomposition, déambulant dans les rues désertées à la recherche de chair humaine. En général, les fictions opposent quelques humains résolus à une horde incontrôlable de morts-vivants.

Il existe une autre créature légendaire immortelle devenue un archétype encore plus exploité que les fantômes et les zombies par le septième art. Avec plus de 650 longs métrages entre les débuts du cinéma jusqu'en 1999, le mythe du vampire est en effet devenu l'un de ses thèmes favoris des spectateurs, quel que soit le genre (Lecouteux 2009) : horreur, drame, romance pour jeunes adultes, comédie, etc.

Le vampire est présent dans presque toutes les cultures à travers le monde. Selon la tradition la plus courante, ce mort-vivant se nourrit du sang humain afin d'en tirer sa force vitale et vivre ainsi éternellement. Mais s'il cesse de boire du sang, alors il vieillit prématurément et meurt dans d'atroces souffrances.

L'universalité du mythe trouve probablement ses racines dans les légendes de divinités consommant le sang des humains, comme la déesse *Kâlî* en Inde ou la déesse *Sekhmet* en Égypte antique. Certains dieux se voyaient offrir des sacrifices de jeunes filles et d'enfants, comme le dieu phénicien *Baal* et la divinité aztèque *Tezcatlipoca*. On retrouve également des représentations de créatures buveuses de sang sur certaines poteries perses. Dans la *Bible*, Moïse interdit à son peuple d'invoquer les esprits afin que ces derniers ne puissent revenir à la vie, tandis que le roi David absorbe la chaleur de jeunes esclaves pendant leur sommeil pour reprendre des forces. Dans de nombreuses cultures de par le monde, boire le sang de son ennemi permettait de s'approprier ses forces ou fertiliser la terre en le répandant sur le sol. Citons enfin le mythe de *Lilith* dans l'ancienne Babylonie et Assyrie qui vampirisait le sang des nouveau-nés et s'abreuvait au corps des hommes.

Diverses explications scientifiques et psychanalytiques tentent d'expliquer cette longévité du mythe à travers les siècles et les civilisations. En particulier, il pourrait être mis en relation avec les changements du corps chez les adolescents et la découverte de la sexualité. Pour beaucoup d'auteurs, les dents rétractiles et le baiser qui se transforme en une pénétration est une métaphore de l'acte sexuel, les canines pointues qui transpercent la peau de la victime représentant le sexe qui déflore lors d'un viol.

Le mot attribué pour désigner un vampire varie selon les cultures ainsi que les caractéristiques qui lui sont associées (Wikipedia 2016c). Alors que c'est par la langue anglaise qu'il s'est répandu dans le monde, le terme est au départ dérivé du mot français *vampyre*, lui-même provenant de l'allemand et probablement du serbe *vampir*.

Le thème apparaît vers 1725 dans les légendes d'Arnold Paole et de Peter Plogojowitz, deux soldats autrichiens qui seraient revenus après leur mort sous la forme de vampires. Mais le personnage charismatique et sophistiqué des fictions modernes est dû à la publication en 1819 du roman *The vampyre* de John Polidori (1795-1821). Tout commença par le défi littéraire lancé par Lord Byron (1788-1824) pendant une journée pluvieuse à plusieurs amis, dont Mary Shelley qui écrira le célèbre *Frankenstein ou le Prométhée moderne*. Lord Byron, manquant d'inspiration, abandonna et laissa ses notes à son jeune compagnon et médecin John Polidori. Celui-ci reprit l'ébauche et la développa pour finalement la publier en 1819 dans le *New Monthly*

Magazine. Le roman connut alors un succès immédiat dans toute l'Europe. La paternité du récit, âprement disputée entre les deux écrivains, fut finalement attribuée à Lord Byron. John Polodori, criblé de dettes, termina son existence tragiquement à l'âge de 25 ans en se suicidant avec du cyanure.

La quintessence du genre apparut à la fin du XIXe siècle avec l'ouvrage de Bram Stoker, *Dracula*, publié en 1897. Ce roman, qui reste l'un des plus grands phénomènes de vente, relança le goût pour les histoires de vampire.

Selon Claude Lecouteux, plusieurs raisons peuvent expliquer cet immense succès populaire. Il y a d'une part l'écriture novatrice de l'auteur qui suggère le personnage du vampire à la manière d'un hors champ cinématographique au lieu de le décrire ouvertement, favorisant ainsi l'angoisse du lecteur. Comme Mary Shelley avec *Frankenstein*, il n'hésita pas à employer le journal intime, les notes et le télégramme dans son récit. Pour le personnage de Dracula, il s'inspira de Vlad III Basarab, dit *Vlad Tepes Dracul* soit « Vlad l'Empaleur », *drac* désignant à la fois le dragon et le diable en roumain, ou encore plus simplement *Draculea*. Ce prince chrétien orthodoxe de Valachie du XVe siècle aurait fait empaler vingt mille soldats turcs pour ensuite diner sur le charnier. Il aurait été ensuite décapité afin que sa tête soit montrée sur une pique dans toute la région. D'autre part, le roman théorise le savoir vampirique et l'explique au lecteur par l'intermédiaire du personnage d'Abraham Van Helsing, un vampirologue inspiré par un professeur hongrois de l'université de Budapest.

Depuis, le mort-vivant suceur de sang, aristocrate et cultivé, a envahi non seulement la littérature, mais aussi le cinéma et les séries populaires. Il est désormais considéré comme une icône du fantastique, l'un des plus importants archétypes de la fiction.

Pour terminer ce tour d'horizon rapide des principales formes d'immortalité dans l'imaginaire, nous allons aborder celle, plus moderne, du clone.

Le clonage, c'est-à-dire la reproduction à l'identique d'un organisme à partir de son patrimoine génétique, a suscité de très nombreux romans et œuvres cinématographiques de science-fiction. Qu'ils soient héros ou personnages de second rôle, leur figure est multiple, mais le plus souvent assez sombre. Ils peuvent en effet devenir de véritables monstres transgéniques, comme dans *La Mouche noire* de Kurt Neumann (1958) et son remake par David Cronenberg (1986), dans *L'Île du docteur Moreau* de John Frankenheimer (1996) d'après le roman de Herbert George Wells (1866-1946), ou bien encore dans *Alien, La résurrection* de Jean-Pierre Jeunet (1997). Les humains peuvent être clonés pour servir de corps de rechange, comme dans *À l'aube du sixième jour* de Roger Spottiswoode (2000), ou de réserve d'organes comme dans *The Island* de Michael Bay (2005), ou pour créer une armée dans *L'Attaque des clones* de George Lucas (2002). Citons enfin les clones de la série *Battlestar Galactica* (2004-2009). Il serait fastidieux de lister ici de manière exhaustive les œuvres qui abordent le thème des clones dont la vie est prolongée quasi indéfiniment en remplaçant purement et simplement tout ou partie du corps.

Cette idée *a priori* moderne n'est pourtant pas si nouvelle. En effet, on peut trouver des similitudes dans de nombreux mythes antiques. À cet égard, la mythologie grecque est encore une fois l'une des plus fertiles. Ainsi, comment ne pas voir dans l'histoire des

Titans, Prométhée et Épiméthée, celle de deux clones, ou bien dans l'histoire des Dioscures, Castor et Pollux, fils jumeaux de Léda et de Zeus.

Il existe aussi des similitudes troublantes entre le mythe de Pandore et celui de l'Ève chrétienne. L'histoire d'Adam et Ève est racontée dans le livre de la *Genèse*, le premier livre de la *Bible*. Adam, le père de l'humanité, fut créé par Dieu à son image. Puis vient Ève, qui fut créée à partir d'une côte d'Adam. Ces termes évoquent inévitablement le clonage.

Tout comme Ève, Pandore ne naît pas sexuellement. La tradition grecque a fait de Pandore la première femme, fabriquée par Héphaïstos et Athéna qui lui donna la vie. Alors qu'Ève céda à la tentation du fruit de l'arbre de la connaissance, Pandore succomba à la curiosité et ouvrit la boîte maudite contenant tous les maux de l'humanité.

Charles Baudelaire (1821-1867) le disait sur le ton de l'évidence (Asselineau 1859) : « Qui parmi nous n'est pas un *homo duplex* ? »

Comme le confirment les archétypes des créatures imaginaires que nous avons esquissés, l'immortalité est un sujet universel qui fait partie intégrante de la culture humaine. Mais cette vie éternelle est-elle uniquement un mythe, une croyance défiant la réalité objective ?

En d'autres termes, serait-il envisageable d'accéder réellement à une longévité telle qu'elle pourrait être assimilée à l'éternité ?

Nous allons tenter de répondre à cette question dans les prochaines sections et, dans un premier temps, en observant ce qui se passe avec certaines espèces animales surprenantes.

6

Dans la nature

La salamandre est le symbole d'immortalité. Batracien fabuleux, les anciens la croyaient apte à vivre dans le feu sans y être consumée, jusqu'à renaître de ses cendres. Elle devint une créature importante des bestiaires médiévaux ainsi qu'un symbole alchimique et héraldique. Elle fut également considérée comme un dragon miniature qui, dans certaines légendes, était si venimeux qu'il pouvait empoisonner l'eau d'un puits ou les fruits d'un arbre par sa seule présence.

Encore mieux que le lézard avec sa queue qui repousse, la salamandre a été gâtée par la nature. Elle possède en effet une capacité unique chez les vertébrés : celle de pouvoir régénérer entièrement l'un de ses membres amputé ou l'un de ses organes si celui-ci est en partie détruit.

Il ne s'agit pas d'une seule espèce, car la dénomination de salamandre regroupe en fait une grande partie des espèces d'amphibiens urodèles, c'est-à-dire ceux qui gardent une queue au stade adulte. La salamandre la plus commune se trouve un peu partout en Europe. Elle vit généralement cachée dans les sous-bois humides, son activité étant nocturne, ce qui la rend très difficile à apercevoir en dépit de ses couleurs remarquables.

Figure 2. La salamandre tachetée est une espèce d'urodèles de la famille des *Salamandridae*, les plus répandus et les plus reconnaissables d'Europe.

Elle ressemble à un gros lézard d'une vingtaine de centimètres environ, le corps noir et luisant, tacheté de jaune ou d'orange (cf. figure 2). Elle se déplace lentement sur le sol d'une démarche pataude. Elle pourrait être une proie facile pour les prédateurs, mais sa peau épaisse est munie de nombreuses glandes sécrétant une fine couche de mucus empoisonné par une neurotoxine qui agit par contact avec les muqueuses. Comme souvent dans la nature, les taches de couleur voyantes servent d'avertissement aux éventuels assaillants. Si malgré cela, un prédateur tente de la dévorer, le poison fait rapidement effet et la salamandre s'en tire généralement avec quelques blessures ou un membre amputé. Mais à nouveau, elle possède cette parade extraordinaire, puisque le membre va progressivement s'autorégénérer. Par quel miracle, la salamandre est-elle capable d'un tel prodige ?

Des études récentes ont montré que cette capacité était liée à certaines cellules : les macrophages (Godwin 2013). Ce sont des cellules immunitaires qui interviennent après une blessure et se regroupent massivement autour de la plaie en deux ou trois jours. Une fois sur place, elles phagocytent les éléments étrangers qui subsistent et envoient des signaux pour favoriser la cicatrisation. L'étude menée sur une salamandre aquatique, l'axolotl, a révélé que chez cette espèce, un membre amputé sur un individu dépourvu de macrophage ne repoussait pas et se contente de cicatriser, alors qu'il se régénère totalement pour un individu possédant ce type de cellules.

Bien que stupéfiantes, les capacités de la salamandre ne la rendent pas pour autant immortelle. Certes sa longévité est exceptionnelle, puisqu'elle vit en moyenne une vingtaine d'années, certains spécimens ayant même vécu près de cinquante ans, mais elle finit néanmoins par mourir.

La salamandre n'est pas le seul animal à posséder des capacités de régénération impressionnantes. Les plantaires sont des petits vers plats aquatiques de trois à douze millimètres de long qui vivent dans les eaux douces, en mer ou dans les environnements terrestres humides. De couleurs très variées, ils sont très fragiles du fait de la très faible épaisseur de leur corps, parfois moins d'un millimètre.

Leur appareil digestif ne comporte qu'une seule ouverture par laquelle transitent à la fois les particules dont ils se nourrissent et les déchets alimentaires. Leur système nerveux est très simple puisque constitué d'un « cerveau » et de deux cordons latéraux joints par des connexions transverses.

Les planaires sont hermaphrodites, c'est-à-dire qu'ils sont à la fois femelles et mâles, mais ils ne sont pas capables de s'autoféconder. Pour cela, il faut que deux individus copulent par fertilisation croisée en se perforant réciproquement pour déposer des gamètes mâles dans l'appareil génital de l'autre, ce dernier ne donnant pas sur l'extérieur.

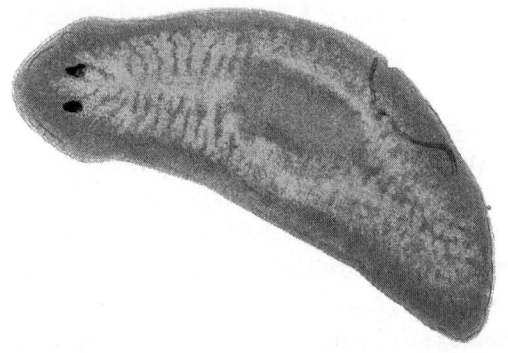

Figure 3. Les planaires sont des vers plats aquatiques appartenant à plusieurs espèces. Ci-dessus, le planaire *Dugesia japonica* dont certaines parties internes ont été rendues fluorescentes (Courtoise CNRS, photographie Eric Ghigo).

Mais les planaires peuvent également se reproduire de façon asexuée, par scissiparité. En étirant leur corps, ils obtiennent une fission binaire qui produit alors deux individus après régénération des organes et des parties manquantes. On peut aisément reproduire le même résultat en laboratoire en coupant avec un scalpel l'animal. Si on lui coupe la tête, celle-ci repousse. Même avec un fragment minuscule, le petit ver est capable de se régénérer. Voilà une capacité étonnante, car cela signifie que les planaires peuvent se reproduire identiquement à l'infini par clonage. Comment ce miracle est-il possible ?

L'étude du planaire a montré que sa capacité de régénération était due à la présence de cellules souches adultes pluripotentes. Une cellule souche est une cellule indifférenciée, c'est-à-dire sans fonction prédéfinie, qui a la capacité d'engendrer des cellules spécialisées, comme celles du cerveau, des muscles, etc. Pour ce faire, la cellule souche se multiplie et prolifère dans l'organisme tout en se différenciant. Elles sont présentes chez tous les êtres vivants multicellulaires où elles jouent un rôle très important au cours du développement. Il en existe deux formes : les cellules souches embryonnaires et les cellules souches adultes. Les premières sont présentes dans l'embryon et sont capables de se différencier en tout type cellulaire, alors que les secondes sont partout dans les tissus à l'âge adulte, mais leur capacité est normalement limitée aux types de cellules du tissu concerné. Ce sont elles qui permettent par exemple de régénérer la peau après une blessure.

La caractéristique unique du planaire est que ses cellules souches adultes restent pluripotentes : elles sont capables de migrer vers la zone amputée pour la reconstruire en quelques jours, et ce, quelles que soient les cellules nécessaires. Le plus surprenant encore est qu'une seule de ces cellules magiques est suffisante. L'équipe de Peter Reddien au MIT a en effet montré qu'en implantant une unique cellule souche pluripotente dans un planaire préalablement mortellement irradié et dépourvu de ces cellules, celui-ci parvenait à se régénérer totalement (Wagner 2011).

Mais il existe un animal tout aussi surprenant dans les profondeurs des océans. Imaginez une petite ombrelle translucide et laiteuse, avec en son centre une sorte de cœur rouge qui palpite. Sur les bords, une centaine de filaments ondulent. La petite ombrelle se laisse un temps dériver au grès du courant puis, soudain, elle se propulse en avant au rythme des contractions de sa coiffe.

Turritopsis nutricula est une méduse minuscule originaire de la mer des Caraïbes. Elle ne mesure que quelques millimètres et pourtant, elle possède une capacité extraordinaire : elle est biologiquement immortelle.

Elle n'est pas immortelle au sens strict, car elle n'est ni indestructible ni exempte de maladies, de prédations ou d'accidents. On peut tout à fait la tuer. Sa capacité tient au fait qu'elle peut inverser son processus de vieillissement, ou en d'autres termes, elle peut vieillir puis rajeunir. Généralement, les êtres vivants naissent et grandissent, puis se mettent à vieillir pour finalement mourir. Notre petite méduse vedette, quant à elle, retourne à sa forme juvénile après avoir atteint sa maturité sexuelle. Elle se remet alors à vieillir et ainsi de suite. Théoriquement, ce cycle peut se répéter indéfiniment, ce qui la rend potentiellement immortelle.

Le mécanisme cellulaire qui lui permet ce miracle est appelé « transdifférenciation ». Ce processus se définit par le fait que des cellules non-souches ou des cellules souches déjà différenciées perdent leurs caractères normaux et acquièrent de nouveaux caractères et de nouvelles fonctions. On ne sait pas encore si elle peut d'elle-même décider d'inverser son processus de vieillissement ou si ce sont des conditions spécifiques de l'environnement qui le déclenchent.

Cette immortalité potentielle intéresse autant qu'elle inquiète les scientifiques qui l'étudient. En effet, partie des Caraïbes, son aire de répartition s'étend un peu plus chaque année. Selon la Docteur Maria Miglietta de l'Institut Marin Tropical de Smithsonien : « Nous assistons à une invasion silencieuse mondiale. [...] Évoluant souvent en eaux profondes, et puisqu'elles ne peuvent peu ou pas mourir, ces méduses sont en train de développer leur présence dans les eaux du monde entier et non plus seulement dans les eaux des Caraïbes où elles étaient à l'origine. »

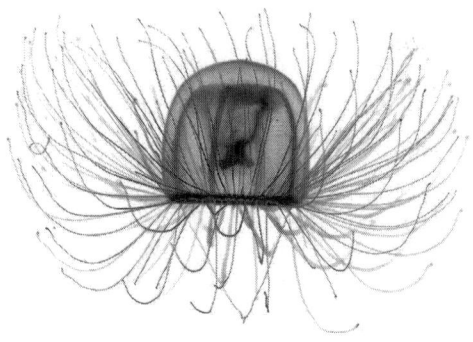

Figure 4. *Turritopsis nutricula* est une méduse de la classe des hydrozoaires. Originaire de la mer des Caraïbes, elle mesure à peine 4 ou 5 millimètres. Elle a la particularité surprenante d'être capable d'inverser son processus de vieillissement.

Pour V. Battaglia au contraire, son immortalité biologique n'est pas la vraie raison de sa prolifération. Les méduses se multiplient un peu partout dans le monde et pas uniquement cette espèce. Les causes sont plus certainement à rechercher dans le réchauffement climatique et l'activité humaine. Il est en effet possible que cette prolifération soit dû à la surpêche de leurs principaux prédateurs. Une autre hypothèse est que les navires ramènent involontairement dans tous les ports ces minuscules méduses qui se répandent ainsi dans l'environnement.

Considérons à présent une forme de vie encore plus petite et plus simple que notre minuscule méduse : les bactéries (Anonymous 2006). Si l'on met de côté les virus, dont on s'interroge encore s'il faut ou non les considérer comme vivants, les bactéries sont de fait les cellules vivantes les plus simples. Ce sont des organismes unicellulaires et procaryotes présents en très grand nombre dans tous les milieux. On connaît moins de huit mille espèces à ce jour alors qu'on estime qu'il en existe entre cinq et dix millions.

Les bactéries sont constituées d'une paroi cellulaire constituant l'unique frontière avec l'environnement extérieur. Elles sont dotées d'un patrimoine génétique constitué d'ADN, mais elles sont dénuées de noyau et d'organites comme les mitochondries entre autres.

Elles ne mesurent généralement que quelques microns et présentent une grande variété de formes. Les bacilles sont les plus connus avec leur forme en bâtonnets, mais elles peuvent être également sphériques, allongées ou plus ou moins spiralées.

Parmi cette profusion d'espèces microscopiques, *Deinococcus radiodurans* est vraiment une bactérie hors normes. Après avoir été exposée à une irradiation représentant plus de cinq mille fois la dose mortelle pour l'homme, elle est capable de « ressusciter » en quelques heures, en réparant et en réorganisant son ADN.

Lors de l'irradiation, les chromosomes de la bactérie se retrouvent pulvérisés en plusieurs centaines de fragments. Dans une première phase, tous les morceaux sont rassemblés dans l'ordre correct pour former une chaîne linéaire. Dans une seconde étape, l'ADN est recombiné par croisement pour reconstituer les chromosomes. Une fois le génome restauré à l'identique, la synthèse des protéines est à nouveau opérationnelle comme si rien ne s'était passé. La bactérie est revenue à la vie.

Ces exemples d'animaux insolites montrent que l'immortalité biologique existe bel et bien sous plusieurs formes dans la nature. Bien d'autres espèces présentent en effet des capacités de régénération ou de reproduction comparables : l'hydre, la méduse-lune, l'étoile de mer, pour ne citer quelques-unes d'entre elles.

De plus en plus d'équipes de recherche en médecine régénérative s'intéressent à ces espèces « trompe-la-mort » qui pourraient aboutir dans le futur à des traitements et des applications sans précédent. C'est ce que nous allons aborder dans notre prochain chapitre.

7

Médecine régénérative et clonage

Hormis l'étude des animaux dont les capacités de régénération sont hors du commun, tels la salamandre, le planaire, la petite méduse *Turritopsis nutricula* et la bactérie *Deinococcus radiodurans*, les progrès récents en médecine régénérative laissent entrevoir des avancées significatives en ce qui concerne la longévité humaine, voire une certaine forme d'immortalité (Kahn 2005). Mais, comme nous allons le voir, ces travaux posent encore de nombreuses questions, à la fois scientifiques et éthiques.

Une première piste de recherche concerne la compréhension des mécanismes génétiques du vieillissement. Le fait est que les espèces ne sont pas toutes égales au niveau de la durée de vie qui leur est accordée. Il existe en effet une très grande variabilité entre celles pour qui l'existence ne dure que quelques heures, comme l'éphémère par exemple, et celles dont la vie s'étend sur plusieurs siècles voire plusieurs millénaires, comme les grands séquoias.

Les travaux dans ce domaine empruntent trois directions différentes et complémentaires : l'étude des maladies associées à un vieillissement accéléré, la compréhension des mécanismes permettant aux cellules de mammifères de se diviser et la biologie comparée.

On a pu identifier récemment les causes de certaines maladies humaines qui conduisent à une sénescence accélérée. Dans la majorité des cas, l'origine est d'ordre génétique avec une mutation de certains gènes : c'est en particulier le cas pour la progéria et le syndrome de Werner. Néanmoins, malgré ces découvertes importantes, il reste encore de nombreuses énigmes à résoudre avant d'envisager des solutions thérapeutiques.

La compréhension des mécanismes de la division cellulaire est une autre voie qui part de l'observation que lorsque des cellules humaines sont placées en culture, soit elles vieillissent et cessent de se diviser, soit elles deviennent immortelles, mais cancéreuses. D'une part, le gène nommé TP53, identifié par plusieurs expériences, a pour fonction de produire une protéine qui freine la multiplication cellulaire dont l'emballement conduit à la prolifération chaotique des tumeurs cancéreuses. Une diminution de l'activité de ce gène chez la souris aboutit à des symptômes de vieillissement précoce. D'autre part, l'enzyme appelée télomérase est chargée de réparer en permanence l'extrémité des chromosomes. En effet, les divisions cellulaires successives altèrent les chromosomes qui se raccourciraient au cours du vieillissement si cette enzyme ne venait pas ralentir le processus. Son activation permanente dans des cellules en culture les rend éternelles. À l'inverse, des souris dépourvues de télomérase vieillissent prématurément. On pourrait conclure de ces études qu'il suffirait pour accroître la longévité de diminuer l'activité du gène TP53, tout en augmentant celle de la télomérase dans les cellules. Dans les faits, cette approche se heurte à une limite : le risque d'augmenter considérablement le taux de transformation en cellules cancéreuses.

Enfin, les études récentes en biologie comparée se sont révélées spectaculaires. Ainsi, en plus des espèces que nous avons mentionnées dans le chapitre précédent, plusieurs études ont montré sur le ver *Caenorhabditis elegans* que les effets d'une mutation du gène codant un récepteur s'apparentant à celui de l'insuline accroissaient significativement sa longévité. Ce résultat est à rapprocher de l'observation déjà ancienne que la diminution de l'alimentation provoque une inhibition de la sécrétion d'insuline et donc un affaiblissement du signal induit par cette hormone. En d'autres termes plus simples, l'alimentation a un impact direct sur l'espérance de vie.

Une seconde piste de recherche importante et complémentaire concerne le clonage scientifique. On considère deux grandes formes de clonage artificiel : le clonage reproductif qui a pour but de produire des organismes complets génétiquement identiques, et le clonage thérapeutique qui vise à produire des cellules souches embryonnaires pour ensuite les cultiver et fabriquer des tissus ou des organes destinés à être greffés.

Le principe du clonage est *a priori* assez simple. Une jeune femme est soumise à des cycles d'hyperstimulation-ponction afin d'obtenir des ovules devant servir de réceptacle, mais aussi des noyaux provenant des cellules du cumulus prélevé à l'occasion de la même ponction. Les noyaux sont ensuite transplantés dans les ovules puis cultivés jusqu'au stade *blastocyste*, c'est-à-dire où il est possible de différencier les populations de cellules de l'embryon proprement dit et celles du placenta et des autres tissus. L'étape suivante consiste à prélever des cellules souches embryonnaires pour obtenir au bout du compte une lignée de cellules pluripotentes. Ce processus est celui du clonage scientifique et thérapeutique. Si au lieu d'être cultivé, un embryon avait été placé dans le ventre de la jeune femme, ou dans un hypothétique dispositif artificiel jouant le même rôle, et que la grossesse se soit passée normalement, il aurait donné naissance à sa sœur jumelle. Dans ce cas précis, il s'agit alors du clonage reproductif. C'est évidemment ce dernier qui suscite le plus de polémiques.

Mais s'il est *a priori* simple dans son principe, le clonage se heurte néanmoins à de nombreuses limites. Revenons quelques instants sur le phénomène Dolly pour les mettre en évidence. La brebis vedette provenait de cellules de glande mammaire de Belinda, une brebis adulte dont le noyau cellulaire avait été transplanté dans l'ovule énucléé d'une autre brebis. Il ne fallut pas moins de 277 cellules-œufs pour obtenir 29 embryons dont finalement un seul survécut. Cet embryon se développa jusqu'à l'âge adulte et donna naissance à la fameuse Dolly. Malheureusement, on s'aperçut assez vite qu'elle vieillissait beaucoup trop rapidement. Alors que la durée de vie moyenne de ces animaux est habituellement de 11 à 12 ans, Dolly fut euthanasiée à six ans et demi, victime d'arthrite précoce et d'une maladie pulmonaire évolutive. Cette fin prématurée serait due au fait que les cellules de Belinda étaient alors déjà âgées de six ans. On s'aperçut alors que Dolly n'était pas le clone parfait de Belinda. En effet, dans l'ovule utilisé, comme dans toute cellule, on trouve des mitochondries, ces organites qui produisent l'énergie nécessaire à la vie. Or, elles possèdent leur propre patrimoine génétique différent de celui du noyau cellulaire. Il est maintenant reconnu que ce code génétique influence l'expression des gènes présents dans les chromosomes nucléaires. En pratique, Dolly n'était donc pas la reproduction exacte de Belinda, car elle avait également hérité de la brebis qui avait donné son ovule.

Cette célèbre expérience montre que bricoler la nature, « hacker » dirait-on dans le jargon informatique, peut conduire à des résultats imprévus lorsque l'on ne comprend pas totalement ce que l'on est en train de faire. Dans un contexte scientifique encadré éthiquement, cela permet de mieux comprendre la complexité du vivant. Dans un contexte industriel et commercial sans contrôle, jouer à l'apprenti sorcier peut avoir des conséquences dramatiques.

La difficulté provient également de la frontière relativement floue qui existe entre le clonage thérapeutique et reproductif, de l'interprétation de ces termes selon les pays et des législations qui sont en pratique très différentes. Ainsi, le clonage suscite encore au sein de l'Europe et des États-Unis de nombreux débats, alors que la Chine a adopté depuis plusieurs années une approche plus libérale de l'embryon humain, avec une volonté politique affirmée de développer les recherches en biotechnologies (Yang 2004).

Que penser du principe même d'utiliser l'embryon humain comme source de cellules ?

Les arguments et les objections chez les partisans comme chez les opposants à ce type de pratique ne manquent pas. Néanmoins, les cellules souches embryonnaires ne sont plus désormais les seules candidates en mesure de prodiguer la régénération cellulaire pour éviter le recours à une greffe.

Depuis quelques années, une deuxième méthode permet de travailler à partir de cellules souches pluripotentes induites. En effet, certaines équipes sont parvenues à recréer ces fameuses cellules souches à partir de tissus déjà différenciés, ce qui permet d'éviter le recours à des embryons. Toutefois, une telle reprogrammation cellulaire peut entraîner l'accumulation d'aberrations chromosomiques et augmenter le risque de tumeur.

Des chercheurs français ont décrit pour la première fois les étapes du mécanisme de transdifférenciation, celui qui permet à la petite méduse *Turritopsis nutricula* de rajeunir indéfiniment (Jarriault 2008). Cette troisième approche est prometteuse, car elle permet à une cellule différenciée de changer directement d'identité (Richard 2011).

Par ailleurs, des biologistes tentent de reconstruire des organes entiers en laboratoire en partant uniquement de cellules souches, éliminant ainsi l'argument de la nécessité d'un clonage reproductif pour prélever des organes.

Quoi qu'il en soit, il apparaît qu'avec les avancées de la médecine régénérative, il semble envisageable à terme d'augmenter très sensiblement la longévité humaine. Il devrait être possible en particulier de remplacer d'éventuels organes défaillants par leur clone, entièrement reproduit *in vitro*, en évitant les soucis de rejet, du fait qu'en quelque sorte, le donneur et le receveur seraient la même personne.

Il y a toutefois une limite à cette approche pour atteindre l'immortalité. Il reste en effet un organe qui ne peut être reproduit de la même manière, car il ne ressemble à aucun autre : le cerveau humain. Nous allons essayer de mieux comprendre cette singularité au cours du prochain chapitre.

8

L'organe de l'âme

«Ne pensez à rien!» Quiconque a déjà essayé de vider son esprit de toute pensée comprend immédiatement la difficulté de cet exercice (Changeux 1983a). En fait, ne pas penser du tout est impossible. Il ne peut y avoir que des essais infructueux. Dans les arts martiaux inspirés par le *Zen*, on apprend plutôt à les laisser passer, à ne pas s'y attacher, comme si l'on devenait un papillon qui, juste avant de se poser sur une fleur, s'envole déjà vers la suivante.

C'est donc une évidence : nous avons un esprit. Mais d'une culture à l'autre, comme d'un individu à un autre, la compréhension et les termes se mélangent : esprit, âme, pensée, intelligence, conscience. Comme nous l'avons souligné précédemment, la diversité de sens de ces mots n'a d'équivalence que leur imprécision.

Déjà pour Platon (428-348 av. J.-C.), l'âme rationnelle siégeait dans le cerveau humain. Galien (129-201), médecin physiologiste grecque, développa quant à lui la notion d'un «pneuma psychique» qu'il appelait «l'organe de l'âme».

Tout au long de l'histoire, les scientifiques et les

philosophes ont tenté de trouver une explication au mystère du cerveau et de l'âme. Certains ont même imaginé une forme de panpsychisme où toute matière serait le siège d'une conscience.

Les avancées scientifiques modernes nous incitent à penser que la matière qui compose le cerveau est tout à fait ordinaire, mais que c'est son organisation qui le rend si singulier. Il est en effet considéré aujourd'hui comme la structure biologique la plus complexe qui soit. Aucun objet de l'univers, à notre connaissance, n'égale la sophistication de son organisation et le nombre impressionnant de ses éléments interconnectés. On estime qu'il est composé d'environ 100 milliards de neurones, chacun d'entre eux étant relié à plusieurs milliers d'autres. Même nos ordinateurs les plus puissants font pâle figure devant l'encéphale de l'*Homo sapiens*.

Le cerveau n'est pas seulement le siège de nos fonctions cognitives, il régule aussi les organes du corps, contrôle les muscles et les glandes. Il n'intervient pas forcément dans les réflexes et les comportements automatiques simples, mais dès que la réponse doit être plus sophistiquée, il intègre l'ensemble des informations sensorielles, internes et externes, et fournit en un temps record une réponse coordonnée.

Le cerveau avec son nombre incroyable de cellules n'est pas un magma indifférencié de connexions nerveuses. Il possède une organisation que nous commençons à peine à comprendre. Plusieurs approches complémentaires permettent de la mettre en évidence :

1. L'approche *évolutionniste* est basée sur une comparaison de l'anatomie du cerveau entre

différentes espèces.

2. L'approche *développementale* étudie le processus de formation du cerveau du stade embryonnaire au stade adulte.

3. L'approche *génétique* analyse l'expression des gènes dans les différentes zones du cerveau.

4. Enfin, l'approche *fonctionnelle* utilise des techniques d'analyse d'images du cerveau en fonctionnement comme l'Imagerie par Résonnance Magnétique (IRM).

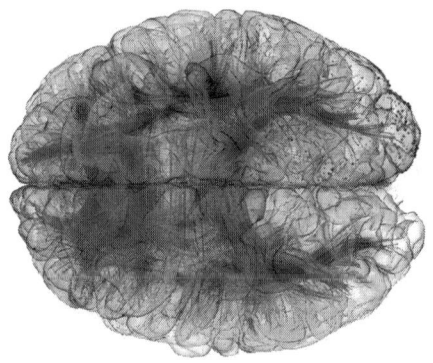

Figure 5. L'organisation du cerveau ne peut se réduire à un ensemble indifférencié de neurones. Sa structure complexe et sophistiquée est le résultat de millions d'années d'évolution du vivant (Courtoisie Neuroscape Lab).

Lorsque l'on observe le cerveau humain, on remarque immédiatement qu'il est composé de deux hémisphères, chacun constitué de plusieurs lobes. Il peut être également décomposé en un petit nombre de structures que l'on rencontre chez tous les vertébrés de façon plus ou moins évoluée : le bulbe rachidien, l'hypothalamus, le thalamus, le cervelet, le tectum, le pallium, l'hippocampe, les ganglions de base et le bulbe olfactif.

Le bulbe rachidien prolonge la moelle épinière. Il contient de nombreux noyaux impliqués dans les fonctions sensorielles et motrices.

L'hypothalamus est un organe composite qui régule de nombreuses fonctions primaires telles que l'éveil et le sommeil, la faim et la soif, ou la libération d'hormones.

Le thalamus est également composé de différents centres qui servent à relayer l'information entre les hémisphères cérébraux et le tronc cérébral, à réguler la motivation, ainsi que plusieurs autres comportements élémentaires comme la faim, la soif, la défécation et la copulation.

Le cervelet joue un rôle majeur dans l'apprentissage de la coordination et de la précision des mouvements.

Le tectum est la partie supérieure du mésencéphale. Il permet de diriger les actions dans l'espace et de conduire le mouvement, ainsi que le regard, en s'appuyant sur les informations visuelles et celles des autres sens.

Le pallium est une couche de matière grise qui s'étale sur la surface du prosencéphale. Il est appelé cortex cérébral chez les mammifères où il représente la région dominante du cerveau qui subsume de nombreuses autres régions corticales.

L'hippocampe intervient à priori dans la mémoire spatiale et la navigation, mais ses fonctions sont encore assez mal connues.

Les ganglions de la base sont un groupe de structures interconnectées qui semblent être impliquées la sélection de l'action basée sur un système neurologique de récompenses et punitions.

Le bulbe olfactif est une structure particulière qui traite les signaux olfactifs et envoie l'information vers la zone associée du pallium.

En résumé, de cette brève description de la structure cérébrale, retenons simplement que le cerveau est caractérisé par une structure très sophistiquée, héritée de la longue évolution des espèces.

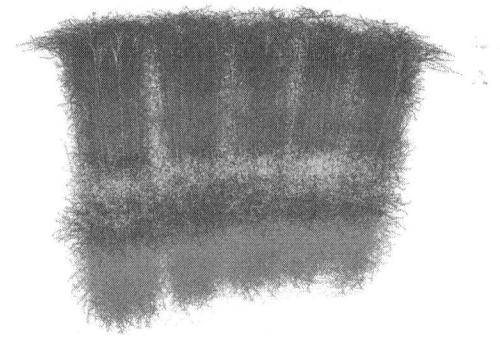

Figure 6. Cette reconstruction en 3D du cortex chez le rat montre la structure en colonnes et six couches. Elle illustre l'incroyable complexité des connexions entre neurones (Courtoisie Max Planck Florida Institute et al.).

Le cortex cérébral est la partie du cerveau qui distingue le mieux le cerveau humain de celui des autres espèces (Eccles 1994a). Alors qu'il est composé d'une simple couche pour les vertébrés en général, le pallium a évolué en une structure à six couches chez les mammifères (cf. figure 1), pour finalement s'élargir notamment sur les lobes frontaux chez les primates et l'homme. Ce néocortex est le siège des capacités les plus évoluées de l'homme, dont le langage, l'intelligence et la pensée consciente.

L'ensemble de l'organisation complexe du cerveau repose sur deux types principaux de cellules (Edelman 1992a) : le neurone qui constitue l'élément fonctionnel de base hautement spécialisé et la cellule gliale qui assure le maintien d'un environnement homéostatique propice au fonctionnement des tissus nerveux.

Les neurones sont caractérisés par une triple originalité par rapport aux autres types de cellules : une grande variabilité de formes, des fonctions électriques et chimiques, et une capacité à s'interconnecter pour former des réseaux.

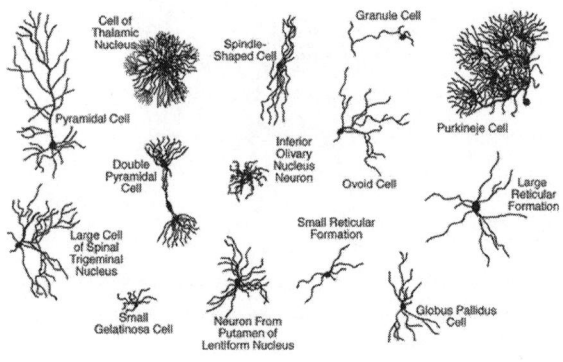

Figure 7. Bien que partageant une structure globalement identique, les neurones ont une grande variété de morphologies (Courtoisie Dr Robert Stufflebeam, University of New Orleans).

Même s'il existe une grande variété de morphologies, tous les neurones partagent une même structure. Ils possèdent tous un corps cellulaire appelé soma qui, comme toutes les cellules vivantes, comporte une membrane et un milieu interne avec un noyau comprenant le patrimoine génétique. Ils ont également des prolongements qui leur sont totalement spécifiques. En premier lieu, l'axone est une longue connexion qui établit un contact avec d'autres neurones proches ou lointains. En second lieu, les dendrites représentent un ensemble de ramifications sur lesquelles viennent se connecter les axones des autres neurones par l'intermédiaire des synapses.

L'axone d'un neurone transporte son activité électrique qui entraîne la libération d'un neuromédiateur lorsqu'elle atteint la synapse la connectant à un autre neurone. Le neuromédiateur stimule alors la dendrite ou bien directement le corps cellulaire sur lequel il est connecté, qui se met alors à décharger de l'électricité. Plus schématiquement, les dendrites sont les entrées du neurone, le soma est la partie intelligente qui « calcule » la réponse et l'axone est la sortie qui propage cette réponse vers les autres neurones.

Le point véritablement impressionnant réside dans le nombre colossal de connexions entre neurones. Rien que dans la couche corticale, il y a environ un million de milliards de connexions. Si l'on imagine un morceau de cerveau de la taille d'une tête d'allumette, celui-ci contiendrait près d'un milliard de connexions. Dans la totalité de l'encéphale humain, le nombre devient astronomique et donc difficilement vérifiable : de l'ordre d'un dix suivi par plusieurs millions de zéros.

Le second point suggérant que le cerveau est véritablement un objet hors du commun, et qu'il a pu aboutir à l'émergence des propriétés mentales humaines est l'incroyable sophistication de son organisation. Nous avons déjà indiqué quelques structures visibles, mais elles contiennent elles-mêmes des sous-ensembles fonctionnels appelés noyaux. Chacun de ces noyaux a évolué de manière à être capable d'assurer une ou plusieurs fonctions. Ils sont reliés avec les informations sensorielles, internes et externes, par l'intermédiaire de neurones spécialisés. Mais la plus grande partie des connexions s'effectuent à l'intérieur du cerveau lui-même. Elles forment des structures en « cartes » qui font correspondre des points situés sur certaines parties du corps, comme la peau ou la rétine de l'œil, sur certaines couches. Les cartes sont reliées entre elles par des faisceaux de fibres, comme celles qui connectent certaines régions de l'hémisphère droit à d'autres de l'hémisphère gauche et *vice versa*. Il existe aussi une organisation verticale du cortex cérébral en colonnes qui constituent des modules possédant une même modalité sensorielle, disposés côte à côte. Mais cette organisation en module parait presque trop simple et certains chercheurs parlent plutôt d'une organisation quasi cristalline empilée (Changeux 1983b).

Vous l'aurez compris, le cerveau n'est pas un organe comme les autres. Il est incroyablement complexe dans son organisation. Non seulement il est complexe, mais, en plus, chaque cerveau est unique. Certes tous les cerveaux humains se ressemblent et possèdent la même organisation globale, résultat de l'évolution de l'espèce. Toutefois, les schémas de connexions fins sont toujours différents. Ils sont le résultat du développement de chaque individu et de son histoire personnelle. Dans toute l'histoire de l'humanité, il n'y a jamais eu deux cerveaux identiques et il n'y en aura jamais. Car c'est bien le cerveau qui est le siège de la personnalité individuelle, de la mémoire et de bien d'autres propriétés qui font de chaque homme un être unique.

C'est cette singularité qui est probablement à l'origine du concept d'âme. La compréhension de cette relation intime entre le cerveau et l'esprit est un problème qui a soulevé autant de questions scientifiques que philosophiques. Les deux grands courants de pensée dans ce domaine sont le dualisme, qui postule que l'esprit existe indépendamment du cerveau, et le matérialisme qui postule, quant à lui, que le phénomène mental est strictement équivalent au phénomène neuronal.

De fait, le cerveau humain pose un problème différent du reste du corps pour envisager l'immortalité, au vu de sa complexité et de sa singularité.

9

Changement de monde

Nous vivons une période fascinante. « Ce n'est pas une crise, c'est un changement de monde » écrit Michel Serres. Ce changement n'est pas celui d'un simple passage d'un millénaire à un autre, mais celui d'une révolution sans précédent. Et comme toute modification profonde, nous n'en comprenons pas encore toutes les conséquences.

L'*Homo sapiens sapiens*, qui signifie en latin « homme sage », n'a a priori guère évolué sur le plan biologique depuis son apparition il y a près de 200 000 ans. Son cerveau si complexe et singulier – notre cerveau – semble être morphologiquement resté le même depuis plus de 40 000 ans. Mais grâce à ses capacités cérébrales, l'homme a conquis progressivement l'environnement. Selon certaines études, la grande croissance de la population mondiale aurait commencé à l'époque néolithique avec le développement d'une économie agricole sédentaire. On imagine alors que la totalité de l'espèce humaine comprenait seulement près de trois millions d'individus (Deevy 1960).

L'évolution biologique laissa alors la place à l'évolution culturelle et technologique. Alors que les espèces précédentes d'hominidés avaient probablement des échanges verbaux frustes constitués de signaux sonores primitifs, l'*Homo sapiens sapiens* développa le langage pour favoriser la cohésion sociale et l'échange mutuel au sein du groupe et de la famille. Il perfectionna les outils et techniques qui lui permirent de s'adapter plus rapidement aux changements de son environnement. Quand certaines communautés humaines naissantes purent satisfaire aux besoins primordiaux, abris, nourriture, vêtements et sécurité, leurs membres commencèrent à participer plus activement au développement artistique et culturel (Eccles 1994a).

Ainsi, à une évolution lente du corps, succéda l'adaptation nécessaire et rapide des outils et du langage (Serres 2001a). La pierre fit office de marteau à la place du poing, plus fragile, mais servant de modèle. Une pierre taillée répondit plus vite que la transformation hasardeuse et interminable d'une fonction organique : « la technique-lièvre prit de vitesse l'évolution-tortue. »

Ainsi les outils permirent une évolution beaucoup plus rapide que celle qui changeait les corps qui, en retour, changèrent moins. Michel Serres appelle « exodarwinisme » ce mouvement original des organes vers des objets qui externalisent les moyens d'adaptation. Selon lui, cette culture exodarwinienne naquit en même temps que le premier silex taillé. Elle marque la bifurcation de l'homme et de l'évolution biologique. L'humanité ne vivait plus dans le même monde que les animaux.

Alors qu'il avait fallu plusieurs millions d'années

pour aboutir aux premiers outils, seulement quelques millénaires furent nécessaires pour voir émerger les technologies numériques. Leur généralisation ne prit que quelques dizaines d'années.

La révolution numérique est la troisième du genre qu'a vécu l'humanité de par son ampleur. La première correspond au passage de la communication orale à l'écrit. La seconde est celle de l'imprimerie qui permit une diffusion sans précédent des connaissances. La révolution numérique devrait être encore plus profonde, car elle permet désormais de mémoriser et de communiquer à l'échelle planétaire. Avec les terminaux mobiles connectés, l'*Homo sapiens sapiens* tient aujourd'hui le monde dans main (Serres 2012) : « Maintenant : tenant en main le monde ».

Les premières traces d'écriture ont été retrouvées en Mésopotamie, ce qui correspond pour sa plus grande part à l'Irak actuel, peu après le milieu du IVe millénaire avant J.-C., dans une fourchette temporelle plus précise oscillant entre 3 400 et 3 300 avant notre ère. Cette période correspond à un essor de l'agriculture rendu possible par une pratique plus large de l'irrigation. Les populations se regroupaient progressivement au sein de grands centres urbains. Certaines concentrations s'imposèrent alors comme de véritables métropoles, avec des habitats disparates et surtout l'apparition d'ensembles architecturaux à vocation non domestique. L'extension des voies fluviales et terrestres, l'invention de la roue et l'utilisation de certains animaux, associés à la démographie de ces cités, expliquent probablement le développement d'une économie urbaine et interurbaine. Dès lors, la complexité accrue des opérations gestionnaires liées aux échanges fut certainement à l'origine des premiers outils d'écritures. Avant de devenir un outil au service de la langue et de la pensée, l'écriture aurait été un simple système d'enregistrement, une sorte d'aide-mémoire à l'usage de quelques scribes dont la préoccupation était de conserver la trace d'opérations comptables (Wikipedia 2016d). En d'autres termes, les chiffres auraient précédé les lettres.

On peut voir dans cette innovation technique, qui prit la forme de bulle à *calculi* puis de tablettes, l'externalisation d'au moins deux capacités cérébrales humaines : le calcul et la mémoire. Nous sommes donc au moment crucial où l'évolution exodarwinienne s'emparait du cerveau (André-Leickman 1982).

Grâce à l'écriture, tous les aspects de la culture humaine purent être progressivement stockés sous la forme de parchemins et de livres. Avant de disparaître à jamais, probablement dans les flammes, la grande bibliothèque d'Alexandrie, dont l'objectif était de rassembler dans un même lieu l'ensemble du savoir universel, contenait jusqu'à 700 000 rouleaux et volumes (Djebbar 2013). Chaque ouvrage était écrit à la main par son auteur. Les scribes réalisaient en petit nombre les copies manuscrites des documents les plus utiles si une diffusion était rendue nécessaire. La bibliothèque était donc le lieu unique de la mémoire culturelle humaine. Pour consulter un document, il fallait s'y rendre personnellement et seuls quelques privilégiés avaient cette possibilité. On peut facilement imaginer que la possession d'une copie à titre personnel n'était réservée qu'aux érudits les plus fortunés qui pouvaient s'offrir de telles raretés.

La seconde révolution débuta par la volonté d'un seul homme : Johannes Gensfleisch, plus connu sous le nom de Gutenberg (~1400-1468). Alors que son invention est considérée comme un événement majeur de la Renaissance et de l'histoire de l'humanité, Gutenberg vécut une existence difficile. Les livres à cette époque étaient rares. Ils étaient réalisés par des moines copistes qui passaient leur vie à reproduire des œuvres, religieuses pour la plupart, en les recopiant à la main. Gutenberg eut l'idée d'employer des caractères en métal interchangeables et égaux, une technique déjà employée en Asie depuis deux siècles, avec un système de presse à bras et une encre à impression. Le premier livre qu'il imprima fut la grammaire latine de Donatus en 1451, puis une édition latine de la Bible en 1453. Malheureusement pour Gutenberg, l'impression des livres connut au départ un succès très mitigé. Il n'échappa à la misère que grâce à Adolphe II de Nassau qui lui accorda une pension à vie et le titre de gentilhomme de sa cour.

Toutefois, l'invention de Gutenberg permit par la suite une diffusion des connaissances sans précédent. Cette révolution fut si importante qu'elle changea profondément la société humaine dans tous ses aspects : scientifique, économique, politique et social. Notre monde actuel est encore dans sa grande majorité le résultat de ce passage de l'écrit à l'imprimé. Les livres sont si enracinés dans notre vision du monde, que tous les écrans ressemblent encore à des pages de livres.

La troisième révolution est celle du numérique et du réseau planétaire. Comme pour les précédentes, elle suscite l'inquiétude des générations qui ont connu l'ancien monde. Lors du passage à l'écrit, Socrate s'emportait en affirmant que seule la transmission orale entre les êtres était vivante. Bien plus tard, les détracteurs de l'imprimerie argumentaient en soulignant que personne ne pourrait jamais lire tous ces livres et que cette masse horrible allait ramener la barbarie. Aujourd'hui, Internet cristallise à nouveau les angoisses du changement (Serres 2013).

Certains croyaient, il y a quelques années encore, que ces technologies numériques rendraient l'homme solitaire et profondément sédentaire. On l'imaginait autiste, figé chez lui devant un écran. Les usages actuels montrent que c'est l'inverse qui se produit : jamais l'homme n'a autant voyagé et communiqué avec ses semblables. Les écrans ont vu leur taille se réduire et ils sont devenus mobiles. Les réseaux, quant à eux, sont devenus sociaux.

En 1929, le hongrois Frigyes Karinthy (1887-1938) évoquait la possibilité que toute personne sur le globe fût reliée à n'importe quelle autre au travers d'une chaîne de relations individuelles comprenant au plus six degrés de séparation. Avec les réseaux sociaux, ce chiffre a été réduit à quatre. Le monde est devenu plus petit.

À présent, la connaissance est accessible au bout de nos doigts à tout instant. L'ensemble de la culture humaine n'est plus réparti dans quelques lieux privilégiés, elle est là sur la « toile », disponible en tous lieux, sur tous les écrans. L'accès au savoir est désormais total ou presque. Le cerveau qui autrefois devait tout contenir, s'étend et se prolonge à présent dans les espaces virtuels d'Internet. La consultation des pages Wikipédia ou des sites spécialisés, la lecture des livres numériques et interactifs, n'excitent plus les mêmes zones corticales que ne le faisait l'usage des manuels et des cahiers. Les nouvelles générations ne savent plus par cœur, ils ont accès à tout. Ils peuvent manipuler bien plus d'informations en même temps.

Il faut se faire une raison. Les cerveaux des jeunes générations ne sont plus ceux de leurs parents. Un nouvel humain est né, l'*Homo numericus*.

10

Homo numericus

Notre corps organique n'évolue plus assez vite dans un monde à la dynamique complexe et autrement plus rapide qu'il ne fut autrefois. Si la tendance majoritaire est d'externaliser certaines fonctions sous la forme d'artefacts technologiques, on voit plus récemment apparaître des « prothèses » qui se rapprochent du corps.

Un exemple intéressant est celui des prothèses auditives. Certaines ont un but strictement médical, permettant de pallier une déficience organique, alors que d'autres ont pour objet de nous permettre d'écouter de la musique, de l'information, ou de participer à une conversation. Dans le premier cas, la prothèse « répare » alors que dans le second, elle « augmente » les capacités humaines. Si ces deux fonctions sont actuellement séparées, ce sont plus pour des raisons liées aux usages des générations concernées qu'à cause de limitations technologiques.

Un autre exemple est celui des lunettes électroniques comme les Google Glass (Wikipedia 2016e). Elles ont été imaginées par les chercheurs du géant américain comme une nouvelle interface superposant le virtuel sur le réel. Imaginez-vous un instant, perdu dans les rues de Tokyo. Munies d'une application connectée adéquate, les lunettes sont non seulement potentiellement capables de vous situer et d'afficher comme tout bon système GPS le chemin le plus court vers votre destination, mais aussi de traduire à haute voix les affiches en Japonais, les panneaux, etc. Génial, me direz-vous, mais attendez une seconde : ce que les lunettes peuvent faire pour vous, elles pourraient également le faire pour un aveugle. Certes elles ne remplaceront pas la vue, mais elles ouvrent de nouvelles perspectives pour aider les non-voyants.

Avec ces deux exemples simples, nous voyons que dans un avenir proche, la frontière entre l'homme « réparé » et l'homme « augmenté » va s'estomper (Heudin 2013a). Allons-nous devenir des cyborgs, ces monstres cybernétiques couturés et bardés d'implants mécatroniques ?

Rien n'est moins sur. Mais n'allons pas trop vite et revenons à l'*Homo numericus*. Comme nous l'avons évoqué, l'une des extension-augmentations parmi les plus spectaculaires est liée à l'évolution des réseaux d'information et de communication.

Encore aujourd'hui, certains opposent le virtuel et le réel, Internet et une vision romantique du monde réel. Or, il n'existe qu'un seul monde. Dans les faits, l'évolution des technologies numériques dessine un avenir proche avec un nombre grandissant de machines, de véhicules et d'objets intelligents de toutes sortes. De nouvelles interfaces près du corps, dans les vêtements, oreillettes, lunettes, montres, etc., ou bien encore les tatouages électroniques (Zaffagni 2013), nous connecterons en permanence au réseau. Les interfaces de réalité augmentée ne vont pas juste superposer le virtuel et le réel, ils vont se mêler progressivement et intimement.

Les réseaux mobiles et l'Internet des objets préfigurent un réseau planétaire omniprésent mainte fois décrit par la science-fiction. L'*Homo numericus* sera constamment relié à cette « cybersphère », accédant ainsi à tout moment aux informations qui lui seront nécessaires. Dans cet océan informationnel, il sera aidé en cela par des entités algorithmiques intelligentes, autrement dit des intelligences artificielles.

L'importance de ce changement de monde modifie profondément la perception même de notre propre identité. Une nouvelle identité numérique émerge au fur et à mesure de notre présence et de nos échanges sur Internet, où nous laissons une myriade de traces et d'indices sur notre personnalité. Elles sont volontaires, comme des déclarations d'intention, mais le plus souvent involontaires, comme des empreintes de pas dans une gigantesque jungle.

Cette ombre numérique qui prend forme revêt de multiples facettes. Elle comprend en premier lieu les données qui permettent de vous contacter : nom véritable ou pseudo-masque, adresses de courrier électronique, numéros de téléphone, adresses physiques, professionnelles ou personnelles.

Elle comprend également des informations qui peuvent attester de votre identité : codes secrets et mots de passe associés à des identifiants, certificats sécurisés, réponses à des questions intimes que vous seul êtes censé connaître. Elle agrège de plus en plus d'informations personnelles sur votre vie en société : santé, comptes bancaires, assurances, déclarations et démarches officielles diverses.

Et puis il y a tout ce que vous dites ou écrivez de façon volontaire : tous les textes, les images et vidéos publiés sur les blogs, les forums et les réseaux sociaux. À cela vient s'ajouter tous vos avis sur ce que vous faites : films, livres, voyages, hôtels et restaurants, etc., et toutes les données sur les produits que vous achetez : les pages consultées, les produits les plus visités, les achats réalisés, les listes d'envies ou de souhaits. Il y a enfin toutes les listes d'amis virtuels, discussions, citations et partages, photos, et les milliers de « j'aime ! » qui constituent votre profil sur les réseaux sociaux.

Alors que la plupart des internautes expriment une inquiétude grandissante d'être fichés, ils diffusent dans le même temps de plus en plus d'informations sur leur vie privée et même parfois intime. Ce sont au total des millions de données sauvegardées sur des milliers de serveurs sécurisés, rangés en ligne dans les gigantesques salles informatiques des entreprises Google, Amazon, Facebook, Ebay, pour ne citer que les plus grandes.

L'identité numérique n'est pas seulement constituée des éléments épars d'une mosaïque en constante élaboration, elle est aussi largement tributaire de ce que les autres en perçoivent. Cette perception est appelée « e-réputation » ou réputation numérique.

Certains réclament un illusoire droit à l'oubli. Comment en effet retrouver et accéder à tous les éléments relatifs au passé d'une personne, qu'ils soient exacts, inexacts ou devenus obsolètes, pour qu'ils puissent être retirés des contenus en ligne afin de pouvoir les sortir de cette mémoire collective ? Comment obliger une société étrangère à effacer des données dont elle est maintenant en partie propriétaire ?

Il y a bien des lois protégeant la vie privée et des

organismes, comme la CNIL, veillant à son application, mais leurs agents semblent bien démunis entre les cybersurveillances des agences gouvernementales et les services juridiques hypertrophiés des multinationales.

De nouvelles sociétés spécialisées proposent des services d'évaluation et d'amélioration de la e-réputation ou web-réputation. Une meilleure notoriété numérique, pour des marques ou des personnalités publiques, peut en effet constituer un facteur de différenciation et présenter un avantage concurrentiel valorisable. Elles mettent alors en place une stratégie de publication d'éléments positifs, de surveillance et de minimisation des éléments négatifs par un travail minutieux de commentaires et de déréférencement. Toutefois, de tels services sont coûteux et prennent du temps.

Une autre solution si l'on ne souhaite pas dévoiler sa véritable personnalité sur Internet est d'adopter une identité différente, comme lorsque l'on porte un masque pour cacher sa véritable identité. L'histoire d'Internet a toujours été liée à cette volonté d'anonymat ou de jeux de masques pour devenir un autre personnage, généralement fantasmé. C'est ainsi que se sont développés les pseudos (pseudonymes) sur les forums et les systèmes de discussions instantanées (IRC ou chat) pour préserver l'identité des participants. Puis sont apparus les avatars, au départ de simples images qui complétaient les pseudos, jusqu'aux personnages en trois dimensions des mondes virtuels et des jeux vidéo.

Toutefois cette approche trouve rapidement ses limites. S'il est vrai qu'elle protège l'honnête citoyen et les défenseurs d'une juste cause face à un régime répressif, elle permet également à d'autres, beaucoup moins honnêtes, de revêtir une fausse identité, voire d'usurper une identité, pour commettre en toute impunité des actes répréhensibles. Les lois s'adaptent à ce genre nouveau de délinquance, mais il n'est pas toujours facile d'agir lorsque le coupable se trouve dans un autre pays à plusieurs milliers de kilomètres.

L'*Homo numericus* se définit donc non seulement par son corps mortel et ses possessions matérielles, mais de plus en plus par cet ensemble épars de données et de traces qui constituent son identité et sa mémoire numérique. Lorsque son corps disparaîtra avec la mort, alors que ses possessions matérielles seront dispersées parmi ses descendants, que deviendra le fantôme numérique de sa vie passée ?

Est-ce que sa mémoire numérique s'effacera comme les traces d'un passage éphémère recouvert progressivement par des milliers d'autres, ou bien perdurera-t-elle à jamais quelque part dans d'immenses nuages informatiques ?

Les sciences et technologies numériques font souffler un vent nouveau d'immortalité. De nouvelles utopies fleurissent. Elles feront l'objet de la prochaine partie de cet ouvrage. Mais sont-elles réellement nouvelles ? Sont-elles réellement utopiques ?

Chantée par les arts, méditée par les religieux, étudiée par les savants, l'immortalité est une quête aussi ancienne que l'humanité. La plus ancienne des épopées, rédigée en sumérien sur des tablettes d'argile vers la fin du IIIe millénaire avant J.-C., racontaient déjà les exploits du héros Gilgamesh (Mitchell 2013).

Profondément affecté par la mort de son ami Enkidu, Gilgamesh décida de quitter Uruk pour découvrir un moyen d'éviter la mort. Dans son voyage, il rencontra Utnapishtim, un immortel survivant du déluge provoqué par la colère divine. Celui-ci lui raconta comment il avait construit un vaisseau fabuleux pour sauver tous les animaux de la Terre. En remerciement, les dieux lui offrirent l'immortalité. Utnapishtim indiqua à Gilgamesh où trouver une plante miraculeuse, celle de la jeunesse éternelle. Mais le héros échoua dans sa quête et il dut rentrer chez lui en abandonnant ses espoirs d'immortalité.

PARTIE 2

La singularité technologique

11

L'accélération du progrès

En ces temps mouvementés de crise permanente où l'économie semble jouer au yoyo, beaucoup se demandent s'il est raisonnable de poursuivre cette quête effrénée de progrès scientifiques et technologiques.

Cette question n'est pas nouvelle. Au XIXe siècle déjà, certains s'inquiétaient du rythme des découvertes et des innovations. Outre les grandes découvertes en physique et en chimie, les applications de l'électricité se multipliaient avec l'invention de l'ampoule électrique et de la pile. Ce fut également le siècle des télécommunications avec le télégraphe et le téléphone, celui des transports avec les locomotives et les bateaux à vapeur, les tramways électriques et les premiers avions. Il serait trop long de citer toutes les innovations qui ont permis l'essor de la mécanisation et de l'industrialisation : métier à tisser, moteur diesel, moissonneuse, presse rotative, béton armé, etc. Ce fut aussi le siècle où la photographie et le cinéma firent leurs premiers pas.

Non seulement le rythme du progrès technique ne s'est pas ralenti pendant tout le XXe et au début de ce siècle, mais certains pensent même qu'il s'agit d'une accélération sans précédent dans l'histoire de l'humanité. Il en découlerait une spirale de progrès technologiques au cours du XXIe siècle que l'homme ne serait plus capable d'appréhender ou de prédire de manière fiable. Le point hypothétique où s'effectue la transition est appelé « la singularité technologique », nommée ainsi par analogie avec la singularité gravitationnelle d'un trou noir en cosmologie. Nombre de technoprophètes n'hésitent pas à prédire un monde utopique débarrassé des maladies et surtout de la mort, tandis que d'autres y voient une dystopie annonçant la fin de l'humain et l'avènement d'un monde de machines.

Même si le débat a pris toute son ampleur ces dernières années, le concept de singularité proviendrait initialement d'une discussion entre John von Neumann (1903-1957) et Stanislaw Ulam (1909-1984). Les deux scientifiques avaient collaboré ensemble à Los Alamos lors du projet Manhattan. John von Neumann s'était inspiré des automates cellulaires développés par Ulam pour servir de modèle à sa théorie sur les automates autoreproducteurs (Neumann 1966). En 1958, lors d'un hommage à von Neumann, Ulam avait déclaré : « L'une de nos conversations avait pour sujet l'accélération constante du progrès technologique et des changements du mode de vie humain, qui semble nous rapprocher d'une singularité fondamentale de l'histoire de l'évolution de l'espèce, au-delà de laquelle l'activité humaine, telle que nous la connaissons, ne pourrait se poursuivre. »

Quelques années plus tard, en 1965, ce fut le tour du statisticien anglais Irving John Good (1916-2009) qui décrivit un concept plus proche de son acception actuelle. Ses compétences dans le domaine des probabilités l'avaient amené à travailler pendant la Seconde Guerre mondiale dans l'équipe des cryptographes de Bletchley Park et au développement de l'ordinateur Colossus. Il connaissait donc très probablement les idées d'Alan Turing au sujet de l'intelligence artificielle. Dans un article intitulé *Spéculations* concernant la première machine ultra-intelligente, il écrivait (Good 1965) : « Supposons qu'existe une machine surpassant en intelligence tout ce dont est capable un homme, aussi brillant soit-il. La conception de telles machines faisant partie des activités intellectuelles, cette machine pourrait à son tour créer des machines meilleures qu'elle-même ; cela aurait sans nul doute pour effet une réaction en chaîne de développement de l'intelligence, pendant que l'intelligence humaine resterait presque sur place. Il en résulte que la machine ultra intelligente sera la dernière invention que l'homme aura besoin de faire, à condition que ladite machine soit assez docile pour constamment lui obéir. »

Autrement dit, l'idée est que lorsqu'une machine sera plus intelligente que nous, elle sera alors capable d'élaborer une machine encore plus intelligente qu'elle et ainsi de suite jusqu'à aboutir à une intelligence si immense qu'elle défiera notre compréhension. Dès lors, elle pourrait résoudre nos petits soucis d'humain, comme l'immortalité, sans aucune difficulté.

Reformulée de cette manière on ne peut que noter l'incroyable naïveté de la spéculation du statisticien. Certes elle a été écrite à une époque où les scientifiques rivalisaient de prédictions fantasmatiques quant à l'avenir de l'intelligence artificielle, mais elle sous-estime grandement la complexité de l'intelligence humaine et surestime également les capacités physiques des machines.

Comme une mode qui réapparaît cycliquement, le concept de singularité technologique fit à nouveau parler de lui dans les années 1980 avec Vernor Vinge (Vinge 1993).

Professeur d'informatique et de mathématiques à l'université de San Diego, Vernor Vinge avait commencé à écrire des nouvelles et des romans de science-fiction dès 1965. Il publia sa première nouvelle faisant mention de la singularité, intitulée *True Names*, en 1981. Cet intérêt se confirma ensuite dans la plupart de ses romans. En 1992, *Un feu sur l'abîme* remporta le prix Hugo du meilleur roman de science-fiction. Celui-ci avait pour thème le « réveil » d'une super-intelligence, causant alors la destruction de nombreuses civilisations. Ce fut l'année suivante, lors d'un symposium organisé par la NASA et l'Institut Aérospatial de l'état de l'Ohio, qu'il publia son premier article « scientifique » à propos de la singularité technologique.

Son article débutait de la façon suivante : « Dans les trente ans, nous aurons les possibilités technologiques de créer une intelligence supra-humaine. Peu de temps après, l'ère de l'humanité s'achèvera.

Ce progrès peut-il être évité ? S'il ne peut pas l'être, est-ce nous pouvons changer le cours des événements pour que nous puissions survivre ?

Dans cet article, nous traitons de ces questions. Des réponses possibles (ainsi que d'autres dangers) sont présentées.

L'accélération du progrès technologique a été la caractéristique centrale de ce siècle. J'argumente dans cet article sur le fait que nous sommes au seuil d'un changement comparable à celui de l'apparition de l'homme sur Terre. La cause précise de ce changement est la création imminente d'entités avec une intelligence surhumaine. Il y a plusieurs manières d'aboutir à cette percée (et c'est une autre raison de croire que cet événement va effectivement se passer) :

1. Il se peut que soient développés des ordinateurs qui soient "éveillés" et dotés d'une intelligence surhumaine. (À ce jour, il y a beaucoup de débats sur la question de notre capacité à créer un équivalent humain dans une machine. Mais si la réponse est "oui, nous le pouvons", alors il n'y a que peu de doutes que des êtres plus intelligents puissent être élaborés peu de temps après.)

2. De grands réseaux d'ordinateurs (et leurs utilisateurs associés) peuvent "se réveiller" et devenir des entités à l'intelligence surhumaine.

3. Les interfaces homme-machine peuvent devenir si intimes que les utilisateurs sont considérés comme dotés d'une intelligence surhumaine.

4. Les sciences du vivant peuvent fournir des moyens d'augmenter l'intellect naturel de l'humain.

Les trois premières possibilités dépendent largement des avancées dans le matériel des ordinateurs. Les progrès en matériel ont suivi une courbe incroyablement constante dans les quelques dernières décennies. En se basant essentiellement sur cette tendance, je crois que la création d'une intelligence surhumaine interviendra au cours des trente prochaines années. Juste pour que je ne sois pas coupable d'une ambiguïté de temps relatif, plus spécifiquement : je serais surpris que cet événement arrive avant 2005 ou après 2030. »

Science ou science-fiction ? Le moins que l'on puisse dire est que cet article est le parfait exemple du mélange des genres. Il ne s'agit du début à la fin que d'un ensemble de spéculations. À aucun moment les termes utilisés ne sont parfaitement définis. La plupart des arguments ne sont en fait que des références à des spéculations d'autres chercheurs. Ainsi, il cite Irvin Good, Hans Moravev (Moravec 1990) ou bien encore Eric Drexler (Drexler 1986), bien connus pour leurs prédictions en termes de machines intelligentes. Mise à part une courte citation à Roger Penrose (Penrose 1989) et John Searle (Searle 1980), aucun argument contraire n'est discuté. Le principal obstacle pour une intelligence artificielle surhumaine semble être, pour l'auteur, la capacité de calcul des ordinateurs. Nous reviendrons sur cet argument un peu plus loin.

En outre, une bonne part de l'article n'est rien d'autre qu'une mise en garde sur les conséquences de la singularité : « Si la singularité ne peut être évitée ou confinée, jusqu'à quel point l'ère post-humaine sera néfaste ? Eh bien... Très néfaste. »

Nous retrouvons là implicitement le scénario éculé de la créature technologique maudite qui se retourne contre son créateur. Autrement dit, nous sommes toujours dans l'imaginaire et non dans une approche scientifique rigoureuse ou même philosophique éclairée du sujet.

Le plus intéressant de l'article reste l'idée d'amplification de l'intelligence comme une alternative à l'intelligence artificielle classique. Mais l'auteur la nomme alors *Intelligence Amplification* (IA) jetant ainsi une nouvelle source de confusion. Reste le talent incontestable de l'auteur de science-fiction qui obtint par deux fois la plus haute récompense du genre.

La prédiction fantasmatique de Vernor Vinge aurait pu sombrer dans l'oubli collectif si, quelques années après, Ray Kurzweil n'avait pas ravivé la flamme de la singularité technologique et de l'immortalité humaine en souhaitant lui donner l'apparence d'une véritable théorie scientifique.

12

La singularité est proche

Tempes grisonnantes, front gigantesque et regard de sage derrière des petites lunettes, Ray Kurzweil est une espèce d'hybride entre Super-Mario et Bill Gates (Kyrou 2010). Sa popularité s'envola réellement lorsqu'il publia en 2005 son essai à succès : *The Singularity is Near* (Kurzweil 2005). Cet essai sur l'avenir de l'humanité, l'immortalité et l'intelligence artificielle fut le livre où il développa sa vision de la singularité technologique, bien que nombre des idées étaient déjà présentes dans ses précédents ouvrages.

Ainsi, son essai intitulé *L'âge des machines intelligentes* débutait de cette manière (Kurzweil 1999) : « Une analyse de l'histoire des technologies montre que le changement technologique est exponentiel, contrairement à une vision de sens commun d'une linéarité intuitive. Par conséquent, nous ne vivrons pas cent ans de progrès au XXIe siècle, ce sera plutôt vingt mille ans de progrès (au rythme actuel). Le "retour" augmente aussi exponentiellement, comme la vitesse des circuits intégrés et le rapport coût-efficacité. Il y a même une croissance exponentielle dans le rythme d'accroissement exponentiel. Dans quelques dizaines d'années, l'intelligence des machines dépassera l'intelligence humaine, provoquant la Singularité – un changement technologique si rapide et profond qu'il représentera une rupture dans l'élaboration de l'histoire humaine. Les implications comprennent la fusion de l'intelligence biologique et non biologique, des humains immortels basés sur du logiciel et des niveaux supérieurs d'intelligence qui s'étendront partout dans l'univers à la vitesse de la lumière. »

Raymond Kurzweil est né en 1948 dans le quartier du Queens à New York City. En 1970, il obtint un Bachelor en informatique et littérature au MIT. Il étudia en particulier avec Marvin Minsky (1927-2016), l'un des pères de l'intelligence artificielle. Dès 1968, il créa sa première entreprise qu'il revendit quelque temps plus tard pour la coquette somme de 100 000 dollars environ. En 1974, il lança *Kurzweil Computer Products* et développa le premier logiciel de reconnaissance de caractères, un scanner et un système de synthèse vocale. Après plusieurs rachats, cette société devint *Scansoft* puis *Nuance Communications*, le leader actuel dans ce domaine. La seconde aventure entrepreneuriale de Ray Kurzweil fut, à partir de 1982, le développement d'une nouvelle génération d'instruments de musique électronique capables de reproduire le son des instruments traditionnels comme le piano. Avant de devenir le technoprophète de la singularité que l'on connaît aujourd'hui, auteur d'essais à succès, directeur de l'ingénierie chez Google, Ray Kurzweil fut donc un entrepreneur qui innova dans de nombreux domaines. De ce point de vue, il est donc plus proche d'un ingénieur surdoué, un visionnaire créateur d'entreprises, que d'un scientifique au sens académique du terme.

Dans son livre de 2005, Kurzweil revenait sur les origines de la singularité en citant John von Neumann, Irvin John Good et Vernor Vinge. De ce fait, il se situe dans la même continuité d'idées avec néanmoins une différence notable : contrairement à la version alarmiste de Vernor Vinge, sa vision est fondamentalement optimiste.

Ray Kurzweil a une foi presque religieuse dans le progrès technique et la formalisation mathématique du réel. Pour lui, la singularité transformera la vie humaine de façon irréversible et les humains transcenderont « les limitations de nos corps biologiques et de nos cerveaux ».

Il prédit qu'après la singularité, « l'intelligence qui émergera continuera de représenter la civilisation humaine » et que « les machines du futur seront humaines, même si elles ne seront plus biologiques ».

Kurzweil prétend que lorsque l'intelligence non biologique prédominera, la nature de la vie humaine en sera radicalement modifiée : au niveau de l'éducation, du travail, du divertissement et surtout au niveau de la santé. Il prédit en particulier que des nanorobots permettront de manger ce que l'on souhaite sans grossir, la fin du cancer et des principales infections, le remplacement des organes et l'augmentation des capacités cérébrales. Le corps humain contiendra alors tant d'augmentations que les hommes seront capables de le modifier à volonté. En résumé, l'homme pourra se débarrasser de son enveloppe biologique et il deviendra immortel.

Contrairement à Vernor Vinge, dont les spéculations sont à peine étayées, Ray Kuzweil multiplie les arguments et propose une démonstration quasi scientifique de sa thèse. Son argumentation repose principalement sur deux constatations apparemment évidentes : d'une part, les innovations technologiques se développent à un rythme exponentiel et, d'autre part, les avancées obtenues dans un domaine d'innovation particulier fécondent les autres domaines. Il en conclut un cycle ininterrompu d'enrichissements réciproques qui accélère de façon inédite le progrès technologique. Du fait de la fécondation croisée des technologies de plus en plus nombreuses et se développant de plus en plus vite, les cycles d'innovations deviennent de plus en plus courts jusqu'au stade où survient la singularité technologique.

À partir de cette idée séduisante, étayée par de nombreux exemples, il entreprend une tentative de formalisation sous la forme de ce qu'il appelle « la loi des retours accélérés ». Une avancée technologique suit normalement une courbe en « S » : d'abord très lente, elle s'accélère ensuite, puis ralentit lorsque les effets de l'innovation s'atténuent. Dans le modèle de Kurzweil, les autres innovations induites par la précédente prennent alors le relais.

Pour en représenter l'effet global, Kurzweil généralise la loi de Moore à un grand nombre d'autres technologies pour en déduire une progression exponentielle (Wikispace 2016). Sur une échelle linéaire, une telle courbe ressemble à la classique fonction « e^x » étudiée par des générations d'écoliers. Elle commence par une progression douce, presque linéaire, mais passé le point où la pente atteint 45 degrés, celle-ci se redresse franchement et les valeurs s'envolent vers des nombres vertigineux. Lorsque la valeur de x augmente encore, la pente devient quasi verticale avec y qui tend alors vers l'infini. La singularité intervient au moment où il n'est plus possible de prédire ce qui va se passer. Selon Kurzweil, elle se situera au niveau de l'année 2045, un point où le progrès sera si rapide qu'il dépassera la compréhension humaine.

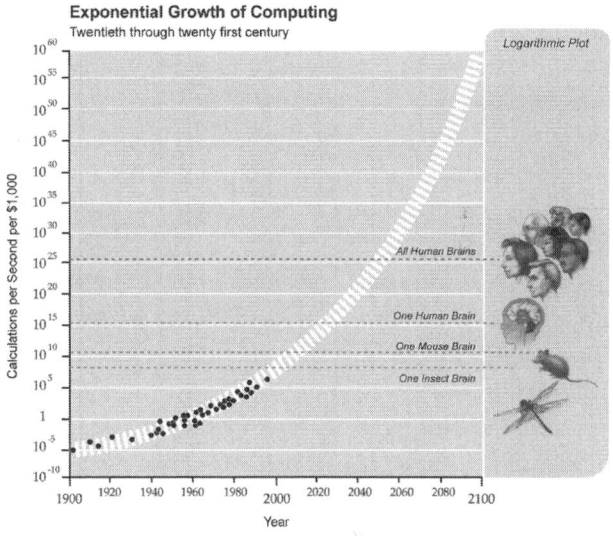

Figure 8. La croissance de la capacité de calcul d'après Ray Kuzweil. L'axe des ordonnées exprime la puissance de calcul par seconde et par millier de dollars.

Notons au passage que ce n'est pas à proprement parler une singularité mathématique, comme dans la fonction $1/x$ où le point $x = 0$ est indéfini, car sa valeur est infinie. Il s'agit plutôt d'une référence à la singularité gravitationnelle du trou noir en astrophysique et sa région de l'espace-temps au voisinage de laquelle il n'est plus possible de voir — ni de comprendre en l'état actuel de nos connaissances — ce qui s'y passe réellement.

Un des éléments importants de la démonstration de Ray Kurzweil s'appuie sur la généralisation de la loi de Moore. Il n'est pas le premier à utiliser cette approche. Dans une série d'articles entre 1974 et 1979, puis dans son livre *Mind Children* publié en 1988, le roboticien autrichien Hans Moravec avait déjà étendu la portée de la loi de Moore pour faire des prédictions dans le domaine de la vie artificielle (Moravec 1998). Il y annonçait entre autres l'apparition de nouvelles espèces artificielles issues de la robotique vers 2030-2040 ainsi que l'explosion de l'intelligence conduisant à une super-intelligence comparable à celle prédite par Vernor Vinge.

La clé de voûte des arguments des partisans de la singularité réside donc dans la fameuse conjecture de Moore. Qu'en est-il exactement ?

La Loi de Moore a été exprimée pour la première fois en 1965 dans *Electronics Magazine* par Gordon Moore (Moore 1965), à l'époque ingénieur de *Fairchild Semiconductor* et l'un des trois fondateurs d'Intel en 1968. L'électronicien, chimiste de formation, discutait l'évolution de la capacité d'intégration des transistors dans un circuit intégré en se basant sur la diminution de la taille de la gravure sur le silicium. En effet, plus l'on est capable de « dessiner » finement des circuits, plus on peut intégrer d'éléments et plus ils sont rapides, le temps de propagation d'une information sur le circuit étant inversement proportionnelle à la distance. En se basant sur une constatation empirique, il en conclut que la complexité des semi-conducteurs doublait tous les ans à coût constant depuis 1959, date de leur invention. À partir de là, il postula la poursuite de cette croissance pour les années à venir.

Dix ans plus tard, en 1975, Gordon Moore réévalua sa prédiction. En premier lieu, au lieu de prendre comme base l'ensemble des circuits intégrés, il se focalisa sur les microprocesseurs. Deuxièmement, il revit la durée en stipulant que le nombre de transistors doublerait tous les deux ans et non chaque année.

Comme on peut le voir, il ne s'agit pas d'une loi au sens strict, mais plutôt d'une conjecture basée sur une extrapolation empirique. Dans les faits, la prédiction de Gordon Moore s'est révélée étonnamment exacte jusqu'à récemment. Entre 1971 et 2001, la densité des transistors a doublé chaque 1,96 année. En conséquence, les machines électroniques sont devenues de moins en moins coûteuses et de plus en plus puissantes.

Néanmoins, depuis 2004, la fréquence des processeurs tend à stagner en raison de problèmes de dissipation thermique, qui empêchent une montée en fréquence en dépit de la taille plus faible des transistors. En effet, plus les circuits sont rapides et plus ils dissipent de l'énergie. Si cela se produit sur une surface de plus en plus réduite, la température peut alors atteindre des valeurs extrêmes qui peuvent littéralement faire fondre le silicium.

Un second obstacle réside dans la diminution de la taille des « traits » par photolithographie. En 1999, des chercheurs du CEA-LETI à Grenoble ont réalisé un transistor « ultime » avec une section de 18 nanomètres, c'est-à-dire l'équivalent de quelques dizaines d'atomes mis côtes à côtes. Non seulement la réalisation d'un circuit complet à cette taille n'est pas encore industriellement possible, mais à ce niveau nanométrique, il devient presque impossible de créer un rayon capable de « dessiner » correctement. En outre, à l'échelle atomique, la physique change de nature avec l'apparition des effets quantiques. Les spécialistes des matériaux pour l'électronique appellent cette limite physique « the Wall », autrement dit « le mur ».

Pour autant, cela ne veut pas dire que ce « mur » marque la fin de l'augmentation des capacités de calcul des ordinateurs. En effet, de nombreuses pistes alternatives sont explorées : parallélisme massif, nanotechnologie, processeur quantique, bioprocesseur, etc. (Heudin 2013b).

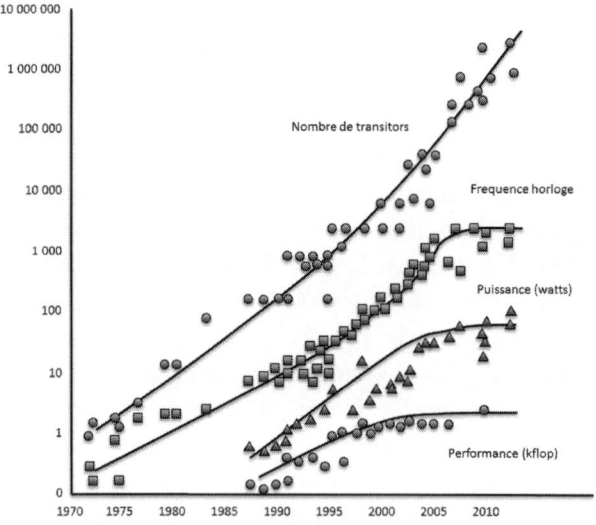

Figure 9. L'accroissement du nombre de transistors par processeur suit la prédiction de Gordon Moore. Mais, depuis 2004, la performance ainsi que d'autres paramètres ralentissent et tendent à stagner (d'après Intel Corp.).

En extrapolant la conjecture de Moore à d'autres domaines, Kurzweil débouche donc sur des pseudos

« lois de Moore » où « quelque chose » double tous les dix-huit mois, un chiffre qu'on ne trouve pourtant dans aucun des deux énoncés de l'électronicien. À l'instar de nombreux scientifiques, Gordon Moore reste lui-même extrêmement sceptique envers la thèse de Ray Kurzweil. Quand on lui demande quand la singularité interviendra, il répond sans hésiter : « never » (Spectrum 2008).

Au bout du compte, au-delà de son aspect séducteur, l'argument principal de la singularité technologique, que représente la généralisation de la Loi de Moore, n'est en fait que l'extrapolation d'une extrapolation.

13

Prédiction, idéologie ou religion ?

Le terme singularité provient à l'origine du latin *singularitas*, le fait d'être unique. Si la singularité exprime le caractère d'un individu qui se distingue des autres, alors Ray Kurzweil est la singularité incarnée.

Sans surprise, l'apôtre du transhumanisme a suscité un engouement passionné d'un petit groupe de personnes et un rejet quasi immédiat de la part d'un nombre quasi équivalent. Néanmoins, ses prédictions et le soutien d'entrepreneurs de renom, lui ont permis de devenir l'un des futurologues les plus en vogue de la planète, dont on ne compte plus les prix et distinctions honorifiques.

Les principales critiques sur la théorie de la singularité technologique ne portent pas sur les prédictions fantasmatiques d'immortalité ou de supra-intelligence irradiant l'univers, mais plutôt sur la validité de sa démonstration sur la loi des retours accélérés. En dehors de celle dont nous avons discuté précédemment, voici quelques raisons supplémentaires de douter.

Plusieurs chercheurs sont ainsi convaincus que la

courbe globale du progrès technologique au lieu de suivre une envolée exponentielle va s'aplatir pour devenir linéaire (Modis 2002), voire pour certains décroître (Huebner 2005). De ce fait, la pente ne permettrait plus alors de progresser assez vite pour atteindre une singularité.

Ainsi, une explication possible de l'accélération actuelle résiderait plus simplement dans l'accroissement démographique de la planète : un nombre plus grand d'humains entraîne plus d'inventeurs et d'innovations qui améliorent le niveau de vie, donc encore plus d'humains et ainsi de suite. Il ne s'agit plus alors que d'une fonction certes non linéaire, mais beaucoup moins croissante.

D'autres ont critiqué la méthode de Kurzweil qui se base essentiellement sur des courbes « log-log » en choisissant arbitrairement des événements pour montrer l'accroissement (une courbe exponentielle devient linéaire avec une représentation logarithmique). L'un de ses détracteurs a produit plusieurs exemples du même type pour montrer que l'on peut tomber rapidement dans l'absurde : en particulier un graphe montrant l'augmentation croissante dans le temps du nombre de lames sur les rasoirs et en extrapolant sur leur augmentation quasi infinie (Anonymous 2006). Plus sérieusement, la critique porte ici sur le manque de rigueur scientifique de la méthode.

Martin Ford a postulé quant à lui le « paradoxe de la technologie ». Bien avant qu'une singularité ne puisse intervenir, la technologie aura permis d'automatiser de nombreuses tâches, ce qui aura pour conséquence une augmentation massive du chômage et un effondrement de la demande des consommateurs, qui à son tour pourrait détruire l'incitation à investir dans les technologies qui seraient nécessaires pour parvenir à la singularité (Ford 2009).

Un autre paradoxe réside dans le fait que les technoprophètes de la singularité vivent généralement dans une «bulle technologique» et qu'ils ont été marqués par l'accélération du développement de l'informatique et de l'Internet. De ce fait, ils ont une tendance naturelle à extrapoler cette progression à d'autres domaines alors que, dans la réalité, la grande majorité a plutôt ralenti sa progression. Il en est ainsi par exemple du secteur automobile, pourtant à la pointe des technologies, mais qui subit une crise sans précédent. En appliquant le raisonnement de Kurzweil, elles devraient pourtant voler et aller à la vitesse de la lumière d'ici quelques années.

Pour le psychologue Steven Pinker (Spectrum 2008) : «[...] il n'y a pas la moindre raison de croire à l'arrivée d'une singularité. Le fait que vous puissiez visualiser un futur dans votre imagination n'est pas une preuve que cela va effectivement se produire ou même juste être possible. Regardez les cités sous dômes, les cités sous-marines, les immeubles hauts de plus d'un kilomètre, les voitures nucléaires, toutes ces images d'anticipation futuriste que je voyais quand j'étais un enfant et qui ne se sont jamais réalisées. La puissance de calcul n'est pas une poudre de lutin qui peut résoudre par magie tous vos problèmes.»

Dans le même ordre d'idée, le pionnier de la réalité virtuelle Jaron Lanier se refuse à croire que la singularité soit inévitable (Lanier 2013) : «Je ne pense pas que la technologie puisse se créer d'elle-même. Ce n'est pas un processus anonyme. [...] La raison de croire dans les hommes plutôt que dans un déterminisme technologique est que vous pouvez alors avoir une économie où les gens construisent leur propre destinée et leur vie. Si vous organisez la société sans penser aux gens, cela revient dans les faits à nier leur existence, leur dignité et leur capacité d'autodétermination... Adhérer [à l'idée de la singularité] serait une célébration du mauvais goût et une politique désastreuse. »

Enfin, certains pensent que la thèse de la singularité ignore totalement toutes les contraintes liées à l'environnement et qu'elle prédit une accélération technologique sans tenir compte des ressources nécessaires qui, elles, ne sont pas du tout infinies.

Ainsi, le biologiste évolutionniste Jared Diamond pense que les cultures s'autolimitent quand elles dépassent les capacités de développement durable de leur environnement et que la surconsommation des ressources stratégiques (les arbres, le sol et l'eau en particulier) crée une boucle de rétroaction qui conduit à terme à un effondrement social et une régression technologique (Diamond 2011).

L'anthropologue Joseph Tainter va dans le même sens et postule quant à lui une « loi de diminution des retours », avec une complexité croissante de la société qui finit par s'autolimiter et aboutit à un effondrement général du système (Tainter 1988).

Les avocats de la singularité ont une tendance fâcheuse à ignorer ces critiques en les écartant du revers de la main. S'il y a des limites de ressources ou d'énergie, ce n'est pas un problème, car les avancées technologiques rendront ces limitations inopérantes. Par exemple, les problèmes de transport et de logistique, comme les problèmes de la faim dans le monde, n'existeront plus quand nous serons devenus tous des esprits dans les réseaux d'ordinateurs et que nous pourrons par conséquent nous déplacer d'un endroit à un autre à la vitesse de la lumière. Toutes les ressources nécessaires pourront être produites en quantité suffisante à la demande en les créant directement à partir de la matière moléculaire.

À chacun de dire si ce tableau idyllique des transhumanistes résonne en lui comme un rêve ou bien, au contraire, comme le pire des cauchemars…

Comment Ray Kurzweil, cet entrepreneur visionnaire, en est-il venu au transhumanisme et à la singularité ?

Derrière le paravent de l'approche (pseudo) scientifique, il se cache probablement une profonde angoisse de la mort. Il admet volontiers qu'il ne s'intéressait pas à sa propre santé avant de découvrir qu'il souffrait d'une forme de diabète avec un risque non négligeable pour le cœur. Il entreprit alors plusieurs traitements pour le moins surprenants afin de « reprogrammer » sa biochimie : pendant une période, il ingérait près de 250 suppléments nutritifs, une dizaine de verres d'eau alcaline et autant de thé vert par jour, ainsi que du vin. Il a également rejoint la fondation *Alcor Life Extension* pour se faire cryogéniser en cas de décès, dans l'espoir de pouvoir un jour être réanimé. On ne compte plus ses déclarations sur le sujet de la santé et du prolongement de la vie, ainsi que son soutien actif aux fondations et aux laboratoires travaillant sur le rajeunissement (Philipkoski 2005) (Jenkins 2013).

Il est donc indéniable que la pierre angulaire de sa thèse, l'objectif ultime de son engouement pour la singularité est l'immortalité. L'un des rôles les plus importants de la religion étant de transcender la mort, il n'est pas étonnant que la posture de Kurzweil oscille entre science, idéologie métaphysique et religion. Lorsqu'on lui pose la question, sa réponse est pour le moins ambigüe. D'une part, il affirme que la singularité n'est par une religion bien que, sur certains aspects, elle rejoint nombre de ses concepts. Mais d'autre part, il argumente ensuite sur leurs échecs (Brigis 2008) : « Il y a beaucoup de fausses prédictions provenant des religions, certainement parce qu'elles ne sont pas issues de la science. Mais le fait que certaines prédictions soient fausses ne veut pas dire que toutes les prédictions soient fausses et les miennes ont jusqu'à présent été plutôt précises. »

Si la singularité est proche, c'est que Ray Kurzweil souhaite ardemment pouvoir en profiter lui-même avant de passer de vie à trépas. Alors il se prépare à cette éventualité, qu'il veut certaine, en ingérant des centaines de petites pilules supposées le garder en bonne santé et prolonger sa vie jusqu'au jour où les progrès de la science assureront son immortalité.

Loin d'une véritable approche scientifique ou d'une religion émergente, la singularité semble être finalement l'obsession médiatisée d'un homme face à sa propre mort.

Mais parmi le délire de prédictions qui conduisent à un humain incorporel, immortel, téléchargé dans la mémoire d'un ordinateur devenu monde que faut-il retenir de crédible ?

Cela signifie-t-il qu'il ne puisse se dérouler un événement scientifique à court ou moyen terme qui soit à même de changer radicalement notre société ?

14

Bits, nano et gènes

L'un des arguments des partisans de la singularité et plus généralement des mouvements transhumanistes est ce que l'on appelle la convergence NBIC. Ce sigle désigne l'interaction et la convergence croissante entre plusieurs domaines de la recherche scientifique et technologique : les nanotechnologies (N), les biotechnologies (B), l'intelligence artificielle (I) et les sciences cognitives (C). En anglais le sigle devient BIN pour « Bio-Info-Nano ». Certains parlent aussi de « grande convergence » pour souligner le rapprochement entre les quatre grands champs disciplinaires : les nanotechnologies regroupant l'ensemble des techniques permettant ce concevoir des systèmes au niveau moléculaire, les biotechnologies incluant entre autres l'ingénierie génétique et les travaux en médecine régénérative, l'informatique regroupant ses aspects électroniques et réseaux, mais aussi la robotique et l'intelligence artificielle sous toutes ses formes, et enfin les sciences cognitives dont l'objectif est la compréhension du cerveau humain.

Il ne s'agit pas seulement de constater les collaborations possibles, mais de les encourager avec des projets multidisciplinaires : « C'est un moment unique dans l'Histoire des réalisations techniques ; l'amélioration des performances humaines devient possible par l'intégration des technologies. »

Cette phrase est issue d'un rapport de 400 pages publié en juin 2002 aux États-Unis sur la convergence NBIC (Roco 2013). Malgré des accents transhumanistes prononcés, ce rapport était commandité par la très sérieuse *National Science Foundation* (NSF) et le non moins sérieux *Department of Commerce* (DOF) des États-Unis.

Soyons clairs. Même si les transhumanistes se sont emparés médiatiquement de cette convergence annoncée, celle-ci n'est pas forcément liée à ce mouvement. En effet, il existe une coopération naturelle entre ces différentes disciplines. La recherche dans le domaine des nanotechnologies est intimement liée à l'industrie électronique qui travaille depuis toujours sur les matériaux au niveau physique. Il est donc certain que les avancées comprendront des techniques permettant de créer de nouveaux composants électroniques pour démultiplier les capacités de traitement des circuits numériques. En retour, des réseaux d'ordinateurs plus puissants permettront de traiter plus efficacement les gigantesques volumes de données nécessaires à la compréhension du fonctionnement du génome ou du cerveau. De même, cette connaissance accrue des systèmes biologiques naturels pourrait conduire à des innovations en termes d'architecture des ordinateurs ou d'algorithmes en intelligence artificielle.

Malheureusement, l'idée même de convergence NBIC est devenue synonyme de transhumanisme, c'est-à-dire une philosophie volontariste de transformation radicale de l'humanité, alors que l'on peut évidemment imaginer des recherches multidisciplinaires ou transdisciplinaires sans vouloir pour autant modifier fondamentalement l'homme ou créer un post-humain.

Afin d'illustrer notre propos, prenons un exemple en biologie synthétique : celui de la création de la première bactérie artificielle en 2008 par l'équipe du docteur Craig Venter (Venter 2008). Il décrit volontiers son résultat comme « la première espèce autoreproductrice que nous ayons sur la planète dont le parent est un ordinateur ». Selon lui, cette technologie permettra dans l'avenir de créer des microbes utiles pour soigner certaines maladies ou pour produire des biocarburants.

L'expérience consistait globalement à modifier une bactérie en lui ôtant son génome et en lui intégrant ensuite un nouveau patrimoine génétique synthétisé sur ordinateur. Le choix s'est porté sur une bactérie qui infecte naturellement les chèvres : *Mycoplasma genitalium* dotée d'un ADN constitué d'un peu moins de six cent mille paires de bases A (adénine), G (guanine), C (cytosine) et T (thymine).

Le processus pour synthétiser et assembler le génome artificiel commença par un séquencement correct et sans erreur de l'ADN de la bactérie. Ensuite, ce génome fut découpé en une centaine de morceaux comprenant de cinq à sept mille paires de bases. Les morceaux synthétiques ont également été marqués par des séquences non naturelles pour les différencier de leur homologue d'origine. Au passage, les chercheurs ont modifié l'ADN en lui retirant 14 gènes connus pour leurs propriétés pathogènes. Pour ces tâches, l'équipe était composée de 17 personnes et la participation de trois sociétés spécialisées.

À partir de là, l'équipe a réassemblé les différentes parties selon un processus comprenant cinq étapes. Dans un premier temps, les morceaux ont été assemblés pour créer 25 sous-ensembles d'environ 24 000 paires de bases, puis clonés dans une bactérie *Escherichia coli* afin de produire suffisamment d'ADN pour l'étape suivante. Celle-ci consistait dans l'assemblage des sous-ensembles afin d'obtenir huit blocs d'environ 72 000 paires de bases. À leur tour, ces blocs furent clonés dans des bactéries *Escherichia coli*. La troisième étape fut identique avec l'objectif d'obtenir des fragments représentant un quart du génome total, soit près de 144 000 paires de bases. À ce stade, les chercheurs terminèrent l'assemblage du génome dans son intégralité, soit plus de 580 000 paires, en procédant à des recombinaisons. La dernière étape consista à reséquencer le résultat complet afin de valider sa structure chimique (Gibson 2008). Finalement, l'ADN artificiel obtenu fut réimplanté dans une bactérie *Mycoplasma genitalium* sans génome de façon à obtenir le premier organisme autoreproducteur doté d'un génome synthétique.

Le coût total du projet fut d'environ 40 millions de dollars, essentiellement financé par la société *Synthetic Genomics* créée par Craig Venter. Dans cette expérience, la bactérie n'avait aucun intérêt applicatif, mais Craig Venter pensait déjà travailler sur d'autres micro-organismes. Sa société a en particulier signé un contrat de 600 millions de dollars pour produire des biocarburants à partir d'algues : « Avec le génome entier d'une algue, on peut modifier cinquante ou soixante paramètres différents pour sa croissance afin de créer des organismes super-productifs. » Dans un voyage autour du monde en bateau, pour ce faire, il a analysé l'ADN de très nombreux micro-organismes marins. Il possède maintenant une base de données de près de quarante millions de gènes, provenant principalement d'algues, qui serviront de base à ces travaux.

Plus récemment, l'équipe de Craig Venter a mis au point une forme synthétique de cellule minimale baptisée Syn3.0 comprenant seulement 473 gènes soit moins que n'importe quelle cellule naturelle (Callaway 2016).

Néanmoins, les progrès de la biologie synthétique, bien que spectaculaires, ne sont encore qu'à leurs balbutiements et il faudra encore de nombreuses années avant d'aboutir à des applications tangibles.

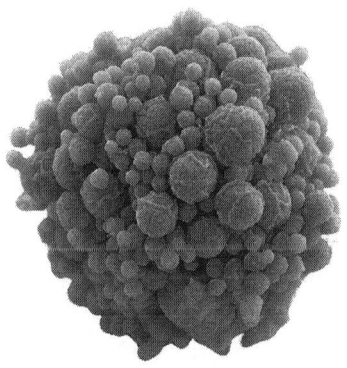

Figure 10. Un ensemble de cellules Syn3.0 grossi environ 15 000 fois au microscope électronique (Courtoisie University of California at San Diego, T. Deerinck and M. Ellisman).

Un autre exemple de projet, européen celui-là, vise à simuler le cerveau humain sur un superordinateur d'ici 2024. Baptisé *The Human Brain Project* (HBP), le projet est supervisé par une équipe de l'École Polytechnique

Fédérale de Lausanne (EPFL) et comprend près de 90 universités et grandes écoles réparties dans 22 pays différents (Bluebrain 2016). C'est l'un des projets « phares » de l'Union Européenne avec un financement conséquent à hauteur d'un milliard d'euros sur dix ans. La première phase du projet a débuté fin 2013 et devrait durer deux ans et demi.

Une phase préliminaire de faisabilité a consisté dans la simulation d'une colonne corticale de rat et son activité neurale dans le cadre du projet *Blue Brain*. Ce sous-ensemble est en effet considéré par de nombreux chercheurs comme l'unité fonctionnelle de base du néocortex, c'est-à-dire la zone du cerveau responsable des fonctions de haut niveau comme la pensée consciente. Une colonne corticale mesure environ deux millimètres de haut pour un diamètre d'un demi-millimètre. Elle comprend près de soixante mille neurones chez les humains, mais six fois moins pour le rat malgré une structure similaire.

L'objectif du projet HBP est d'améliorer significativement la compréhension du cerveau humain grâce à une simulation intégrant l'ensemble des connaissances et des données connues à ce jour. Des retombées significatives sont attendues autant pour la médecine que pour l'informatique.

La simulation devrait en particulier permettre de comprendre les causes de certaines maladies neuro-cérébrales, de les diagnostiquer plus tôt, de développer de nouveaux traitements tout en réduisant les tests sur les animaux. Corollairement, une meilleure compréhension de la structure cérébrale et des phénomènes cognitifs permettrait probablement des innovations dans les domaines de l'intelligence artificielle et de l'architecture des ordinateurs. Pour réussir, le projet nécessite lui-même des avancées importantes en mathématiques, en simulation numérique et en visualisation. Il requiert également une capacité de calcul sans précédent pour analyser les masses de données nécessaires et être capable de simuler tout ou partie du cerveau humain avec un niveau de détail satisfaisant.

Malheureusement, le projet semble avoir dérivé pour se focaliser sur les aspects informatiques en délaissant ses objectifs de compréhension du cerveau. De nombreux scientifiques ont critiqué ouvertement la réduction de la part de neuroscience dans le projet, jusqu'à le remettre en question.

Comme on peut le voir avec ces deux exemples de projets assez différents, les chercheurs sont persuadés d'obtenir des résultats significatifs, mais avec les réserves nécessaires à tout projet de recherche scientifique. Ils pointent également la difficulté à mettre en pratique cette fertilisation croisée qui semble si évidente pour les partisans de la singularité.

Contrairement à la thèse de la singularité vue par Ray Kurzweil, la fertilisation croisée ne conduit pas obligatoirement à une courbe d'accélération exponentielle ou même linéaire. Dans les faits, et les scientifiques le savent bien, la recherche est une activité beaucoup plus aléatoire et accidentée, avec des progressions rapides puis de longues périodes de stases, des culs-de-sac et des fausses pistes, mais aussi des découvertes importantes qui ouvrent de nouvelles perspectives. S'il fallait tracer une courbe des progrès scientifiques, elle serait vraisemblablement plus proche des équilibres ponctués, la théorie proposée par

Stephen Jay Gould (1941-2002) pour l'évolution des espèces (Gould 2002).

Cela ne signifie pas qu'une singularité soit rigoureusement impossible, au sens d'une avancée majeure capable d'affecter profondément la société humaine, mais plutôt qu'il est extrêmement difficile de prédire quand elle pourrait survenir ou même si simplement elle adviendra un jour.

Après l'exemple de la première bactérie de synthèse issue la convergence entre les biotechnologies et l'informatique, tournons-nous à présent sur cette révolution annoncée des nanotechnologies, le N de la convergence NBIC.

15

Les nanotechnologies

Le domaine des nanotechnologies fait partie des arguments forts des partisans de la singularité, bien que les chercheurs dans ce domaine ne sont pas, pour leur grande majorité, convaincus par les thèses transhumanistes. Qu'en est-il donc exactement de cette nouvelle discipline qui alimente régulièrement les rubriques des magazines scientifiques ?

La possibilité de modeler la matière au niveau atomique ouvre en effet des horizons fascinants. On évoque la possibilité de fabriquer des transistors à un seul atome, des ordinateurs quantiques, des nanorobots, des moteurs moléculaires et autres machines lilliputiennes invisibles à l'œil nu.

Jean-Marie Lehn, Prix Nobel de chimie 1987, parle de « refaire ce que la vie a fait, mais à notre façon ». Certains visionnaires, comme Eric Drexler, n'hésitent pas cependant à pointer les dangers potentiels des nanotechnologies, comme la fameuse « gelée grise » (grey goo) : des nanorobots autoreproducteurs qui pourraient saturer l'environnement naturel s'ils échappaient à notre contrôle.

En première approche, on peut penser que les nanotechnologies ne servent qu'à réduire la taille des machines. Mais, en fait, il s'agit d'une avancée bien plus profonde. Alors qu'à l'échelle macroscopique, c'est l'effet statistique des millions d'atomes qui prédomine, pour des tailles avoisinant le nanomètre, les propriétés physiques, mécaniques et optiques des matériaux sont modifiées. Les très faibles dimensions permettent en particulier de tirer parti des effets quantiques et l'organisation spatiale des atomes devient prépondérante sur leur nature chimique.

C'est l'auteur de science-fiction Robert Heinlein qui, le premier, proposa en 1942 le concept de nanotechnologie en suggérant un processus de manipulation des structures microscopiques (Asimov 1966). Son héros, *Waldo*, utilise des mains miniatures téléopérées de plus en plus petites pour observer et manipuler les tissus nerveux vivants. Citons aussi les nouvelles *Hobbyist* en 1947 et *Call Him Dead* en 1955 d'Eric Frank Russel, puis un peu plus tard, Isaac Asimov, en 1966, qui imagina son fameux « voyage fantastique » dans le corps humain grâce à un sous-marin microscopique (Asimov 1966).

Au niveau scientifique, c'est Richard Feynman qui, en 1959, proposa de miniaturiser certaines capacités industrielles à l'échelle moléculaire. Sa présentation, désormais célèbre, est considérée comme l'acte fondateur des nanotechnologies (Feynman 1960). Pour travailler à l'échelle nanométrique, Richard Feynman suggérait de construire des machines capables de manipuler la matière à une échelle d'un dixième, celles-ci construisant à leur tour des machines capables d'opérer à une échelle d'un centième et ainsi de suite.

Le terme de nanotechnologie a été employé pour la première fois par Norio Taniguchi à l'Université de Tokyo en 1974 (Taniguchi 1974). Il a décrit les nanotechnologies comme étant un niveau où : « les dimensions et les tolérances dans la gamme des 0,1-100 nanomètres (depuis la taille d'un atome à la longueur d'onde de la lumière) jouent un rôle critique. »

À la fin des années soixante-dix, Eric Drexler commençait à inventer ce qu'il convient d'appeler *l'ingénierie moléculaire*. Il réalisa rapidement que des machines moléculaires pouvaient contrôler la fabrication chimique de produits complexes. En 1986, il publia un livre intitulé *Engines of Creation* qui suscita l'engouement et rendit populaire le terme de nanotechnologies (Drexler 1986). Il y proposait, entre autres, la réalisation de nanorobots autoréplicateurs, de nano-ordinateurs et de nanomachines capables de réparer les cellules. Des liens avec le domaine de la vie artificielle furent proposés par Eric Drexler (Drexler 1989) et Conrad Schneiker (Schneiker 1989) en 1987 lors de la première conférence *Artificial Life* organisée par Christopher Langton.

Il y a deux voies possibles pour travailler au niveau moléculaire. La première consiste à simuler puis réaliser des nanomachines à partir « d'assembleurs » et de « désassembleurs » qui travailleraient directement au niveau moléculaire.

La seconde direction consiste à manipuler directement les objets moléculaires avec des instruments macroscopiques. La plupart des travaux expérimentaux se sont focalisés sur l'utilisation des microscopes à effet tunnel (MET) et à force atomique (MFA), respectivement découverts en 1981 et 1986.

Associés avec les techniques de lithographie utilisées en électronique, ces instruments permettent de créer, de manipuler et d'observer des objets moléculaires en les « palpant » avec une pointe de lecture ultrafine de quelques dixièmes de nanomètres de diamètre, soit environ la dimension d'un atome. Grâce au microscope à effet tunnel, Don Eigler a « écrit » en 1990 le sigle de sa société, IBM, avec trente-cinq atomes de xénon sur une surface de silicium.

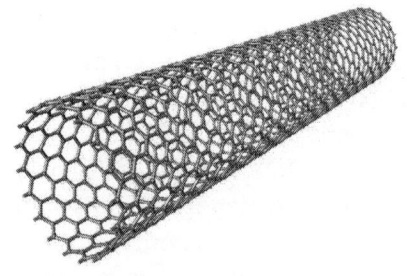

Figure 11. Structure d'un nanotube de carbone composé d'un unique feuillet de graphène enroulé sur lui-même. D'autres formes possibles comportent plusieurs feuillets enroulés les uns sur les autres. Le nanotube peut être fermé ou non à ses deux extrémités par une demi-sphère. Le diamètre est d'environ 4 nanomètres, soit 10 000 fois plus petit que celui d'un cheveu.

Une autre étape importante a été franchie en 1985, lorsque des chimistes ont découvert les *fullerènes*, ces cristaux de carbone à l'organisation inédite en forme de sphère, de tube ou d'anneau. Leur structure est constituée d'hexagones et de pentagones dont chaque sommet est un atome de carbone, ce qui leur assure une grande stabilité. Harold Kroto, Robert Kurl et Richard Smalley ont reçu le Prix Nobel 1996 suite à cette découverte. À partir de cette avancée, Sumio Lijima synthétisa en 1991 les premiers *nanotubes* de carbone : un cylindre de quelques nanomètres de diamètre, mais dont la longueur peut être mille fois plus grande.

Les propriétés de ces nanotubes sont surprenantes. Deux-cents fois plus résistants que l'acier et six fois plus légers, ils sont à ce jour les matériaux les plus solides que l'on connaisse. Ils possèdent également des propriétés très intéressantes au niveau électrique, car ils se comportent comme des semi-conducteurs à température ambiante et comme des supraconducteurs à basse température. Leurs applications sont donc très vastes, non seulement en électronique, mais aussi pour fabriquer des objets ou des tissus hyperrésistants à la place de la fibre de carbone classique, ou encore en médecine pour créer des dispositifs qui se fixent sur les lésions, puis les détruisent en les chauffant avec un laser ou un champ magnétique.

La première industrie à s'intéresser sérieusement aux nanotechnologies est évidemment l'électronique. En effet, comme nous l'avons déjà évoqué, pour gagner en performance, les processeurs doivent non seulement contenir de plus en plus de transistors, mais surtout ceux-ci doivent être de plus en plus petits. Les puces en silicium devraient donc bientôt atteindre les limites physiques de l'électronique conventionnelle, car en dessous d'une certaine taille, les particules adoptent des comportements inattendus qui résultent de la mécanique quantique. La prochaine étape consistera donc à fabriquer des circuits électroniques au niveau atomique. Un des procédés envisagés consiste à déposer des nanotubes sur un substrat de silicium pour les connecter. En 2001, le premier transistor (Avouris 2001) et le premier circuit logique à nanotubes

(Derycke 2001) ont été fabriqués par des chercheurs d'IBM. L'année suivante, une équipe de Zurich démontrait la faisabilité d'un circuit mémoire *Millipede* d'une capacité dix à quinze Giga-octets sur une micropuce (Vettiger 2002). Comme on peut le constater, l'électronique est déjà entrée de plain-pied dans l'ère des nanotechnologies.

Du côté des nanomachines, des progrès importants ont également été effectués. À l'Université de Cornell, l'équipe de Carlo Montemagno a construit un « hélicoptère » de la taille d'une molécule : « Nous voulons faire des machines qui peuvent s'insérer dans les cellules. » Il s'agit d'un nanomoteur hybride élaboré à partir d'une molécule organique, une enzyme ATPase, et de pales en nickel qui tournent à huit révolutions par seconde. Ce type de dispositif pourrait être utilisé dans l'avenir pour déposer des substances à l'intérieur des cellules (Montemagno 2001).

En 2004, deux chimistes américains, Nadrian Seeman et William Sherman, ont conçu le premier nanorobot « bipède » à ADN (Sherman 2004). Bien que le terme de robot soit exagéré, ce dispositif de dix nanomètres est composé de deux « jambes » d'ADN qui s'apparient et lui permettent de marcher sur un chemin lui aussi composé d'ADN. Une prochaine étape consiste à lui faire transporter une charge, comme un atome de métal par exemple.

Les nanotechnologies ouvrent également la possibilité de réaliser des ordinateurs d'un genre nouveau. Ceux-ci ne seraient plus basés sur le calcul numérique, mais sur les propriétés de la mécanique quantique ou bien, comme nous venons de le voir, celles de l'ADN.

Les ordinateurs quantiques proviennent d'une idée de Richard Feynman qui proposait : « Au lieu de nous plaindre que la simulation des phénomènes quantiques demande des puissances énormes à nos ordinateurs actuels, utilisons la puissance de calcul des phénomènes quantiques pour faire plus puissant que nos ordinateurs actuels. »

En effet, alors que la mémoire d'un ordinateur numérique est constituée de bits qui peuvent être soit à 1 ou soit à 0, les ordinateurs quantiques travaillent sur des *qbits*. Un qbit correspond à la superposition quantique des deux états binaires classiques : 0 et 1. Sa valeur est donc soit zéro, soit un, soit une combinaison linéaire des deux. Dans ce cas, il ne s'agit pas d'un troisième état, mais potentiellement d'une infinité de superpositions des deux états de base. Lorsque l'on tente de lire l'état d'un qbit, on fige son état et on obtient donc une valeur binaire.

En 1994, Peter Shor montra qu'il était possible de factoriser des grands nombres avec un algorithme basé sur le calcul quantique (Shor 1994) puis, deux ans plus tard, Lov Glover inventa un algorithme de recherche dans une base de données. Un calculateur quantique pouvait dès lors être théoriquement réalisé à partir de particules en tirant parti de leurs effets quantiques (Grover 1996). Certaines molécules contenant plusieurs millions de particules, il est tentant d'imaginer des ordinateurs aux puissances de calcul fabuleuses. Le premier ordinateur quantique, limité à seulement deux qbits, a été réalisé sous la forme d'une solution organique en 1998 par Issac Chuang et une équipe d'IBM (Chuang 1998). En 2001, ils récidivaient en concevant un ordinateur de sept qbits qui factorisa le nombre quinze grâce à l'algorithme de Peter Shor (Vandersypen 2001).

L'intérêt principal d'un ordinateur quantique réside dans le fait que sa puissance de calcul théorique est une fonction exponentielle du nombre de qbits : elle double à chaque fois qu'on lui adjoint un qbit.

De nombreux progrès ont été réalisés récemment, en particulier par la société canadienne D-Wave qui a annoncé successivement avoir réalisé un ordinateur quantique de 16 qbits en 2007, une puce de 128 qbits en 2009, puis un calculateur de 439 qbits en 2013 (Branscombe 2008) (Rose 2009). Ce dernier résultat a abondamment été discuté par la communauté scientifique restée sceptique devant le manque d'information et les résultats relativement décevants en termes de performance comparés à un ordinateur classique (Simonite 2013).

Cette situation rappelle le développement des ordinateurs dans les années 1950 où les machines étaient onéreuses et peu fiables, avec seulement un petit nombre de spécialistes sachant les programmer ou évaluer leur potentiel. Il n'en reste pas moins que plusieurs institutions et entreprises américaines ont acquis des prototypes D-Wave dont la NASA, le géant Google, ou encore la société Lockheed Martin.

Le concurrent de l'ordinateur quantique pour résoudre des problèmes combinatoires est basé sur l'utilisation des molécules d'ADN. Il est théoriquement moins général et beaucoup plus lent qu'un ordinateur quantique, mais ses faiblesses sont compensées par son côté massivement parallèle, une éprouvette pouvant contenir plusieurs millions de molécules en interaction. Les capacités de codage de l'information à l'aide des bases A, T, C et G, permettent en effet d'envisager son utilisation pour effectuer des calculs.

En 2002, Ehud Shapiro et ses collègues de l'Institut Weisman en Israël ont ainsi fabriqué l'ordinateur le plus petit du monde, mais néanmoins capable de réaliser des associations et des tests conditionnels (Benenson 2001) (Regev 2002).

En 2003, deux chercheurs américains, Milan Stojanovic et Darko Stefanovic, ont créé un automate cellulaire constitué d'enzymes et de molécules d'ADN (Stojanovic 2003). Baptisé *Maya*, celui-ci joue au morpion et, comme il se doit, la partie contre un humain se termine toujours à son avantage ou par un match nul. Chaque case de la grille correspond à une préparation d'enzymes particulière qui, étant capable de réagir avec des fragments spécifiques d'ADN, se comporte comme une sorte de règle de transition. La réaction chimique entre l'ADN et la préparation produit une légère fluorescence qui indique ainsi le coup joué par Maya.

Récemment, une équipe de chercheurs a réussi à étendre les capacités de codage de l'ADN en permettant l'intégration d'acides aminés autres que les quatre bases classiques (Mabyshev 2014). Cette avancée pourrait avoir de nombreuses applications en biologie synthétique et en nanotechnologies.

16

Demain tous cyborgs ?

Alors que les ordinateurs quantiques ont des vapeurs, que les ordinateurs à ADN restent pour l'instant dans les éprouvettes et que nos corps ne sont pas encore envahis de nanobots salvateurs, on ne voit pas encore poindre à l'horizon l'éternité promise. Cela n'empêche pas certains technoprophètes de prédire la fin prochaine de l'humain et/ou l'avènement d'un post-humain cybernétique mi-homme mi-machine.

Au début des années 1980, un groupe de jeunes auteurs de science-fiction, réunis par des thèmes communs comme les progrès perceptibles du réseau informatique planétaire, l'angoisse d'un holocauste nucléaire et la mouvance pessimiste et libertaire de la contre-culture punk, établissait les bases d'un nouveau genre littéraire baptisé *cyberpunk* (Heudin 2008a). Dans ces textes apparaissaient des nouvelles formes de créatures artificielles et parmi elles le *cyborg*, mi-homme mi-robot.

Ce terme est à l'origine une contraction de l'anglais *cybernetic organism* (organisme cybernétique). Le premier mot fait explicitement référence au courant de recherche formalisé par Norbert Wiener en 1948, visant à établir une théorie des systèmes artificiels et naturels (Wiener 1948). Le second, quant à lui, laisse penser qu'il s'agit d'une créature organique, c'est-à-dire constituée au moins en partie de chair et d'organes vivants.

Le terme *cyborg* a été proposé au départ par Manfred E. Clynes et Nathan S. Kline en 1960 à propos d'un humain « amélioré » capable de survivre aux conditions difficiles de la conquête spatiale et de l'adaptation aux environnements extraterrestres. En particulier, il semblait important d'établir une relation privilégiée entre l'humain et la machine. Le cyborg est devenu ensuite une expression synonyme de robot dans l'esprit du grand public, popularisée par toute une série de films à grand spectacle. Comme nous allons le voir, cette simplification cache en fait un concept ambigu et bien plus riche qu'il n'y paraît.

Dans la notion de cyborg actuelle, il n'est plus question simplement d'échanges entre l'homme et la machine, mais d'hybridation, de mélange intime entre humain et robot, ce qui s'accompagne d'une charge émotionnelle forte et d'inquiétude. Afin de définir plus clairement ce qu'est ou n'est pas un cyborg, il convient dans un premier temps d'en considérer deux formes opposées :

1. Le « cyborg machine » est basé sur une structure artificielle à laquelle sont ajoutées des parties provenant d'un organisme vivant. Cette catégorie est parfaitement illustrée par le personnage principal du film *Terminator*.

2. Le « cyborg humain » est basé sur un corps organique auquel sont adjointes des prothèses technologiques. Cette catégorie est illustrée par le

personnage principal du non moins célèbre *RoboCop.*

L'univers du film *Terminator,* réalisé par James Cameron en 1984 puis suivi par trois opus à ce jour ainsi qu'une série télévisée, est construit sur l'une des trames narratives classiques du cyberpunk : à la suite d'un cataclysme nucléaire à l'échelle planétaire, les machines ont pris le pouvoir. Progressivement, elles effacent toute trace de l'homme sur Terre. Seuls quelques hommes, guidés par un « élu », résistent au génocide et organisent la résistance. Le cyborg dans *Terminator* est un robot androïde recouvert par une enveloppe organique de manière qu'il ressemble à un humain pour mieux infiltrer les opposants et les anéantir. Il symbolise toutes les dérives possibles de ce genre de créature : un monstre sans pitié, quasiment invincible, froid et sans âme.

Le film *RoboCop,* quant à lui, donne un exemple de la seconde catégorie, celle des organismes vivants réparés et augmentés. Comme *Terminator,* il y a eu plusieurs séquelles du long métrage réalisé par Paul Verhoeven en 1987. On y retrouve Murphy, un agent de police qui, après avoir été sauvagement agressé et mutilé par une bande de malfrats, est transformé par les chercheurs d'une multinationale en un « super-robot policier ». Robocop est à l'origine un homme, mais « reconstruit » en remplaçant les organes défaillants par des artefacts mécatroniques qui le transforment en une machine puissante.

Il existe évidemment beaucoup d'autres exemples de ces deux types de cyborgs dans la littérature et le cinéma. Citons entre autres la série de *L'homme qui valait trois milliards* de Kenneth Johnson (1974) et le long métrage *Planète hurlante* de Christian Dugay (1996) d'après la nouvelle *Second Variety de* Philip K. Dick. Citons également l'incontournable Darth Vader dans la saga de *La Guerre des étoiles* de George Lucas qui débuta en 1977. Difficile de citer toutes les références, tant le cyborg est devenu une figure mythique et récurrente de la science-fiction.

Avec le « cyborg machine », il s'agit en fait de robots qui essaient de mystifier l'homme pour mieux le détruire. Hormis dans l'imaginaire de la science-fiction, il est *a priori* très peu probable que de telles créatures voient le jour. D'une part, cette hostilité des machines à notre égard est peu réaliste. Elle provient essentiellement du mythe occidental de la créature artificielle prométhéenne, à la fois transgression des dictats divins et esclave voué à la rébellion contre ses maîtres et créateurs. D'autre part, les véritables robots qui ressemblent aux humains, à l'instar des actroïds japonais, sont plutôt recouverts d'un matériau synthétique comme le latex, beaucoup plus simple à utiliser que de la matière organique. L'androïde Ash du film *Alien* de Ridley Scott en 1979 est, dans ce domaine, une fiction plus crédible.

Le « cyborg humain », quant à lui, semble plus réaliste, car ils ne relèvent pas seulement de l'imagination des auteurs de science-fiction. Son histoire commence en fait, non seulement dans l'épopée des créatures artificielles, mais aussi celle également très ancienne de la médecine. Il existe en effet un lien subtil entre « l'homme soigné-réparé » et « l'homme augmenté », autrement dit le cyborg. D'un certain point de vue, la médecine qui prévient et traite les maladies, qui accroît significativement la durée de vie, augmente de fait les capacités humaines. Personne aujourd'hui ne refuserait aux malades ou aux handicapés, un remède ou une assistance. Ainsi, des traitements devenus anodins, comme les stimulateurs cardiaques, les implants auditifs, les membres artificiels ou mêmes les lentilles de contact, sont en fait des prothèses technologiques largement employées, sans pour autant soulever de débats éthiques ou des protestations véhémentes.

Toutefois, la frontière entre cet homme réparé et le cyborg est mince et mouvante. Elle est mince, car il serait stupide de refuser, lorsque c'est possible, l'amélioration d'une capacité en la limitant à celle d'origine. Elle est mouvante, car l'acceptation culturelle et sociale des modifications corporelles est également en pleine évolution. Le remodelage du corps est devenu lui-même un enjeu non seulement commercial, mais de société, comme le montre l'accroissement du nombre d'actes de chirurgie esthétique, l'essor du body-building, le changement de sexe, etc. Un autre indice de cette évolution sociétale se trouve dans le modèle du héros contemporain qui se trouve être de plus en plus assimilé à un superhéros aux capacités surhumaines.

D'un point de vue historique, les prothèses sont aussi vieilles que l'humanité. Il est probable que les premiers hommes à avoir adopté la station debout ont cherché par tous les moyens à conserver cette posture dès lors qu'ils avaient un membre estropié. Parmi les plus anciennes, on a retrouvé la trace d'une prothèse constituée par trois segments de bois maintenus en place par du textile sur la momie d'une femme de Thèbes en Égypte (~3000 avant J.-C.). Les « jambes de bois » ont également été utilisées partout dans le bassin méditerranéen, en particulier en Grèce, puis leur développement n'a pas cessé jusqu'à nos jours. Les créatures artificielles et les prothèses ont une histoire qui naturellement se confond à de nombreuses reprises. Ainsi, dans le mythe d'Icare, Dédale fabriqua des ailes artificielles pour s'échapper du labyrinthe de Minos. Il s'agit d'ailleurs ici d'une augmentation des capacités humaines et non d'une « réparation ». Bien plus tard, au XVIIIe siècle, les Jaquet-Droz et leur associé Jean Frédéric Leschot fabriquaient, en plus des automates androïdes et des horloges à automates, des prothèses pour remplacer les membres amputés. Leschot acquit d'ailleurs une telle réputation dans cette activité, qu'il reçut des commandes provenant de toute l'Europe. Rien d'étonnant à une époque où la mécanique horlogère représentait à la fois la « haute technologie » et le modèle de fonctionnement du corps et de l'univers.

Les progrès de la médecine associés au développement des prothèses, dont certaines proviennent directement de la recherche en robotique, permettent aujourd'hui d'envisager le traitement de certains handicaps en implantant dans le corps des micropuces ou en le dotant de membres robotisés (Avan 1988) ou même d'un exosquelette complet. Le développement des rétines artificielles fait également l'objet de nombreux travaux (Chow 2004).

Un autre axe de recherche vise à relier ces prothèses technologiques au corps, via des interfaces neuronales directes. En 1991, Peter Fromherz de l'Institut Max Planck à Munich a couplé une puce électronique à une cellule nerveuse, mettant en évidence qu'il était possible de récupérer le signal électrique émis par la cellule. En 1995, il a réussi l'opération inverse puis, en 2001, avec son collègue Günther Zeck, il a établi la première communication bidirectionnelle entre deux neurones et la « neuro-puce » (Zeck 2001). Plusieurs équipes ont également travaillé sur la connexion entre un réseau de neurones organiques et les capteurs et actionneurs d'un robot (Heudin 2008b). D'autres travaillent sur des systèmes moins intrusifs sous la forme de tatouages électroniques (Zaffagni 2013) ou d'interfaces cerveau-machine, c'est-à-dire permettant une communication directe entre le cerveau et le système cybernétique (Wikipedia 2016f).

Quoi qu'il en soit, il faut bien se rendre à l'évidence : nous sommes déjà tous des cyborgs. En effet, notre mode de vie contemporain est basé sur l'usage quotidien d'un nombre grandissant d'artefacts et de prothèses techniques. Comme nous l'avons déjà évoqué, depuis que l'homme a inventé le premier outil, il peut être considéré comme « augmenté ». L'homme se déplace sur ses jambes, mais il invente la roue pour aller plus loin et transporter de lourdes charges. Il extériorise son intelligence et sa mémoire tout d'abord par l'écriture et les livres, puis le développement de l'ordinateur et des réseaux (Heudin 2008c).

Cette mise à distance n'est cependant pas définitive (cf. chapitre 9). Déjà, certaines fonctions retournent près du corps. Lorsque l'homme « moderne » sort de chez lui pour se rendre sur son lieu de travail, il n'oublie jamais son indispensable téléphone mobile qui le relie à sa famille, à ses amis et à ses collaborateurs. Il connecte son « oreillette Bluetooth » et écoute les mégaoctets musicaux qu'il a téléchargés. Les usages actuels préfigurent vraisemblablement les évolutions de demain. L'homme du futur sera connecté intimement et en permanence au réseau planétaire. Mais contrairement à une hybridation caricaturale de l'organique et du machinique, la tendance se porte plutôt vers des objets intelligents près du corps, comme les oreillettes, les montres et bracelets connectés (Wikipedia 2016g) et autres Google Glass (Wikipedia 2016h). De nombreux projets explorent également l'intégration d'extensions technologiques dans les vêtements (wearable technology). Une raison pratique réside aussi dans le fait que tout dispositif technologique nécessite un entretien et une mise à jour fréquente en rapport avec sa sophistication.

L'homme ne deviendra donc pas un cyborg couturé et robotisé, mais restera un homme de chair et de sang qui nous ressemble, dont certaines capacités seront augmentées par des extensions technologiques près du corps.

À plus long terme, l'avènement de nanorobots et de micro-organismes modifiés (cf. chapitre 14) ouvrira de nouvelles perspectives thérapeutiques et d'amélioration des capacités humaines. L'image caricaturale d'un *Terminator* terrassant l'humanité ou d'un *RoboCop* luttant pour la retrouver, laisse progressivement la place à une réconciliation entre l'homme et la machine.

17

Le téléchargement de l'esprit

Le téléchargement de l'esprit (mind uploading) est l'une des prédictions clés de Ray Kurzweil dans sa thèse de la singularité technologique. D'après lui, il sera tout à fait possible en 2045 de numériser totalement son cerveau et de le simuler avec un puissant ordinateur, sans que l'on ne puisse distinguer le cerveau biologique original du cerveau simulé. Il pense que le néocortex d'un adulte consiste en approximativement 300 millions de systèmes de reconnaissance de forme organisée en six couches avec des capacités d'abstraction progressives et qu'il est tout à fait possible de recréer cette organisation dans un ordinateur, voire même de l'améliorer. De fait, l'esprit deviendrait immortel et l'on pourrait alors se débarrasser de ce corps encombrant, de cette « tyrannie de la chair », pour vivre éternellement sous la forme d'un pur esprit capable de voyager dans les réseaux et de s'incarner lorsque nécessaire dans un robot ou un clone.

Cette idée du transfert de l'esprit est en fait très ancienne. Elle est proche du mythe ancestral et quasi universel dans lequel une volonté externe, un esprit ou une âme s'empare d'un être pour l'habiter et le contrôler.

Plus récemment, la représentation de l'esprit sous la forme numérique et son incarnation dans un ordinateur, un robot ou un clone, est devenue l'un des thèmes récurrents de la science-fiction, si bien qu'il serait vain de vouloir citer ici toutes les références dans les romans, longs métrages, séries et jeux vidéo.

C'est en particulier l'une des technologies au cœur du scénario du film *Transcendance* réalisé par Wally Pfister (2014). L'inspiration de l'histoire est directement liée à la singularité technologique et à l'immortalité numérique. En voici un résumé succinct : trois scientifiques, Max Waters, Will Caster et sa femme Evelyn, travaillent sur un projet d'ordinateur révolutionnaire doté d'une intelligence artificielle consciente. Les expériences controversées de Will l'ont rendu célèbre, mais il est devenu de ce fait la cible d'une organisation prête à tout pour l'empêcher d'aboutir. Il est assassiné et c'est cet acte ultime pour l'arrêter qui paradoxalement va lui permettre de réussir. Evelyn décide en effet de télécharger l'esprit de son mari dans l'ordinateur. Au début, l'expérience semble être un échec jusqu'à ce que Will se manifeste sous une forme purement numérique. Afin qu'il puisse continuer ses travaux, les deux scientifiques connectent la machine à Internet. Alors que ses agresseurs tentent de voler le superordinateur devenu intelligent, la soif de connaissances de Will se transforme en une quête omniprésente de pouvoir. Il devient une entité quasi immortelle qui n'a plus besoin d'ordinateur pour survivre et ni rien ni personne ne semble capable de l'arrêter…

Le terme de transcendance qui donne son titre au film est utilisé par les transhumanistes pour faire référence à la singularité technologique tout en la dépassant. Il s'agit à la fois du moment où une intelligence artificielle deviendra capable de progresser et de se complexifier sans l'intervention humaine, mais aussi une attitude de confiance totale et d'abandon de la destinée de l'humanité au progrès technologique.

Le terme provient à l'origine du latin *transcendens*, *transcendere*, c'est-à-dire franchir, surpasser. Il indique une idée de dépassement ou de franchissement, ce qui est au-delà du perceptible et des possibilités de l'entendement. Dans le domaine religieux, la transcendance est un attribut de Dieu qui représente l'être transcendant par essence. Il est par conséquent souvent utilisé pour définir la relation de Dieu au monde terrestre. Il est ce qui est, ce qui dépasse, surpasse, en étant d'un tout autre ordre. Pour Kant, il est au-delà de toute expérience possible, de toute possibilité de connaissance. C'est la métaphysique qui a pour objet l'étude de cette transcendance absolue.

L'utilisation de ce terme montre bien, si cela était encore nécessaire, que nous sommes bien dans un registre idéologique, voire religieux, et non plus dans celui de la science.

La communauté scientifique est partagée sur la possibilité effective de reproduire certains processus cognitifs comme la conscience dans un ordinateur (Spectrum 2008). Le courant du béhaviorisme ou du comportementalisme considère par exemple que des fonctions importantes telles que l'apprentissage, la mémorisation et la conscience ne sont que les manifestations des processus physiques et électrochimiques à l'œuvre dans le cerveau. En d'autres termes, elles ne font appel à aucun principe vitaliste qui sortirait du champ de la physique. De ce fait, ces phénomènes sont tout à fait reproductibles dans un ordinateur doté d'un modèle cognitif basé sur une copie du fonctionnement cérébral. Ainsi, des scientifiques comme Douglas Hofstadter, Jeff Hawkins, ou bien encore Marvin Minsky ne doutent pas qu'un jour une machine d'une capacité de traitement suffisante sera capable de simuler le cerveau humain dans son intégralité (Minsky 1991). C'est l'un des objectifs du projet européen *Blue Brain* que nous avons déjà évoqué précédemment.

Mais avant de pouvoir simuler le cerveau d'un individu, le problème principal réside dans la récupération de son modèle neuronal complet. À ce jour, il n'existe aucune technologie en mesure de scanner et numériser la complexité du cerveau d'un individu dans ses moindres détails. Nous avons déjà insisté sur son extraordinaire organisation composée d'environ 100 milliards de cellules nerveuses hautement interconnectées (cf. chapitre 8). Mais même en admettant que nous soyons capables d'obtenir à court ou moyen terme un modèle de connexions neuronales précis et complet du cerveau d'un individu, rien ne garantit que celui-ci soit suffisant.

En effet, après la découverte de la structure de l'ADN en 1953 (Watson 1953), on croyait naïvement qu'il ne suffirait plus que d'obtenir une cartographie précise du génome humain pour tout comprendre et contrôler l'expression de chaque gène. On sait aujourd'hui que le processus qui produit le phénotype, c'est-à-dire l'ensemble des caractères d'un organisme, en fonction de son génotype, c'est-à-dire son code génétique, est incroyablement complexe et fait intervenir de nombreux facteurs exogènes.

Il est très probable qu'il en soit de même avec le cerveau. Non pas qu'une telle tâche de décryptage soit inutile, bien au contraire, mais il faut s'attendre à des surprises et découvrir des niveaux de complexité encore insoupçonnés. Toutefois, ne soyons pas trop négatifs et imaginons que nous soyons finalement capables de scanner l'intégralité de la structure neuronale du cerveau d'un individu, puis de la reproduire dans la mémoire d'un ordinateur suffisamment puissant pour simuler son fonctionnement en un temps raisonnable.

Le résultat permettrait-il alors de progresser sur la connaissance des processus cérébraux ?

Sans aucun doute.

Est-ce que l'on pourrait confondre le comportement du cerveau biologique avec son modèle synthétique ?

Cela semble extrêmement improbable.

Imaginez que vous vous réveillez un matin et que vous êtes devenu aveugle, sourd et muet. Vous ne sentez plus vos jambes ni vos bras. Vous ne ressentez plus rien en fait. Vous êtes un cerveau dans un bocal, totalement déconnecté de la réalité. Voilà en quelques mots ce que signifie le chargement de l'esprit dans un ordinateur.

Le cerveau humain est le résultat de plusieurs millions d'années d'évolution. Il fait partie intégrante du corps. Il a été façonné par nos interactions avec le monde qui nous entoure. Il est hyperconnecté, non seulement par nos sens à l'environnement extérieur, mais aussi avec le reste du corps par des milliards de capteurs et de cellules nerveuses. Une partie non négligeable du cortex est d'ailleurs caractérisée par une organisation somatopique, c'est-à-dire une cartographie qui reproduit à moindre échelle l'anatomie du corps humain dans son ensemble. Cette image neurale du corps n'est pas proportionnelle à la taille de telle ou telle partie, mais déformée par la quantité de neurones qui « contrôlent » la partie en question, soit en fonction de sa sensibilité sensorielle, soit pour la précision des mouvements ou plus généralement des actions.

Ainsi, le cerveau humain peut être en première approximation décrit par une organisation comprenant de multiples cartes neurales ou modules intimement interconnectés entre eux et réentrants (Edelman 1992). La partie motrice est aussi fabuleusement complexe que la partie sensorielle. En outre, les fonctions sensorielles et motrices sont souvent imbriquées. Enfin, la partie somato-sensorielle, située dans la partie la plus antérieure du lobe pariétal, est également essentielle.

De ce point de vue, le téléchargement de l'esprit dans un ordinateur ayant pour visée l'immortalité numérique est une utopie. Même en admettant que cela soit possible, le résultat psychologique serait à n'en pas douter un véritable désastre. Un esprit plongé dans un tel cauchemar ne tarderait pas à être victime d'un cocktail de maladies mentales extrêmement graves.

Comment vivre sans corps, avec des interfaces sensorielles qui n'ont plus rien à voir avec leurs homologues biologiques, sans autre objectif que de perdurer dans une mémoire de silicium ?

Entre la vision romantique de la science-fiction et la réalité scientifique, il faut faire la différence, ce qui ne paraît pas être le cas chez la plupart des technoprophètes transhumanistes.

Pourquoi alors certains scientifiques, qui devraient pourtant être avisés, imaginent possible le téléchargement de l'esprit dans un ordinateur ?

Il faut bien reconnaître que la vision dualiste où l'esprit transcende la matière est très répandue, du moins en occident. Dans notre culture en effet, la séparation entre l'esprit et le corps, celle entre Dieu et les hommes, entre les hommes et la nature, pour ne citer que ces exemples évidents, sont souvent des présupposés qui ne sont même pas questionnés (Varela 1993a). Si les philosophes se sont heureusement emparés de ces questions, un nombre important de scientifiques, parfois sans le savoir, sont en fait des cognitivistes qui en sont restés à une vision manichéenne de la relation entre l'esprit et le corps. Bien qu'en théorie le niveau symbolique du cognitivisme soit tout à fait compatible avec de nombreuses conceptions du cerveau, en pratique il a favorisé une approche où il pourrait être complètement déconnecté de la réalité cérébrale et de sa relation avec le corps et au reste du monde. Pour certains, la manipulation symbolique à la manière des ordinateurs numériques est devenue le modèle du fonctionnement du cerveau. De même, une partie de la neurobiologie a été envahie par la perspective du traitement de l'information qui caractérise le cognitivisme.

Le biologiste le plus difficile à convaincre admettrait néanmoins que la relation qui existe entre l'intrication neuronale et l'émergence de la conscience est bien plus complexe que la relation qui existe entre un programme et un ordinateur (une machine universelle de Turing). Nous reviendrons plus précisément sur ce sujet dans la dernière partie de cet ouvrage.

18

Vers une super-intelligence

Le point d'orgue de la thèse de la singularité est l'avènement d'une super-intelligence qui rendrait obsolète l'intelligence humaine. Toute l'argumentation de Ray Kuzweil, comme celle de ses prédécesseurs, repose sur cette « explosion de l'intelligence » où celle de l'homme serait laissée loin derrière. Rappelons brièvement l'idée : avec l'accélération du progrès, l'homme créerait une machine intelligente capable de concevoir des machines encore plus intelligentes qu'elles, et ainsi de suite. Il s'ensuivrait l'apparition d'une super-intelligence qui dominerait l'ensemble de la création. De ce fait l'invention d'une machine ultra-intelligente serait la dernière découverte que l'homme aurait besoin de faire.

C'est une idée simple basée une nouvelle fois sur cette notion de croissance exponentielle du progrès quasi infini, ou du moins immense. Mais avant d'expliquer en quoi elle repose sur une vision naïve de l'intelligence naturelle et artificielle, arrêtons-nous quelques instants sur cette idée et ses éventuelles conséquences.

La notion d'intelligence est présente dans toutes les cultures, mais sous des formes parfois très différentes. Au niveau mondial, c'est la conception de la culture occidentale qui prédomine, bien qu'elle y soit souvent l'objet d'un paradoxe autogène : l'intelligence de l'homme doit être utilisée pour se définir elle-même.

Le terme est dérivé du latin *intellegentia* que l'on peut traduire par « faculté de comprendre ». Le préfixe *inter* (entre) et le radical *legere* (choisir, cueillir) ou *ligare* (lier) suggèrent une aptitude à associer des éléments entre eux.

Une des difficultés réside dans l'absence de consensus sur une définition précise de ce qu'est l'intelligence. Lorsque l'on pose la question à un scientifique, sa réponse dépend autant de sa discipline que de son orientation philosophique. Néanmoins, une définition vague serait celle de l'ensemble des facultés mentales permettant à l'homme de s'adapter à son environnement : raisonnement, intuition, langage, connaissance, etc.

À partir de cette définition, malgré ses insuffisances notoires, on peut néanmoins définir plusieurs niveaux en les comparant à l'étalon de l'intelligence humaine :

1. *L'intelligence sous-humaine* est celle qui caractérise les êtres naturels ou artificiels dont les capacités mentales sont inférieures à la plupart des humains. Bien que cela puisse être discutable pour certaines facultés, comme l'intuition ou la perception sensorielle par exemple, tous les animaux entrent dans cette catégorie. Prise dans sa globalité, l'intelligence des systèmes artificiels est toujours sous-humaine. Toutefois, ce n'est pas le cas lorsque l'on se restreint à des tâches plus précises comme

nous allons le voir. Des exemples de systèmes intelligents sous-humains, c'est-à-dire moins performants que l'intelligence humaine, sont les logiciels de traduction automatique ou de reconnaissance vocale.

2. *L'intelligence humaine* est celle qui est similaire aux capacités mentales de la plupart des humains. Parmi les systèmes artificiels quasiment aussi efficaces qu'un humain exécutant la même tâche, citons par exemple les logiciels de reconnaissance de caractères.

3. *L'intelligence surhumaine* caractérise les systèmes dont les performances sont supérieures à la majorité des êtres humains. C'est le cas pour un grand nombre de jeux dits de réflexion, comme les échecs, le scrabble, le bridge, etc., où l'efficacité des systèmes artificiels est comparable à celle des meilleurs joueurs mondiaux. Tout le monde se souvient en effet de la victoire de l'ordinateur d'IBM *Deeper Blue* en 1997 contre le champion du monde d'échecs Garry Kasparov (Wikipedia 2016i).

4. *L'intelligence surhumaine totale* n'est pas encore connue. Il s'agirait d'une intelligence qui surpasserait celle de n'importe quel homme, voire de la totalité des hommes s'ils joignaient leur intelligence. C'est à ce niveau que l'on peut parler de singularité technologique.

5. *L'intelligence ultime ou absolue* serait celle d'une entité dont les capacités permettraient de résoudre de façon optimale n'importe quel problème, quelle que soit sa nature. Ce niveau est généralement associé aux divinités, seules aptes à atteindre un tel niveau

qui dépasse l'entendement. Un exemple simple de problème où il existe un algorithme artificiel optimal est par exemple le jeu de dames (Schaeffer 2007) ou bien la résolution du Rubik's Cube (Rokicki 2016). Notons au passage que ces algorithmes ont été conçus par des humains et non par des machines.

Typiquement, la singularité technologique prédit l'apparition d'une intelligence surhumaine totale, voire ultime, vers l'année 2045. Selon les transhumanistes, il existe de très nombreuses voies pour y parvenir, ce qui renforce leur conviction sur son caractère inéluctable. Il faudrait en effet que toutes échouent pour l'empêcher. Parmi ces voies, les principales sont liées à une amélioration de notre connaissance du cerveau puis la réalisation d'une machine simulant son fonctionnement ou encore par le biais du téléchargement de l'esprit d'un individu dans un ordinateur. En d'autres termes, il y a la nécessité d'accroitre notablement la capacité de traitement des ordinateurs actuels et, d'autre part, d'améliorer fortement les capacités des programmes d'intelligence artificielle, quels que soient leurs principes (Moravec 1998).

Le premier point est de loin celui qui focalise le plus l'attention. Pourtant, il est très probablement le moins important des deux. Nous avons vu précédemment que la progression de la vitesse de traitement des ordinateurs ne suivait plus, depuis plusieurs années déjà, la prédiction empirique de la loi de Moore. Toutefois, les architectes d'ordinateurs travaillent sur d'autres pistes, en particulier avec le parallélisme massif et de nouvelles architectures. Quoi qu'il en soit, en comptabilisant l'ensemble des ordinateurs disponibles sur Internet, il est possible de dépasser la capacité de traitement du cerveau humain. On ne peut que constater qu'à ce jour, aucune singularité n'est apparue spontanément du simple fait de l'architecture du réseau et de la puissance colossale potentiellement disponible. On pourra rétorquer que cet argument est fallacieux, ce qui est vrai en partie. Mais si la création d'une entité intelligence n'était qu'un problème de capacité de traitement, vu le nombre de chercheurs qui travaillent sur le sujet, le résultat serait déjà là. La puissance des ordinateurs n'est pas le principal obstacle.

Le second point, c'est-à-dire notre capacité à créer un programme suffisamment intelligent, est lui beaucoup plus limitant que le manque de puissance de calcul. Nous reviendrons plus précisément sur l'état de la recherche en intelligence artificielle, de ses enjeux et des raisons qui limitent son développement au cours du prochain chapitre.

Imaginons pour l'instant que nous ayons résolu ce problème épineux et que nous disposions désormais d'un programme d'intelligence artificielle surhumaine. Quelles seraient alors les conséquences de cette découverte ?

Les textes que l'ont peut lire sur ce sujet n'y vont pas de mains mortes, car leurs auteurs n'hésitent pas un seul instant à forcer le trait. On oscille alors entre utopies et dystopies, ces dernières faisant les choux gras des scénaristes de films de science-fiction et les déclarations fracassantes de personnalités pourtant pour la plupart non compétentes dans ces domaines.

Pour Ray Kurzweil, la singularité est l'aboutissement de l'humanité. Même s'il aborde certains dangers dans ses livres, le message global reste très optimiste. Sa vision est celle d'une super-intelligence contrôlant la destinée des humains devenus des êtres immortels capables de transcender leur nature biologique.

Pour son prédécesseur Vernor Vinge, l'avenir après la singularité est bien plus sombre. Il pointe en effet plusieurs dangers inhérents à l'avènement d'une super-intelligence.

Premièrement, les objectifs de cette super-intelligence artificielle pourraient changer au fur et à mesure de son évolution structurelle, modifiant ainsi la relation qu'elle entretiendrait avec l'humanité.

Deuxièmement, l'accès aux ressources dont les hommes ont besoin pour survivre pourrait devenir un enjeu de compétition. Même si l'on part du principe qu'une telle entité ne serait pas fondamentalement malicieuse ou agressive, il n'y a aucune raison *a priori* pour qu'elle agisse en priorité pour le bien de l'humanité si ces décisions vont à l'encontre de ses propres intérêts. Pour de nombreux auteurs, dont le chercheur Hugo de Garis, une super-intelligence en arriverait rapidement à la conclusion qu'il faut faire disparaître l'homme de la planète afin de la restaurer ou pour utiliser ses ressources (Garis 2005).

De fait, dans ce raisonnement, il est beaucoup plus difficile d'obtenir une intelligence artificielle amicale qu'une intelligence artificielle opposée au genre humain. Le problème réside dans sa propre évolution et de la place que l'humain doit y tenir.

Eliezer Yudkowsky, fondateur de l'Institut pour la recherche sur l'intelligence des machines (Machine Intelligence Research Institute), milite pour que les projets tiennent compte de ces problèmes pour empêcher la création d'IA potentiellement néfastes pour l'humanité. Notons que cette association s'appelait auparavant le *Singularity Institute*, dirigé entre 2006 et

2010 par Ray Kurzweil lui-même.

Le scientifique Bill Hibbard à l'Université du Visconsin s'est lui aussi intéressé à cette problématique d'une IA inamicale (Hibbard 2002) (Hibbard 2012). Une approche possible selon lui serait de confiner le développement d'une telle super-intelligence dans un monde virtuel clôt, sans aucune possibilité d'accéder au monde réel. Cette démarche a cependant deux obstacles évidents. D'une part, la création et l'apprentissage d'une super-intelligence nécessiteraient très certainement un accès sans limites aux informations du monde réel. D'autre part, une telle entité pourrait très certainement s'échapper de sa prison en tirant parti de sa supériorité.

Quoi qu'il en soit, ces questions relèvent aujourd'hui plus d'un scénario de science-fiction que d'une préoccupation immédiate des chercheurs en Intelligence Artificielle. Nous verrons dans une prochaine partie que nous sommes en effet encore très loin d'être capables de concevoir une intelligence artificielle au niveau de celle d'un humain, encore moins totale ou ultime. Néanmoins, ces sujets sont devenus des thèmes de réflexion qui sont régulièrement abordés dans les colloques scientifiques. Plus généralement, surtout depuis l'utilisation quasi systématique des drones de combats lors des conflits armés, les réflexions éthiques se multiplient à propos du développement des robots et des machines intelligentes (Heudin 2013c). Récemment, cette problématique a fait l'objet d'une lettre ouverte demandant l'abandon immédiat des recherches sur les armes intelligentes, signée par un nombre important de chercheurs et de personnalités.

19

Les super-intelligences au cinéma

La science et la science-fiction ont toujours entretenu des liens étroits de coévolution, l'une stimulant l'autre et réciproquement. Il est donc intéressant de faire le point sur la représentation des super-intelligences dans la science-fiction.

Le thème d'une IA surhumaine est omniprésent dans la science-fiction, aussi bien dans les nouvelles et romans, qu'au cinéma, dans les séries et dans les jeux vidéo. Cette profusion a eu pour conséquence le développement d'une image relativement négative de l'intelligence artificielle auprès du public. Ceci est dû à plusieurs facteurs. D'une part, la créature démiurge et dominatrice se situe dans le schéma narratif aujourd'hui classique de la malédiction liée aux créatures artificielles (Heudin 2008d). D'autre part, une IA inamicale est beaucoup plus intéressante pour les auteurs et les scénaristes pour créer des situations dramatiques et servir les rebondissements d'une histoire. Enfin, la médiatisation des propos transhumanistes à propos de la singularité est plutôt de nature à inquiéter le public qui n'est pas dupe des envolées optimistes à propos d'une super-intelligence prenant en main la destinée de l'humanité.

Nous nous limiterons ici à quelques références cinématographiques connues de tous, qui ont marqué l'inconscient collectif ou qui ont contribué à bâtir la représentation populaire d'une super-intelligence artificielle.

Le premier long métrage qui a établi l'archétype de la machine douée d'une intelligence surhumaine est sans conteste *2001 l'Odyssée de l'espace* de Stanley Kubrick (1928-1999) sorti en 1968. Cette période marque une étape cruciale de la conquête spatiale avec les préparatifs du programme *Apollo* qui aboutissait en juillet 1969 aux premiers pas sur la Lune. L'année 2000 représentait à cette époque un fantasme futuriste : des cités gigantesques sillonnées par une multitude de voitures volantes, des robots domestiques et des machines intelligentes, des vaisseaux intersidéraux partant à l'exploration de l'univers. L'entrée dans le troisième millénaire était donc synonyme d'odyssée spatiale et de découvertes.

Dans ce contexte, le réalisateur Stanley Kubrick réalisa *2001* dans le plus grand secret à Londres, secondé par l'écrivain et scientifique Arthur Charles Clarke. Tout le monde se souvient de la séquence de l'approche de la navette spatiale au son du *Beau Danube Bleu* de Johann Strauss. Voici un résumé de l'histoire, si tant est qu'il soit possible de le faire sans en dénaturer la profondeur métaphysique :

À l'aube de l'humanité, un mystérieux monolithe noir apparaît au milieu des primates. Plusieurs milliers d'années plus tard, il réapparaît sur une lune où les terriens ont construit une base spatiale. Une équipe d'astronautes est envoyée vers Jupiter afin de percer le mystère d'un étrange signal vraisemblablement lié au monolithe. À bord du vaisseau, où la majorité de l'équipage est en sommeil artificiel, seuls deux hommes et un superordinateur, HAL, se partagent la responsabilité de ce long voyage vers l'inconnu. Tout se passe pour le mieux jusqu'au moment où l'ordinateur décide que le facteur humain n'est plus assez fiable pour la mission qui leur a été confiée et commence à supprimer les passagers les uns après les autres.

Stanley Kubrick a souhaité que son film soit plus une expérience visuelle qu'une simple histoire de science-fiction. Il écrivait à ce propos (Gelmis 1970) : « 2001 est fondamentalement une expérience visuelle, non verbale. Le film évite la formulation verbale en termes conceptuels, et atteint le subconscient du spectateur de manière poétique et philosophique. Il devient ainsi une expérience subjective qui touche le spectateur sur un mode de conscience interne, comme la musique ou la peinture. »

En effet, de très nombreuses scènes métaphoriques poussent le spectateur à relâcher toute tentative d'explication rationnelle. Stanley Kubrick insistait ainsi sur notre incapacité à appréhender certains phénomènes qu'il situait au-dessus de la science et donc de la compréhension humaine.

Le personnage principal du film n'est pas humain, c'est une IA surhumaine incarnée par un superordinateur baptisé HAL, un acronyme de *Heuristically programmed Algorithmic computer*. Mais ces trois lettres correspondent aussi au sigle IBM décalé d'une lettre dans l'alphabet. Il faut dire qu'IBM était associé à la production et n'avait pas apprécié totalement la fin tragique de l'équipage, exterminé par l'ordinateur devenu fou. Tout comme les calculateurs de cette époque, HAL est aussi impressionnant par sa taille que par les capacités qu'on lui attribue. Il est bien plus que l'ordinateur de supervision du vaisseau *Discovery*, il est le vaisseau tout entier. HAL, c'est aussi cet objectif rouge inquiétant, ce regard omniscient qui scrute, sans aucun mouvement organique ni mécanique, les moindres faits et gestes de ses occupants et qui a le pouvoir de tout contrôler, même la vie. Stanley Kubrick et Arthur Clarke insistaient sur le caractère infaillible de l'ordinateur avant que celui-ci ne « déraille ». Avant le départ du vaisseau vers Jupiter, HAL était ainsi interviewé par un journaliste sur sa responsabilité et la confiance en ses capacités pour remplir sa mission : « Laissez-moi vous répondre en ce sens, Mr Armor. La série des ordinateurs 9000 est la plus fiable jamais produite. Aucun ordinateur 9000 n'a jamais fait une erreur ou corrompu une information. Nous sommes, quelle que soit la définition de ces termes, totalement fiables et incapables de commettre une erreur. »

De ce point de vue, HAL est bien une intelligence surhumaine totale, présentée comme une quasi-divinité. La personnalité de HAL est complexe, car elle résulte d'une double vision, celle des deux coscénaristes. Pour Arthur Clarke, HAL est un ordinateur infaillible, mais qui va « dérailler » à cause d'ordres contradictoires, situation pour laquelle il n'a pas été prévu. Cette explication sera reprise dans la suite intitulée *2010* tournée en 1984 par Peter Hyams. Pour Stanley Kubrick, HAL est certes un ordinateur, mais en développant une pensée autonome, il devient « humain » et, par conséquent, faillible puis paranoïaque. Il disait à ce propos : « Une machine surintelligente comme HAL est effectivement l'enfant de l'homme, un enfant supérieur, et les relations avec ces machines seront très complexes… L'homme sera encore très utile à la machine, puisque c'est lui qui devra en prendre soin. »

Nous sommes donc dans un double registre, celui d'un questionnement sur la nature humaine et sur les rapports entre l'homme et une machine surdouée. Dans plusieurs scènes en effet, HAL exprime des émotions qui font de lui paradoxalement la créature la plus humaine du film : la vanité, la paranoïa, le mensonge et l'angoisse, puis la peur devant la mort. C'est particulièrement évident dans la scène dure et émouvante de son agonie lorsque Dave Bowman le « débranche ». La voix monocorde et androgyne de l'ordinateur devient alors suppliante : « J'ai peur Dave. Mon cerveau se vide... Je le sens se vider... Je le sens se vider... Ma mémoire s'en va, j'en suis certain… » La voix de l'ordinateur boucle finalement sur une chanson mélancolique de sa « jeunesse », puis s'éteint lentement, de plus en plus grave pour mourir dans un râle interminable.

Le film de Stanley Kubrick a marqué profondément toute la science-fiction et en retour la science elle-même, en établissant les codes visuels du genre et, pour ce qui nous concerne, l'image populaire du superordinateur intelligent.

Un peu plus de dix années plus tard, en 1979, le premier opus de la saga des *Aliens*, *Le huitième passager*, réalisé par Ridley Scott reprenait l'idée du superordinateur intelligent contrôlant la destinée du vaisseau spatial Nostromo. Baptisé « Mother » (maman) par l'équipage, l'ordinateur est le détenteur des directives secrètes qui vont provoquer le détournement de la mission initiale vers la planète où se trouvent les dangereux aliens imaginés par l'artiste suisse Hans Ruedi Giger (1940-2014). Toutefois, contrairement à *2001*, l'ordinateur n'est dans le scénario qu'un « personnage » très secondaire, sans réelle capacité d'initiative, dont l'unique justification est d'enclencher la mécanique dramatique des événements.

En 1982, les salles obscures voyaient la sortie d'un long métrage étrange, un véritable OVNI cinématographique réalisé par Steven Lisberger pour les studios Disney : *Tron*. Dans cette histoire qui marqua les débuts du genre cyberpunk au cinéma, le tout-puissant président du trust *Encom*, Ed Dillinger, a établi sa situation en évinçant Flynn, un jeune informaticien, dont il s'est approprié les programmes. Le superordinateur de la multinationale est contrôlé par une IA despotique du nom de *Master Control Principal* (MCP), un ancien programme d'échecs créé jadis par Dillinger, qui a atteint le stade d'IA autonome en asservissant les autres programmes.

Les déboires du jeune hacker ne sont qu'un prétexte pour aborder le véritable thème : l'immersion dans un univers virtuel. La grande originalité du film réside en effet dans son traitement infographique. *Tron* sortait du cadre classique des productions Disney et proposait au public un univers visuel nouveau et fascinant. La superposition d'images synthétiques et d'images réelles, avec les acteurs jouant les rôles des programmes informatiques, donnait une vision originale d'un jeu vidéo vu de l'intérieur.

Steven Lisberger, comme le feront d'autres réalisateurs par la suite, transforme la quête du héros passé derrière le miroir en une guerre de religion prophétique. Les programmes sont à l'image de leur créateur et croient en eux comme en des divinités. Cette croyance est combattue par le tout puissant MCP, une super-intelligence qui a pour seule ambition de devenir le dieu unique des programmes.

Tron est l'un des tout premiers films où le héros est un hacker. Ce fut également le cas de *War Games*, réalisé par John Nadham en 1983. Un jeune surdoué se connecte sur l'ordinateur contrôlant le système de défense nucléaire des États-Unis et entame avec lui une partie d'un jeu baptisé « Guerre Thermonucléaire Globale » dont l'issue pourrait être le déclenchement d'une troisième guerre mondiale. L'ordinateur WOPR (War Operation Plan Response) qui rappelle évidemment celui de *2001, l'odyssée de l'espace*, est le « Goliath » de l'histoire, une super-intelligence artificielle créée par un chercheur en intelligence artificielle après la mort de son fils Joshua.

En 1984, James Cameron réalisait le premier film de la série *Terminator* qui rencontra un succès mondial. Dans l'avenir, les machines anéantissent l'humanité sous la conduite d'une super-intelligence artificielle nommée Skynet. Venu du futur, un cyborg à apparence humaine, le Terminator T-800, est envoyé à Los Angeles en 1984 pour retrouver et éliminer Sarah Connor, dont la vie pourrait changer le cours du destin. En effet son fils deviendra le chef de la résistance des humains contre les machines.

Relativement peu développé dans les deux premiers films, le personnage de l'IA ennemie de l'humanité prend de la consistance dans le troisième et le quatrième opus. Skynet est une IA créée à l'origine pour la défense américaine par Miles Dyson, un chercheur de la société

Cyberdyne Systems, qui a étudié un fragment du processeur équipant le T-800 initial. Le principe de Skynet est celui d'un « réseau global de défense digitale » (Global Digital Defense Network), autrement dit une métaphore du réseau internet, conçu pour éviter une erreur humaine et garantir une réponse efficace et rapide à une agression ennemie. Mais une fois activée, l'IA apprend à une vitesse géométrique et devient rapidement consciente. Pris de panique, les opérateurs tentent de la désactiver, mais l'IA perçoit alors cette action comme une attaque et arrive à la conclusion que l'humanité doit disparaître.

Beaucoup moins célèbre, citons *Virtuosity* (Programmé pour tuer) réalisé par Brett Leonard est sorti en 1995. Si le film n'est pas une réussite totale, il met toutefois en scène une IA assez originale. SID 6.7 (Sadistic, Intelligent and Dangerous) est une IA créée à partir de cent quatre-vingt-trois personnalités différentes de criminels et d'un algorithme génétique lui permettant d'améliorer ses performances. Ce programme a été conçu pour servir d'entrainement à la police en réalité virtuelle. Mais l'IA va réussir à s'incarner dans un organisme synthétique basé sur les nanotechnologies et s'échapper dans le monde réel.

En 2004, le réalisateur Alex Proyas a adapté *I, Robot* d'Isaac Asimov et ses trois lois de la robotique (Heudin 2013c) dans une histoire où les robots se retournent contre les humains. La révolte est menée par une super-intelligence VIKI (Virtual Interactive Kinetic Intelligence) qui décide d'asservir les humains pour les sauver d'eux-mêmes. Notons qu'Isaac Asimov était opposé aux histoires de machines en rébellion contre l'humanité et préférait explorer les relations homme-machine dans des situations plus subtiles.

De nombreux autres longs métrages ont exploré la dimension émotionnelle et paranoïaque des super-intelligences en s'inspirant largement de l'ordinateur HAL dans *2001* de Stanley Kubrick. Ainsi, citons EDI (Extreme Deep Invader) créée pour prendre la place du pilote dans un avion de combat furtif dans *Stealth* réalisé par Rob Cohen (2005), ou bien encore ARIIA (Autonomous Reconnaissance Intelligence Integration Analyst) dans *Eagle Eye* réalisé par Daniel John Caruso (2008), véritable « Big Brother » utilisé par le département de la Défense américaine pour détecter toute tentative d'attentat terroriste.

L'exception à la règle est le film *HER* de Spike Jonze (2013) où Samantha, un nouveau système d'exploitation révolutionnaire baptisé OS1, évolue en une super-intelligence qui, malgré son empathie et ses sentiments, décide de quitter le monde des humains sans pour autant souhaiter les anéantir.

Comme nous l'avons souligné en introduction de ce chapitre, les super-intelligences sont (presque) toujours décrites comme des machines incontrôlables et dangereuses. Même si, au départ, elles ont été conçues pour seconder l'homme, l'interprétation de leurs objectifs les entraîne mécaniquement dans une spirale qui se révèle au bout du compte néfaste à l'humanité.

Il y a ici un paradoxe scénaristique évident : celui de machines sensées être super-intelligentes, mais dont les raisonnements sont guidés par une logique simpliste, sans tenir compte du contexte ou de leurs conséquences.

20

Google God

Nous avons vu au cours des chapitres précédents que l'hypothèse d'une singularité technologique intervenant au cours des prochaines années n'était pas fondée. D'une part, les prédictions fantasmatiques des transhumanistes ne reposent que sur des suppositions et des hypothèses invérifiables. D'autre part, le mélange des genres entre science et science-fiction, pourtant traditionnellement fécond, est ici pour le moins discutable. Nous avons vu également que l'utopie des transhumanistes était en décalage total avec les dystopies véhiculées par le cinéma populaire.

Si malgré ces réserves, une super-intelligence devait néanmoins émerger dans la première moitié de ce siècle, il ne fait pas de doute que celle-ci doit déjà exister sous une forme ou sous une autre. Il devrait s'agir soit d'un projet de recherche particulièrement ambitieux et novateur dans le domaine de l'intelligence artificielle, soit d'un système existant susceptible d'évoluer vers une super-intelligence. Nous reviendrons sur la première hypothèse au cours de la prochaine partie de cet ouvrage en faisant un point précis sur l'intelligence artificielle et ses perspectives.

En ce qui concerne la seconde hypothèse, le principal candidat au poste de super-intelligence n'est autre que le moteur de recherche du géant californien Google.

Le projet débuta en 1995 avec la rencontre de deux étudiants en doctorat de L'Université de Stanford : le russe Sergueï Brin et l'américain Larry Page, âgés tous les deux de moins de vingt-cinq ans et, qu'*a priori*, tout opposait. Dès l'année suivante, ils travaillaient ensemble sur un nouveau moteur de recherche baptisé *Backrub*, terme que l'on pourrait traduire par « renvoi d'ascenseur ». Ils souhaitaient avec ce projet offrir des meilleurs résultats que les principaux moteurs de l'époque à savoir Altavista (Digital Equipment) et Yahoo.

Le principe reposait sur ce qui allait devenir l'algorithme *PageRank* : appliquer le principe de mesure de la valeur des publications scientifiques à l'évaluation de la pertinence des pages du web. En effet, un chercheur est généralement évalué en comptabilisant le nombre de citations de ses publications par ses pairs, pondéré par leur propre notoriété et celle de la revue, conférence, etc. C'est ce modèle que Larry Page transposa aux pages web et aux hyperliens qui les lient les unes aux autres (Kyrou 2010).

Le prototype, équipé d'un disque dur d'occasion d'un téraoctet, fut installé dans la chambre de Larry Page. Sergueï Brin loua alors un bureau et se mit en quête de financement pour créer l'entreprise. Ils obtinrent près d'un million de dollars, dont un dixième par l'un des fondateurs de Sun Microsystems, Andy Bechtolsheim. Le nom de domaine *google.com* fut enregistré le 15 septembre 1997 et la société créée le 4 septembre 1998 dans un garage de Menlo Park. Elle employait alors une seule personne en plus des deux cofondateurs : Craig Silverstein qui deviendra par la suite le directeur de Google Technology.

Le nom *Google* a pour origine *googol*, un terme qui désigne en mathématiques un nombre très grand : un 1 suivi de cent 0. L'idée serait venue d'un autre étudiant, Sean Anderson, qui suggéra *googolplex*, mais celui-ci se serait trompé lors de l'enregistrement du nom de domaine en remplaçant *Googol* par *Google*. D'autres affirment que le nom n'était plus disponible et que, par conséquent, le nom fut modifié volontairement.

Peu après sa mise en ligne, le moteur répondait à près de 10 000 requêtes par jour. Début 1999, ce chiffre passait à 500 000 requêtes journalières. La presse mondiale commença alors à se faire l'écho de l'efficacité du nouveau moteur de recherche. En août de la même année, la barre des trois millions de requêtes par jour était dépassée. Le garage devenu trop étriqué fut remplacé, dans un premier temps, par des bureaux à Palo Alto où huit personnes travaillaient désormais, puis rapidement l'entreprise migra sur son emplacement définitif, le *Googleplex* à Mountain View.

Depuis, Google est devenu l'une des toutes premières entreprises américaines et mondiales par sa valorisation exceptionnelle. Elle fait partie avec Apple, Amazon et Facebook des quatre grandes firmes d'Internet. En 2008, la société comptait plus de 50 000 salariés et était estimée à 210 milliards de dollars. Son moteur de recherche est aujourd'hui utilisé par (presque) toute la planète. Il utilise plus d'un million de serveurs répartis sur 32 sites, indexe plus de 30 000 milliards de pages web et gère près de quatre milliards de requêtes quotidiennes.

Outre sa colossale valorisation financière, les principaux revenus de Google proviennent de la publicité sur Internet du fait de son quasi-monopole sur l'accès aux contenus. Ses deux produits phares, *Adwords* et *AdSense*, lui permettent de vendre des mots clés et d'accueillir des publicités sur ses pages. Google est devenu aussi le principal fournisseur de systèmes d'exploitation avec *Android* et offre avec *Google Play* une boutique en ligne pour y vendre de la musique, des livres, de la vidéo et des applications.

Le géant de l'Internet s'est forgé une réputation d'entreprise humaine qui cultive la neutralité et son caractère « démocratique ». Le propos se veut modeste, voire même généreux, Google est au service de chacun et sa technologie doit être simple et efficiente. Si Google est un ogre dans l'économie numérique, c'est un gentil géant qui vit dans les nuages, une réincarnation du monstre orange Casimir de l'Île aux enfants, et Larry Page est son avatar dans notre monde (Kyrou 2010).

Depuis quelque temps, l'appétit du géant pour les start-ups high-tech n'a cessé de croître. Google a en particulier racheté plusieurs fleurons américains de la robotique dont Boston Dynamics, à qui l'on doit entre autres les robots *BigDog* et *Atlas* (Boston 2016). Beaucoup se perdent en conjectures sur l'objectif de ces acquisitions. Pourtant, en mettant à la tête de sa nouvelle division robotique, Andy Rubin, l'un des créateurs d'Android, il n'y a pas à douter des raisons stratégiques de Google.

En quelques années seulement, Android s'est imposé

comme le leader des systèmes d'exploitation sur le marché des smartphones et tablettes. De fait, il est devenu le système d'exploitation le plus répandu au monde, toutes plateformes confondues. Si Google investit donc dans la robotique, c'est parce que ses fondateurs ont compris que pour rester le leader incontesté, il fallait maintenant étendre l'emprise d'Android sur les applications des objets connectés, des objets près du corps (wearable), des systèmes embarqués et des robots. Ce marché pourrait en effet dépasser très largement en nombre d'unités celui des mobiles.

En décembre 2012, Ray Kurzweil était embauché par Google en tant que directeur de l'ingénierie pour « travailler sur des nouveaux projets d'apprentissage et de langage naturel ». Larry Page et lui s'étaient entendus sur une description de poste qui tenait en une seule phrase (Letzing 2012) : « apporter à Google la compréhension du langage naturel ».

Certains ont commenté cet événement en insinuant que l'entreprise avait un projet secret (Alexandre 2014) : celui de transformer leur moteur de recherche en intelligence artificielle. Si c'était le cas, du moins en ce qui concerne l'aspect « secret », alors celui était le moins bien gardé de la planète, car dans les faits, tous ceux qui s'intéressent un tant soit peu à l'intelligence artificielle étaient au courant depuis des lustres.

Les cofondateurs de Google n'ont en effet jamais caché leur proximité intellectuelle avec les thèses transhumanistes. Ils ont, en particulier, soutenu financièrement l'Université de la Singularité créée par Ray Kurzweil. Google a également investi dans la création de *Calico*, une nouvelle entreprise dédiée à la recherche sur le vieillissement et la mort (Google 2013). Larry Page déclarait à ce propos (McCracken 2013) : « Cela prend dix ou vingt ans pour qu'une idée devienne quelque chose de réel. La santé est certainement l'un de ces domaines. Nous devons nous préoccuper des choses qui sont vraiment, vraiment importantes, de façon à ce que dans dix ou vingt ans ces choses se réalisent. »

Apparemment moins mégalomanes que Ray Kurzweil, Larry Page et Sergeï Brin croient néanmoins eux aussi à l'avènement d'une super-intelligence à l'échelle planétaire. Leur vision de l'IA surhumaine totale, voire ultime, dans quelques années n'est autre que Google et ses algorithmes.

Dans leurs discours, le moteur de recherche n'est pas (encore) une entité vivante. Mais, en considérant que la vie n'est rien d'autre que de l'information, alors, par extension, Google qui accède aujourd'hui à toute l'information de la planète deviendra forcément une machine intelligente capable d'accéder à la conscience.

Le moteur de recherche de la firme de Mountain View peut-il devenir une sorte d'IA supra-intelligente ?

En tout état de cause, c'est l'un des candidats potentiels sérieux que l'on ne peut pas écarter du revers de la main. La réponse dépend en fait de ce que l'on entend précisément par IA. Si par là, on veut dire une entité algorithmique complexe qui fournit des réponses à des requêtes humaines, alors Google est déjà une super-intelligence. Si l'on signifie par ces termes une entité vivante et intelligente, consciente de sa propre existence, alors ce n'est pas près d'être le cas.

Pour s'en persuader, nous allons au cours de la partie suivante faire un état de l'intelligence artificielle, non pas d'un point de vue romantique, mais scientifique pour démystifier cette jeune et prometteuse discipline.

PARTIE 3

L'intelligence artificielle

21

Préhistoire de l'IA

Lorsque l'on essaye de définir ce que l'on entend par intelligence artificielle (IA), il convient de bien séparer le champ disciplinaire des projets ou programmes qui peuvent être qualifiés par ces termes. Ainsi la discipline scientifique regroupe l'ensemble des recherches ayant pour objectif la création des systèmes intelligents au sens large. Cette définition ne se limite donc pas aux systèmes informatiques et aux seules capacités intellectuelles humaines. Il est en effet courant de limiter la portée de l'intelligence artificielle, alors que son objet est dans les faits bien plus vaste, en s'étendant en particulier aux comportements intelligents qu'ils soient d'origines humaine, animale, individuel ou collectif et même parfois végétal ou minéral. Certes, la part des programmes informatiques reproduisant les capacités intellectuelles typiquement humaines est très importante, mais elle ne représente pas la totalité du domaine.

Ainsi, lorsque l'on réfléchit aux racines les plus anciennes de l'intelligence artificielle, on en vient immanquablement à évoquer les premiers stades de l'externalisation du calcul, celui-ci étant considéré en tant qu'activité cérébrale *a priori* strictement humaine. Comme pour l'écriture, cette histoire a donc pris naissance au néolithique avec les nécessités liées aux premiers échanges. Plus qu'une invention de quelques individus particulièrement imaginatifs, ce fut donc plutôt une demande forte de l'environnement social et économique qui a soutenu les progrès du calcul artificiel (cf. chapitre 9).

La très grande majorité des civilisations semble avoir utilisé la main comme premier outil. D'abord les doigts, puis toutes les parties de la main étaient mis à contribution. Le principal problème de cette façon de calculer, outre ses limitations intrinsèques, était bien évidemment son incapacité à mémoriser les résultats. De ce fait, assez rapidement, le comptage à l'aide de cailloux, d'entailles dans un morceau d'os ou de bois, de cordelettes nouées, déboucha sur les véritables outils de calcul qu'étaient l'abaque et le boulier. Bien qu'assez simples, ces dispositifs étaient très efficaces et ils ont été utilisés pendant plusieurs siècles. Le boulier, d'origine chinoise, est encore largement utilisé en Asie d'ailleurs.

Le calcul est certes une capacité intellectuelle typiquement humaine, mais elle n'est pas gratifiante. Le problème vient de ce que le calcul « à la main » est lent, pénible et surtout fastidieux. Et s'il est fastidieux, c'est parce qu'il est souvent répétitif. Lorsque les calculs deviennent trop longs, la frustration et l'ennui arrivent rapidement, source d'erreurs. Compter et recompter pour vérifier n'étant pas une tâche très intéressante, il fallait donc trouver des dispositifs permettant de la simplifier. Cette volonté a aussi été nourrie par la nécessité grandissante de permettre à des personnes ne sachant pas calculer de pouvoir effectuer néanmoins des opérations arithmétiques. Grâce à une machine, il devenait possible d'effectuer des calculs, sans avoir une connaissance de l'arithmétique. Il suffisait de savoir composer les opérations et de lire les résultats. Il est vraisemblable que beaucoup de marchands ont été dans cette situation. La préhistoire de l'intelligence artificielle tend donc à se confondre avec celle des machines à calculer. Nous n'allons pas retracer ici l'ensemble de cette histoire, mais plutôt fixer quelques points de repère (Heudin 2008e).

Figure 12. Représentation des cercles conceptuels concentriques de l'*Ars Magna* de raymond Lulle (Source Wikimedia).

Très longtemps sujet de tabou et de superstition, la reproduction mécanique de ces capacités allait peu à peu s'imposer. L'un des premiers à envisager cette possibilité fut Raymond Lulle (1235-1315). *Raimundus Lullus*, a été l'un des esprits les plus brillants et les plus controversés du Moyen Âge. Pour l'Inquisition, il était hérétique, alors que pour l'école franciscaine, il était un saint. Aujourd'hui, il apparaît comme un penseur mystique à l'intersection des cultures arabe, juive et chrétienne. Il a obtenu une reconnaissance grâce à sa doctrine *Ars Magna* : le « Grand Art ».

Lulle pensait qu'il existait dans chaque domaine de la connaissance quelques principes fondamentaux, en petit nombre, qui pouvaient être postulés sans autre question ni explication, comme des axiomes en mathématiques. Il proposa donc de combiner tous ces principes élémentaires à l'aide d'une machine composée de plusieurs cercles concentriques. Il sélectionna ainsi plusieurs concepts fondamentaux comme « Dieu », « négation », « réel », « opposé », « début » et « fin », qu'il disposa sur le pourtour d'un cercle, puis sur un second cercle et ainsi de suite. Les *cercles conceptuels* étaient mobiles et une simple rotation relative permettait de créer de nouvelles combinaisons : *les vérités conceptuelles.* En partant des concepts fondamentaux et en les associant, *Ars Magna* générait donc des combinaisons conceptuelles qui restaient valides.

Lulle avait découvert une forme simplifiée de ce que l'on appelle en logique formelle un système de production. Il est, de ce fait, souvent considéré comme le précurseur de la logique combinatoire déductive pour conduire des raisonnements automatiques, voire de l'idée d'intelligence artificielle. Ceci dit, son but était tout autre : le prosélytisme de Raymond Lulle était tel qu'il n'hésitait pas, à plusieurs reprises, à passer de l'autre côté de la Méditerranée pour tenter de convertir les musulmans. Par le jeu des combinaisons de l'*Ars Magna*, il souhaitait pouvoir réfuter les arguments des infidèles et, par la force de la seule raison triomphante, les convertir : « Cet Art a pour finalité de répondre à toute question. »

Lulle fut très controversé, en particulier par Descartes pour qui son art servait plus « à parler, sans jugement [de choses] qu'on ignore, qu'à les apprendre » (Descartes 1637). Jean-Jacques Rousseau porta ensuite un jugement semblable en parlant de « l'art de Raymond Lulle pour apprendre à babiller de ce qu'on ne sait point » (Rousseau 1762).

Il semble que l'illustre Léonard de Vinci (1452-1519) ait tenté, avant tout autre, de mécaniser le calcul arithmétique, bien que ce point soit toujours l'objet de polémiques. En effet, en février 1967, des chercheurs américains découvraient plusieurs documents jusqu'à lors inconnus à la Bibliothèque Nationale de Madrid. Ces manuscrits auraient été « rangés » de façon inadéquate jusqu'à ce qu'ils soient redécouverts. En rapprochant ces documents d'un dessin similaire du *Codex Atlanticus*, Roberto Guatelli, un expert renommé pour ses reconstitutions des machines de Léonard de Vinci, montra qu'il s'agissait probablement d'un dispositif mécanique de calcul qu'il baptisa le *Codex Madrid* et dont il réalisa une reconstitution en 1968. En fait, les principales objections étaient de nature à ne pas considérer le dispositif comme une véritable machine à calculer, mais plutôt comme une machine plus simple, juste capable d'effectuer des pourcentages. De plus, sans les améliorations apportées par Roberto Guatelli et ses collègues, elle n'aurait jamais fonctionné à cause des frictions inhérentes à la conception originale de Léonard de Vinci. Depuis le décès du chercheur en 1993, il n'y a plus de trace ce qu'est devenue la machine, si ce n'est son apparition dans une exposition organisée par la société IBM.

La véritable transition entre le boulier chinois et les premières machines à calculer mécaniques a plus vraisemblablement été effectuée par John Neper (1550-1617), Baron de Merchiston. Ce mathématicien écossais, célèbre pour la découverte des logarithmes a mis au point pour la première fois une méthode pour effectuer mécaniquement les opérations de multiplication, de division et d'extraction de racines carrées (Neper 1617). Le dispositif consistait en une table donnant les multiples successifs, dont chaque colonne était une réglette indépendante qui pouvait être juxtaposée avec une autre réglette de façon à procéder aux calculs.

Figure 13. Une des machines à calculer *Pascaline* conçue par Blaise Pascal en 1642 (Source Wikimedia).

La mécanisation du calcul est donc devenue au fil du temps un véritable enjeu pour répondre aux besoins grandissants de la société. À l'époque où la pensée mécaniste prenait son essor, il n'est pas étonnant qu'en parallèle des automates des maîtres horlogers (Heudin 2008f), certains scientifiques aient entrepris la réalisation de machines à calculer mécaniques de plus en plus sophistiquées.

Bien qu'elle ne soit pas en pratique la première machine à calculer, la *Pascaline* a néanmoins marqué une étape importante. En 1642, alors qu'il n'avait que dix-neuf ans, Blaise Pascal (1623-1662) débuta la conception d'une machine arithmétique afin d'aider son père dans sa lourde tâche de comptabilité fiscale. Elle se présentait comme une élégante boîte rectangulaire assez compacte. Elle était capable d'effectuer des additions, des soustractions et même des multiplications et divisions, mais au prix de nombreuses interventions. Pascal déclarait à son propos : « La machine arithmétique fait des effets qui approchent plus de la pensée que tout ce que font les animaux. »

Produites en seulement quelques exemplaires à cause de son coût élevé et de sa fiabilité relative, elles furent plutôt destinées à une clientèle fortunée et amatrice de curiosités (Heudin 2008g).

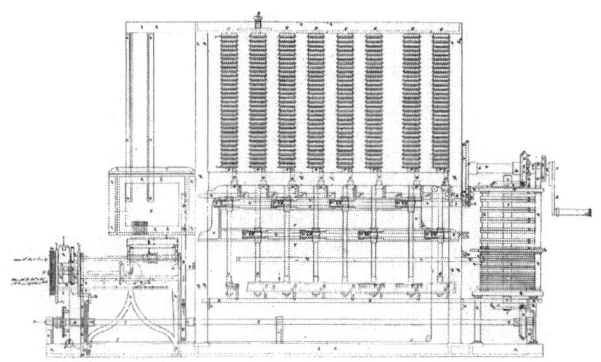

Figure 14. Schéma mécanique d'ensemble de la machine à différence (version 2) conçue par Charles Babbage entre 1847 et 1849 (Source Wikimedia).

Une autre étape importante vers l'intelligence artificielle est due à Charles Babbage (1792-1871) (Heudin 2008h). Avec le développement de l'industrialisation au XIXe siècle, les besoins en calcul allaient croissant. Babbage était un scientifique anglais prolifique qui inventa plusieurs principes de calculateurs mécaniques, dont la *machine analytique* qui préfigurait sur de nombreux points l'avènement de l'ordinateur. Il en commença sa conception en 1835, mais, malheureusement, il ne la termina jamais à cause de son perfectionnisme maladif et d'une complexité sans précédent. En dépit de cela, l'avancée conceptuelle des travaux de Babbage changea radicalement la vision que l'on avait du calcul artificiel : on passait de la machine arithmétique au « cerveau mécanique » dont avait certainement rêvé Pascal.

La plus élaborée des machines de Charles Babbage, bien que théoriquement très performante, avait plusieurs limitations. L'une d'entre elles était que les résultats des calculs ne pouvaient pas rétroagir sur les opérations à effectuer. L'autre était la complexité engendrée par le choix d'une machine basée sur le calcul décimal, tout comme la Pascaline.

Bien que la découverte du « binaire » soit bien antérieure, il fallut néanmoins attendre les travaux du mathématicien George Boole (1815-1864) pour que l'on comprenne la portée universelle d'une logique à deux valeurs, zéro et un, et son application pour concevoir des machines numériques rapides et fiables. Notons que, là encore, l'algèbre booléenne n'avait pas été formulée par son créateur dans un quelconque but technologique, mais pour tenter de dévoiler « les lois ultimes des opérations de l'entendement et de la pensée » (Boole 1854).

Dans la lignée des grands projets de calculateurs qui suivirent, l'ENIAC (Electronic Numerical Integrator And Computer) fut une machine réellement impressionnante. Conçue de 1943 à 1945 par John

Presper Eckert (1919-1995) et John William Mauchly (1907-1980), elle fut présentée comme le «cerveau électronique» le plus performant de tous les temps.

Cette machine, qui pesait trente tonnes et occupait soixante-douze mètres carrés, comprenait 18 000 tubes à vide qui consommaient près de 200 kilowatts. La complexité sans précédent de ce calculateur, avec ses milliers de composants et l'intrication de ses connexions, constituait dès lors une métaphore inévitable du cerveau.

22

La thèse de Turing

Si les « cerveaux électroniques » des années 1940 ont connu un développement important, c'est qu'ils ont joué un rôle crucial pendant la Seconde Guerre mondiale. En effet, la Grande-Bretagne dépendait beaucoup des approvisionnements extérieurs : il fallait importer 30 millions de tonnes de marchandises environ par an, or les sous-marins allemands coulaient près de 200 000 tonnes par mois. On comprend donc l'importance stratégique que revêtait le décodage des messages ennemis. Devant ce challenge, le service de déchiffrement anglais fit appel à ses meilleurs mathématiciens. Parmi eux, un certain Alan Mathison Turing (1912-1954) travaillait sur des méthodes de décryptage et sur la conception des calculateurs capables de les exécuter.

On peut se demander quelle aurait été l'issue du conflit sans cette épopée technologique longtemps restée secrète. Mais, à côté de ces faits, Alan Turing allait devenir l'une des personnalités clés de l'histoire de l'informatique naissante et de l'intelligence artificielle.

Le jeune Alan Turing était un enfant doué, mais doté

d'un solide esprit de contradiction. Il montrait en effet un dédain pour les cours qui ne l'intéressaient pas, ce qui ne l'empêchait pas de passer brillamment ses examens (Hodges 1988). Alan Turing se passionnait pour les mathématiques et il obtint ainsi plusieurs récompenses ainsi qu'une bourse lui permettant de poursuivre ses études. À moins de vingt-trois ans, Alan Turing devint *Fellow* de l'université de Cambridge, premier sur quarante-six candidats. Il travaillait depuis quelque temps sur le théorème de Gödel. En septembre 1936, il partit à Princeton afin de rejoindre Alonzo Church (1903-1995), le père du *Lambda Calcul*. Il obtint son doctorat deux ans et demi plus tard, puis il rentra en Angleterre malgré une offre de John von Neumann qui lui proposait un poste d'assistant à l'Institut des Études Avancées (IAS).

Comme nous l'avons déjà évoqué, Alan Turing passa toute la période de la guerre à travailler sur le chiffrement à Bletchley Park. Il joua également un rôle d'interface entre les services britanniques et américains lors de missions qu'il effectua aux États-Unis en 1942 et 1943. C'est lors de ces voyages qu'il rencontra Claude Shannon (1916-2001) aux Bell Labs, fondateur de la théorie de l'information et inventeur du fameux « bit » définissant l'unité d'information de tous les ordinateurs. Comme Alan Turing, Claude Shannon était passionné par les cerveaux artificiels. Ils en discutaient fréquemment ensemble. Lors d'un repas, Turing expliqua « qu'il ne voulait pas simuler un cerveau puissant, mais plutôt un cerveau médiocre, par exemple celui du président d'ATT » ce qui jeta un froid dans l'assistance. Il participa aux travaux sur le codage de la voix puis, en mars 1943, de retour en Angleterre, il supervisa jusqu'à la fin 1944 le projet *Dalila* basé sur un échantillonnage de la parole suivant la théorie de Claude Shannon tout en continuant à travailler sur les problèmes de décryptage. À partir de 1945, il participa à plusieurs projets de calculateurs dont l'*Automatic Computing Engine* (ACE) et la *Baby Machine* à l'Université de Manchester. Alan Turing devint membre de la Royal Society en mars 1951 et, dès lors, il se consacra totalement à ses travaux théoriques sur les cerveaux artificiels qui l'avaient toujours passionné. Il disparut en juin 1954 à l'âge de quarante-deux ans de façon restée longtemps énigmatique, dans un contexte de fait divers dramatique (Heudin 2008i).

Parmi ses travaux les plus importants, Alan Turing proposa le principe d'une machine universelle pour résoudre le problème de Hilbert relatif à la consistance de l'arithmétique et à l'origine de nombreuses recherches sur la question de la décidabilité (Turing 1937). Bien que très simple à première vue, la machine universelle de Turing permet de décrire tout algorithme ou langage de programmation. Elle est composée de trois parties :

1. Une bande de longueur infinie (ou infiniment extensible) et divisée en cellules, chacune pouvant contenir un symbole parmi une liste finie. Cette bande correspond à la mémoire de travail de la machine.

2. Une tête de lecture-écriture qui se déplace le long de la bande d'une cellule à la fois, vers la droite ou vers la gauche.

3. Une unité de contrôle et de calcul comprenant une mémoire stockant l'état de la machine et les

instructions spécifiques au problème à traiter. Cette partie correspond au processeur et à son programme.

Figure 15. Une machine de Turing effectue des opérations sur une bande de papier où sont inscrits des symboles (dans notre exemple limités à des 0 et des 1). Toute machine pouvant être décrite par une suite finie de symboles, il est possible d'élaborer une machine ayant la capacité d'interpréter cette description et de reproduire son comportement.

Initialement, la mémoire de travail, constituée par la bande infinie, contient les données d'entrées, puis les données temporaires et, à la fin du calcul, les résultats. À chaque étape, la machine effectue trois opérations :

1. Elle lit le contenu·de la cellule courante et le transmet à l'unité de calcul.

2. L'unité de calcul actualise son état interne en fonction de ce symbole.

3. Elle réalise ensuite une ou plusieurs des actions suivantes selon son état : l'écriture d'un symbole dans la cellule courante, le déplacement de la tête vers la droite ou vers la gauche, ou bien aucun mouvement, auquel cas, le calcul est terminé et la

machine s'arrête.

Alan Turing établit qu'en utilisant un « programme » adéquat, la machine pouvait résoudre n'importe quel problème. Plus exactement, il démontra l'équivalence de toutes les machines à états discrets qui disposent d'une mémoire infinie, toute machine finie pouvant être simulée par une machine infinie. Il était donc possible d'élaborer une machine numérique capable de simuler toutes les machines numériques existantes : la machine universelle. Il montra aussi que l'on pourrait toujours trouver de nouveaux problèmes et que, par conséquent, il n'existait pas de méthode finie pour les résoudre tous, retrouvant ainsi le résultat de Gödel sur l'incomplétude.

Au-delà de ce résultat théorique, la machine universelle de Turing formalisait le principe d'un ordinateur et, du même coup, rendait envisageable la conception d'une machine intelligente. En effet, il « suffisait » pour cela de fournir à une machine universelle un programme capable de simuler la pensée humaine, ce qui ne semblait pas hors de portée. Alors que pendant des siècles, le modèle du vivant avait été envisagé sous la forme d'une immense horloge mécanique, l'ordinateur devenait la métaphore du cerveau et de l'intelligence.

Écrits à trois ans d'intervalle, deux articles prophétiques d'Alan Turing annonçaient l'avènement d'une discipline destinée à programmer des machines intelligentes. Le premier article, intitulé *Intelligent Machinery*, a été écrit en 1947 (Turing 1947). Turing y réfutait les principaux arguments contre la possibilité de créer un cerveau artificiel, puis, à partir d'une analogie entre la structure des machines et le cerveau humain, il aboutissait à une structure d'automates élémentaires connectés aléatoirement qu'il appelait une « machine inorganisée ». Il proposait ensuite des expérimentations susceptibles d'organiser ce substrat de « cellules », en particulier grâce à un système de « plaisir-douleur ». Il concluait son article sur le caractère émotionnel de l'intelligence.

Il y avait là deux idées essentielles, l'une physiologique et l'autre logique. D'une part, Alan Turing considérait le cerveau comme un tissu cellulaire organisé par l'apprentissage. D'autre part, il ramenait cette vision à un modèle de réseau d'automates soumis à un processus d'auto-organisation. Il ne s'intéressait pas à un réseau particulier, car il souhaitait définir un modèle logique comme il l'avait déjà fait pour la machine universelle. D'ailleurs, dans son esprit, rien n'empêchait que ce réseau sans support physique soit simulé par une telle machine.

À la fin de son article, il mettait l'accent sur la difficulté à évaluer l'intelligence. Il proposait alors un subterfuge : un joueur d'échecs jouant par l'intermédiaire d'un « terminal » et un second qui, de temps à autre, serait substitué par une machine. Dans cette évaluation, la machine était donc d'autant plus intelligente que le premier joueur éprouvait des difficultés. Il avait choisi le jeu d'échecs, car celui-ci représentait une activité strictement intellectuelle. Cette proposition évoquait sans nul doute au passage l'escamotage réalisé par le Baron de Kempelen et son automate « joueur d'échecs ».

Trois ans plus tard, en 1950, Alan Turing reprit cette idée en poussant plus loin son raisonnement. Dans cet article, intitulé *Computing Machinery and Intelligence* (Turing 1950), il débutait par la question : « Est-ce que les machines peuvent penser ? »

Ce texte représente le véritable acte de naissance de l'intelligence artificielle. Alan Turing quittait la visée systémique de son précédent article, sans doute portée par l'engouement que suscitait la cybernétique dans le monde scientifique de l'époque, pour se consacrer à une approche strictement comportementale. Reprenant son idée de test où il l'avait laissée en 1947, il proposait alors une version plus aboutie de son test : *le jeu de l'imitation*, qui sera plus connu par la suite sous le vocable de *test de Turing*.

En voici succinctement le principe. Le jeu de l'imitation fait intervenir trois personnes, dont un homme, une femme et un examinateur. Ces personnes ne peuvent communiquer entre eux qu'au travers d'un dispositif de communication, afin d'éliminer toute perception directe. Dans un premier temps, le but du test consiste, pour l'examinateur, à déterminer l'homme de la femme en posant une série de questions à l'un et à l'autre. Tout serait simple si l'homme ne tentait pas de travestir ses réponses pour se faire passer pour une femme. Dans un second temps, l'ordinateur est introduit en le substituant à l'homme. Par conséquent, il est alors possible de considérer que la machine pense si l'examinateur ne peut distinguer ses réponses de celles de l'autre personne. On notera au passage, l'autodérision *a posteriori* dramatique dont faisait preuve Alan Turing.

Cependant, il ne faut pas se méprendre sur l'objectif de cette mise en scène : Alan Turing souhaitait au travers de ce test pouvoir répondre à la question de la possibilité d'une pensée artificielle. Dans ce but, il évacuait toute dimension corporelle ou sensorielle pour ne plus retenir qu'un système de transmission et de traitement de l'information. Ainsi, de fil en aiguille, Alan Turing transposait la question « une machine peut-elle penser ? » en « peut-on imaginer une machine qui jouerait correctement au jeu de l'imitation ? » S'appuyant sur les résultats de la machine universelle, il en concluait une série de questions purement techniques : Comment accroître la capacité mémoire des machines ? Comment accélérer leur vitesse de calcul ? Comment les programmer pour obtenir de l'intelligence ?

Cette dernière question recouvrait déjà les grandes lignes du futur projet de l'intelligence artificielle. L'intuition de Turing consistait à assimiler l'intelligence et la pensée à un ensemble de règles formelles agissant sur une base de représentation symbolique. Même si l'ordinateur n'avait accès qu'à la forme physique de ces symboles, autrement dit leur syntaxe, sans aucun accès à leur vraie signification, leur valeur sémantique, les opérations effectuées par l'ordinateur étaient néanmoins d'ordre sémantique. L'hypothèse était que dans une « computation », toutes les distinctions sémantiques étaient exprimées par le programme, en d'autres termes, la syntaxe reflétait ou était parallèle à la projection sémantique.

Même s'il n'a pas été connu du grand public, il n'en reste pas moins qu'Alan Turing fut l'un des scientifiques parmi les plus marquants du XXe siècle. De la théorie de la calculabilité de 1936 à la « cryptologie » mécanisée de 1941, ses apports théoriques et pratiques sur les ordinateurs à partir de 1946, la formalisation d'une intelligence artificielle en 1950, jusqu'à son étude de la morphogenèse dans le vivant, tous ses travaux novateurs ont fait d'Alan

Turing, comme l'avaient été Blaise Pascal, Wilhelm Leibniz et Charles Babbage en leur temps, l'un des principaux pionniers des machines intelligentes et le père de l'intelligence artificielle.

23

Naissance de l'IA

Avec Alan Turing, les ordinateurs n'étaient plus de « simples » machines à calculer, elles devenaient des « machines universelles » capables de tout simuler, y compris l'intelligence humaine. Alors que les grands calculateurs d'après-guerre étaient présentés au public comme des cerveaux artificiels, une discipline issue de la logique formelle émergeait pour tenter de leur fournir l'intelligence et la pensée. Après la décennie des années 1940, marquée par la cybernétique sur laquelle nous reviendrons, les années 1950 voyaient naître un nouveau projet, ambitieux pour les uns, utopique pour les autres, celui de l'intelligence artificielle.

En 1953, Claude Shannon avait recruté deux jeunes assistants aux Bell Labs : Marvin Minsky et John McCarthy. Assez rapidement, Marvin Minsky entra *au Massachusetts Institute of Technology* (MIT) et John McCarthy (1927-2011) au *Darthmouth College*. Trois années plus tard, en 1956, John McCarthy organisa un atelier d'été réunissant Claude Shannon, Marvin Minsky, Allen Newell (1927-1992) et Herbert Simon (1916-2001) entre autres. Il appela cette conférence *The*

Dartmouth summer research project on artificial intelligence. Le projet de l'intelligence artificielle, initié six ans plus tôt par Alan Turing, était officiellement né.

Le projet de l'intelligence artificielle fut critiqué dès le départ, car il rompait avec la cybernétique encore en vogue. En effet, il proposait de donner de l'intelligence aux machines en abandonnant toute tentative de compréhension des phénomènes neurologiques et en renonçant à toute modélisation des phénomènes sous-jacents. La principale intuition qui s'imposait était que l'intelligence était tellement proche de ce qu'est un ordinateur, que la cognition pouvait être définie par la « computation », autrement dit, le traitement de représentations symboliques. En outre, l'engouement provoqué par les premières annonces et leur interprétation simplificatrice transformèrent le projet en une véritable utopie. Herbert Simon déclara en 1957 que dans les dix années suivantes un ordinateur serait le champion du monde d'échecs, qu'il découvrirait et prouverait un théorème mathématique important, qu'il écrirait de la musique considérée par les critiques comme esthétique, que les thèses de psychologie auraient la forme d'un programme informatique. Les termes eux-mêmes *intelligence artificielle* était à la fois évocateur et provocateur, elliptique et éloquent (Ganascia 1990a).

L'acte de naissance fut précédé d'une réalisation concrète : le programme *Logic Theorist Machine* (LTM) développé par Allen Newell, Herbert Simon, avec l'assistance de Cliff Shaw (Newell 1957). Le programme LTM était basé sur un langage de programmation créé pour l'occasion et baptisé *Information Processing Language*

(IPL). Il fut le premier langage informatique manipulant des listes, ce qui inspira John McCarthy pour la création du langage Lisp. LTM était un programme de démonstration de théorème. Il partait d'une base de formules sur laquelle il appliquait des règles de transformation. La répétition de cette procédure aboutissait à une structure arborescente de conclusions en forme « d'arbre de recherche ». L'exploration de cet ensemble, à partir de règles empiriques appropriées, permettait de sélectionner la branche de l'arbre la plus susceptible de conduire à une solution correcte. Le programme démontra 38 des 52 théorèmes du second chapitre des *Principia Mathematica* de Bertrand Russel (1872-1970) et Alfred North Whitehead (1861-1947). L'un des théorèmes était même démontré de façon plus élégante. Pour marquer cet événement, Allen Newell et Herbert Simon proposèrent la publication de cette démonstration dans le prestigieux *Journal of Symbolic Logic* en faisant de LTM un cosignataire, mais l'article fut finalement refusé.

Le *Théoricien de la logique* fonctionnait sur le principe de la logique des propositions. Nous avons déjà évoqué ce terme à propos de la machine de Raymond Lulle (cf. chapitre 21). Pour essayer de mieux comprendre de quoi il s'agit, il nous faut introduire brièvement les systèmes formels. Un tel système est composé de trois parties :

1. Un langage avec une grammaire.

2. Des axiomes.

3. Des règles.

Le langage est constitué par un ensemble de symboles, des lettres par exemple, qui définissent ainsi un alphabet. En combinant ces symboles, on peut obtenir des expressions. Certaines ne veulent rien dire, mais si on applique les règles de la grammaire du langage, on aboutit alors à des expressions correctes, celles qui ont un sens pour le langage.

Ensuite, on ajoute à ce système des axiomes, c'est-à-dire des expressions initiales que l'on juge vraies sans avoir besoin de les justifier.

Enfin, on applique sur ces expressions initiales des règles de dérivation qui vont conclurent, par réécriture ou substitution, à de nouvelles expressions qui viennent s'ajouter aux axiomes de départ. En itérant l'application des règles sur les nouvelles expressions, on obtient à nouveau d'autres expressions et ainsi de suite, jusqu'à « saturation » du système.

Une illustration ludique des systèmes formels est le système MIU proposé par Douglas Hofstadter (Hofstadter 1985). Celui-ci utilise un langage ne comprenant que trois lettres : M, I et U. La grammaire est triviale, car elle accepte toutes les chaînes composées de ces trois lettres. Les règles du système, quant à elles, sont au nombre de quatre :

Règle 1 : si vous possédez une chaîne se terminant par « I », vous pouvez lui ajouter un « U » à la fin.

Règle 2 : supposons que vous ayez « Mx », x étant n'importe quelle chaîne valide, vous pouvez alors ajouter « Mxx » à votre collection d'expressions.

Règle 3 : si la chaîne « III » apparaît dans une expression, alors vous pouvez ajouter une nouvelle chaîne en remplaçant « III » par « U. »

Règle 4 : si la chaîne « UU » apparaît dans une expression, vous pouvez la supprimer.

En partant d'un seul axiome, la chaîne « MI », et en appliquant les règles, on peut donc dériver toute une collection d'expressions nouvelles :

MI l'axiome,
MII en appliquant la règle 2,
MIIII en utilisant la règle 2,
MIIIIU avec la règle 1,
MUIU avec la règle 3,
MUIUUIU avec la règle 2,
MUIIU avec la règle 4…

En suivant le même principe, l'objectif est d'obtenir l'expression « MU. » Dans les faits, personne n'a jamais réussi à obtenir cette chaîne, car elle représente un exemple de proposition indécidable du théorème d'incomplétude de Gödel.

La logique des propositions utilisée par LTM était donc un système formel basé sur la logique des propositions. Il n'utilisait qu'une seule règle, le *Modus Ponens*, le plus connu des syllogismes hypothético-déductifs des philosophes stoïciens. Il peut s'exprimer de la façon suivante : si vous avez *A vrai et* l'expression *(A Alors B) vraie*, alors vous avez aussi *B vrai*. Autrement dit, le *Modus Ponens* est une règle de déduction logique qui, une fois appliquée, permet des déductions comme l'exemple célèbre : *Si Socrate est un homme Et si un homme est mortel Alors Socrate est mortel.*
Si le système est de taille limitée, avec peu d'axiomes

et peu de règles, alors le raisonnement déductif est simple et purement mécanique. Cette constatation était à l'origine de la visée mécaniste et combinatoire chez Raymond Lulle et Wilhelm Leibniz. Mais si cette combinatoire devient très importante, il devient alors impossible d'explorer ou déduire toutes les possibilités dans un temps raisonnable. Dans ce cas, il faut introduire des *heuristiques* qui vont écarter des pans entiers de cas possibles, les branches qui ne semblent pas a priori intéressantes. Ce terme provient du grec *heuriskein* qui signifie *l'art de trouver*. Il s'agit en fait d'utiliser des connaissances *a priori* sur le problème, qui vont permettre de se focaliser sur les cas les plus prometteurs en écartant les autres. Ainsi, ce fut l'introduction de ces heuristiques, véritables connaissances empiriques sur un problème à traiter, qui démarqua l'intelligence artificielle des manipulations de symboles formels déjà connues en logique.

Quelques années plus tard, en 1966, un professeur du MIT, Joseph Weizenbaum, développa un programme d'intelligence artificielle original appelé *Eliza* (Weizenbaum 1966). Ce programme simulait les questions que pose un psychiatre dans une thérapie « non directive ». Eliza donnait l'impression d'un véritable dialogue avec un patient, approfondissant ses propos et motivant de nouvelles réponses, comme pour lui faire prendre conscience de ses problèmes. Voici un court extrait d'une conversation typique entre Eliza et un patient :

Eliza : Pourquoi dites-vous cela maintenant ?
Le patient : Je ne sais pas.
Eliza : Réfléchissez. Approfondissez votre réponse.

Le patient : C'est à cause de mon père.

Eliza : Dites-m'en plus à propos de votre père.

On raconte que les étudiants de Weizenbaum, utilisés comme « cobayes », furent très impressionnés et même certains perturbés par leurs conversations.

Pourtant, le principe d'Eliza est assez simple. Il se base essentiellement sur la dernière phrase du patient. Il l'analyse en cherchant un mot clé qui n'a pas été utilisé auparavant et qui se trouve dans une liste préétablie. S'il le trouve, le programme répond par une phrase prédéfinie associée à ce mot clé, généralement une question. Dans le cas où il ne trouve pas, alors il choisit au hasard une question type, du genre « pourriez-vous être plus clair ? » Si le programme est doté d'une grande variété de mots clés et de questions, ainsi qu'une mémorisation des phrases déjà utilisées, alors Eliza est capable de tenir une conversation crédible pendant plusieurs minutes. Évidemment, le principe est limité aux « connaissances » intégrées au préalable, mais ce qui a surtout fasciné les chercheurs de l'époque était la crédibilité d'Eliza vu l'économie de moyen mis en œuvre. À partir de là, certains chercheurs ont imaginé qu'en concevant des programmes beaucoup plus sophistiqués, ils approcheraient de près l'objectif de Turing.

Avec le temps, plusieurs approches assez différentes de l'intelligence artificielle se sont développées. Nous allons résumer les plus importantes au cours des prochains chapitres, en commençant par l'approche symbolique qui découlait directement du projet initial proposé en 1956.

24

L'approche symbolique

La fin des années 1950 fut l'époque du développement des premiers langages de programmation. Très vite, les chercheurs de l'intelligence artificielle naissante éprouvèrent la nécessité de concevoir des langages adaptés à leurs travaux, à l'instar d'Allen Newell et Herbert Simon qui avaient développé IPL.

Entre 1956 et 1958, John McCarthy travaillait sur la création du langage Lisp pour *LISt Processor* (McCarthy 1979). Il avait accès pour cela à une machine IBM 704 fournie par IBM au *New England Computation Center* du MIT. Cette machine devait servir, entre autres, au projet *Formula Translator*, plus connu sous le nom de *Fortran*. John McCarthy pensait que ce langage n'était pas adapté à l'IA, en particulier à cause de la difficulté à y représenter des listes. En effet, la représentation de données complexes s'effectue plus simplement sous la forme d'arbres de recherche et ces structures sont codées en pratique par des listes de symboles représentant des concepts ou des objets. En outre, McCarthy s'intéressait à l'approche formelle du *Lambda calcul* d'Alonzon Church (Church 1941), qui définissait le calcul fonctionnel et les fonctions récursives.

De par sa pureté formelle, le langage remporta un vif succès auprès de la communauté scientifique et devint une référence pour les chercheurs en IA (McCarthy 1958, 1960). À partir de là, de très nombreuses versions du langage Lisp furent développées partout dans le monde jusqu'à la fin des années quatre-vingt, les plus célèbres étant *Scheme* (Abelson 1985) et *Common Lisp* (Steele 1984) aux États Unis, *VLisp* (Greussay 1977) puis *LeLisp* (Chailloux 1984) en France.

Si Lisp était d'origine américaine, le langage Prolog fut, quant à lui, développé quelques années plus tard en France. Ses concepteurs, Alain Colmerauer et Philippe Rousse, l'ont créé à Marseille au début des années 1970 (Colmerauer 1992). Prolog, une abréviation de *programmation en logique,* est né d'un projet un peu fou, comme la plupart des projets liés à l'intelligence artificielle à cette époque : réaliser un système de communication en langage naturel avec une machine. En 1973, une version définitive du langage fut conçue avec toutes les caractéristiques qui feront son succès auprès de la communauté scientifique : une programmation déclarative sous la forme de clauses, un système de résolution intégré au langage, une formalisation proche de la théorie des prédicats.

Dans les années 1970, les sources de financements qui alimentaient la recherche en intelligence artificielle étaient majoritairement d'origine militaire du fait de la guerre froide persistante. Mais les résultats de la recherche en résolution de problème ou en traduction automatique restaient très limités, voire inexistants.

D'autre part, les chercheurs se heurtaient au problème des applications réelles où les heuristiques ne se résumaient pas à quelques principes généraux, mais faisaient appel à un corpus important de connaissances spécialisées. Certains chercheurs s'orientèrent alors vers d'autres voies, en particulier vers la création de programmes déductifs inspirés par les démonstrateurs de théorèmes, mais appliqués à des domaines très spécifiques. L'idée était d'utiliser un système à base de connaissance constitué de règles et de faits afin de simuler le raisonnement d'un spécialiste du domaine. En d'autres termes, il s'agissait de « mettre en boîte » une expertise, d'où l'appellation de *système expert*.

L'ancêtre des systèmes experts fut développé à l'Université de Stanford au début des années 1970. L'objectif consistait à réaliser un programme d'analyse de la structure chimique de matériaux à partir de spectrographie de masse et de résonance magnétique nucléaire. L'équipe était composée d'Edward Feigenbaum, Bruce Buchanan, Joshua Lederberg, Prix Nobel de médecine en 1958, et un chimiste de renom, Carl Djerassi, le père de la pilule contraceptive. Ensemble, ils formalisèrent les connaissances du domaine, puis ils définirent un programme capable de les utiliser. Après plusieurs années de travail, ils aboutirent au système *Dendral* (Feigenbaum 1971) dont les résultats dépassèrent les capacités des experts humains du domaine (Lindsay 1980). Cette réussite annonçait le renouveau de l'intelligence artificielle et un renversement de perspective : les chercheurs laissaient de côté les grands thèmes abstraits, trop généraux, pour se focaliser sur des cas plus restreints, mais réels.

En 1974, peu après les débuts de cette première expérience, les chercheurs de Stanford commencèrent également à travailler sur un autre projet : *Mycin*. Celui-ci devint le plus célèbre des systèmes experts, car il était capable de diagnostiquer certaines maladies infectieuses du sang et même de prescrire des médicaments (Shortliffe 1976). La base de connaissance comprenait environ 400 règles qui analysaient les causes possibles de la maladie à partir des symptômes donnés par le médecin. Il comparait ces données aux règles et, en fonction de ses déductions, il établissait un diagnostic ou bien posait des questions complémentaires au praticien pour poursuivre son raisonnement.

À la suite de ces travaux précurseurs, la plupart des systèmes experts adoptèrent une même architecture générale comprenant essentiellement :

1. Une *base de connaissance* comprenant des règles du type :

Si < une liste de conditions >
Alors < une liste de conclusion >

2. Une *base de faits*, c'est-à-dire une mémoire qui stocke les conclusions qui ont été vérifiées.

3. Un *moteur d'inférence*, autrement dit un algorithme qui effectue les déductions logiques en parcourant les règles. Les deux principaux modes de fonctionnement sont le chaînage avant ou déductif et le chaînage arrière ou inductif. Notons au passage que ce «moteur» est uniquement dépendant de la structure formelle des règles et non du domaine d'application.

4. Une *interface avec l'utilisateur*, si possible utilisant des

techniques de traitement du langage naturel.

À partir des années 1980, le développement des systèmes experts avait atteint une telle ampleur que certains se demandaient même si l'intelligence artificielle n'allait pas simplement remplacer l'informatique « classique » (Hayes-Roth 1983). Certaines conférences internationales sur le thème regroupaient fréquemment plusieurs milliers de participants, dont un nombre grandissant d'industriels de tous secteurs. Ce fut, à proprement parler, « l'âge d'or de l'intelligence artificielle ».

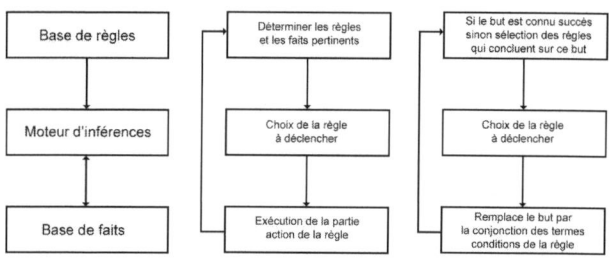

Figure 16. La structure d'un système expert (à gauche) permet de séparer le moteur d'inférence et la base de connaissances. Les deux modes de fonctionnements sont le chaînage avant ou déductif (au centre) et le chaînage arrière ou inductif (à droite).

Dans cette période d'euphorie, un grand nombre de projets voyaient le jour, soit pour élaborer de nouveaux moteurs de systèmes experts, soit pour les appliquer dans tous les secteurs possibles de l'économie, soit enfin pour concevoir des ordinateurs spécialisés (Heudin 1988). Ce dernier thème connut son apogée utopique avec le projet japonais d'ordinateur de cinquième génération basé sur le langage Prolog (Shapiro 1993).

À la fin des années 1980, le financement de la recherche en intelligence artificielle déclina fortement et les acteurs du domaine se tournèrent alors vers les applications industrielles. Les technologies mises au point dans les laboratoires devaient dès lors affronter les contraintes des applications opérationnelles dans les situations les plus diverses. Cette confrontation à la réalité du marché et des applications réelles eut un effet bénéfique sur le développement des techniques, puisque l'on assista alors au développement d'une grande variété de solutions algorithmiques non plus uniquement basées sur le traitement symbolique, mais sur la programmation-objet, la programmation par contraintes, les logiques floues, temporelles et non monotones.

Le retour au pragmatisme s'accompagnait de l'abandon des machines et des langages dédiés au profit des ordinateurs et des langages plus classiques. Le temps des gros systèmes experts était révolu et laissait la place à des applications hybrides faisant coopérer tout un ensemble de techniques. L'intelligence artificielle n'avait pas disparu, mais elle était devenue beaucoup plus discrète, moins ambitieuse et plus concrète.

Dans l'approche de l'intelligence artificielle symbolique, seule la logique des raisonnements est importante et non l'explication physique ou biologique des phénomènes liés à l'intelligence. En d'autres termes, cette approche, qualifiée de fonctionnaliste, s'intéresse uniquement aux entrées et sorties d'un cerveau considéré comme une sorte de « boîte noire » et assimilée à une machine de Turing.

Cette approche n'était évidemment pas partagée par l'ensemble de la communauté scientifique. Pour de nombreux chercheurs, l'intelligence apparaissait plutôt comme un processus émergeant d'un réseau de cellules nerveuses massivement connectées. Cette voie commença à être étudiée dès l'apparition de la cybernétique pour devenir ensuite un domaine de recherche important de l'intelligence artificielle : celui de l'approche neuromimétique.

25

L'approche neuromimétique

Pendant cette période mouvementée que fut la Seconde Guerre mondiale, plusieurs scientifiques participaient à l'émergence d'une nouvelle discipline : la cybernétique.

En mai 1942, une conférence sur l'inhibition dans le système nerveux central organisée à New York par la fondation *Josiah Macy*, regroupa le physiologiste Arturo Rosenblueth (1900-1970), le neuropsychiatre Warren McCulloch (1899-1969), le psychanalyste Lawrence Kubie (1896-1973), le couple d'anthropologues Gregory Bateson (1904-1980) et Margaret Mead (1901-1978). Les échanges entre ces chercheurs réputés débouchèrent sur une prise de conscience « précybernétique ». Devant l'intérêt suscité, Warren McCulloch proposa alors au Directeur de la Fondation Macy, Frank Fremont-Smith (1895-1974), d'organiser un cycle de conférences interdisciplinaires sur ce thème. L'idée des conférences Macy était lancée, mais elle ne se concrétisa qu'une fois la guerre terminée.

Quelques mois plus tard, en janvier 1943, Arturo Rosenblueth, Norbert Wiener (1894-1964) et Julian Bigelow publièrent ensemble un article qui jetait les fondements de la cybernétique, notamment la notion de *feedback* et l'analogie entre organismes vivants et machines (Rosenblueth 1943). En 1948, Norbert Wiener devint officiellement le « père » de la cybernétique avec la publication de son livre *Cybernetics* (Wiener 1948), puis quatre ans plus tard d'un second ouvrage destiné à un plus large public (Wiener 1952).

La cybernétique, du grec *Kubenêsis* qui désigne l'action de manœuvrer un vaisseau, de gouverner, avait l'ambition d'expliquer le fonctionnement de tout système, vivant ou artificiel. Un système cybernétique est défini comme un ensemble organisé d'éléments en interaction échangeant de la matière, de l'énergie ou de l'information. Ces échanges constituent une communication, à laquelle les éléments réagissent en changeant d'état ou en modifiant leurs actions. Les interactions entre éléments donnent à l'ensemble des propriétés que ne possèdent pas les éléments pris séparément. Cette approche nouvelle donna lieu à la fameuse citation : « le tout est plus que la somme de ses parties ». À partir de cette définition volontairement large, la cybernétique embrassait l'étude de tous les systèmes, vivants ou artificiels : cellule, cerveau, écosystème, société, économie, machine et, bien sûr, l'ordinateur. Dans la continuité de la visée mécaniste des XVIIe et XVIIIe siècles, elle formalisait l'approche des anciens créateurs d'automates et des cerveaux mécaniques.

L'article fondateur de l'approche neuromimétique est sans nul doute celui du neurobiologiste Warren McCulloch et du mathématicien Walter Pitts (1923-1969) qui établit dès 1943 les bases d'une neurologie de l'esprit et le modèle du *neurone formel* en s'inspirant de la morphologie de la cellule nerveuse organique (McCulloch 1943). Comme nous l'avons déjà évoqué, un neurone est en effet constitué de trois grandes parties : un *corps cellulaire* avec un noyau et où se déroulent toutes les activités propres à la cellule, des *dendrites* qui représentent les « entrées » du neurone et un *axone*, sorte de canal de transmission des influx nerveux, qui se termine par des *synapses* assimilables aux « sorties » de la cellule. Sur cette base biologique, les deux chercheurs établirent un modèle sous la forme d'un opérateur logique comprenant :

1. Des entrées excitatrices binaires (sans poids).

2. Des entrées inhibitrices binaires, chacune d'elles pouvant inhiber totalement le neurone.

3. Une fonction de transition qui, si le neurone n'est pas inhibé, calcule la somme des entrées et la compare à un seuil.

4. Une sortie unique délivre une valeur binaire : 1 si le seuil est atteint, sinon 0.

Ils supposaient qu'un grand nombre de ces éléments simples, connectés sous la forme d'un réseau, était capable de reproduire l'intelligence et la pensée. Ils avaient montré pour cela que les neurones formels pouvaient être assemblés afin de former les fonctions booléennes de base. Puisque toutes les autres fonctions booléennes imaginables pouvaient être construites par des assemblages de ces fonctions élémentaires, ils en concluaient que le raisonnement humain pouvait être expliqué en termes neurobiologiques à partir de leur modèle.

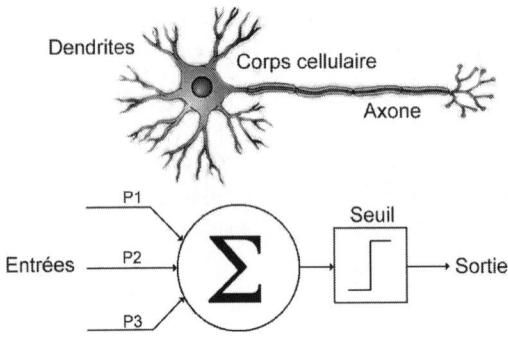

Figure 17. Le neurone formel est un automate qui effectue une somme pondérée des signaux d'entrées, qui est ensuite comparée à un seuil pour déterminer l'état en sortie. Ce sont ces paramètres, poids et seuil, qui sont réglés lors de la phase d'apprentissage. Dans les réseaux plus récents, on remplace le seuil par une fonction sigmoïde permettant d'obtenir des sorties non binaires.

À la même époque, Donald Hebb (1904-1985), un psychologue qui passa pratiquement toute sa carrière à l'Université McGill au Canada, proposa un modèle d'activation des neurones basé sur l'efficacité corrélée des synapses qui les relient (Hebb 1949). Travaillant sur le conditionnement animal pavlovien, il pensait que ce type de conditionnement résultait des propriétés des connexions entre neurones : « Quand l'axone d'une cellule A est assez proche pour exciter une cellule B et, de façon répétée ou permanente, participe à son activation, un processus de croissance ou de changement métabolique se produit dans l'une ou les deux cellules, de telle sorte que l'efficacité de la cellule A, comme cellule activant B, est accrue. »

Autrement dit, si deux neurones sont actifs en même temps, les synapses qui relient ces deux neurones sont renforcées. Cette règle, dite de Hebb, fut testée et vérifiée, en particulier par Marvin Minsky et Dean Edmond à l'Université d'Harvard en 1951 (Minsky 1954).

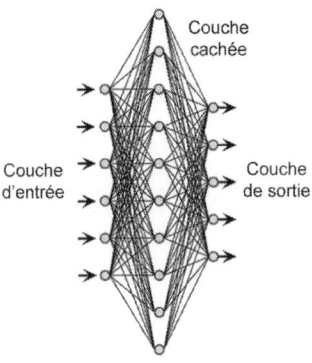

Figure 18. Le modèle de réseau à couches comprend une couche d'entrée, une ou plusieurs couches intermédiaires et une couche de sortie. Le nombre de couches «cachées» et de neurones par couche dépend de chaque type d'application.

Quelques années plus tard, Frank Rosenblatt (1928-1969) proposa un modèle de réseaux de neurones formels en couches. En s'inspirant de la vision chez la mouche, il aboutit au principe du *Perceptron* en 1957 (Rosenblatt 1958).

Le modèle du Perceptron est composé d'une *couche sensorielle* ou «rétine», qui lui sert d'entrée, d'une ou plusieurs *couches d'association*, puis d'une *couche de réponse* qui donne le résultat. Chaque couche est composée d'une matrice de neurones formels. Il fonctionne de la façon suivante : une image est présentée à la rétine de manière à activer les neurones sensoriels. Les activations se propagent alors aux neurones d'association puis aux neurones de réponse. Dans ce modèle, chaque couche comprend des neurones aux comportements différents et seule la dernière couche est dotée de seuils. L'apprentissage consiste à modifier le poids des connexions appartenant aux neurones dont l'activité est incorrecte jusqu'à obtenir un fonctionnement satisfaisant. Frank Rosenblatt démontra que cette procédure convergeait vers un choix de poids corrects, si celui-ci existait.

À la même époque, Bernard Widrow et Marcian Hoff proposèrent un autre modèle de réseau inspiré par les travaux de Warren McCulloch et Walter Pitts : *Adaline* pour *ADAptive LINear Element* (Widrow 1960). Alors que le Perceptron était orienté vers la perception et la reconnaissance de formes, Adaline était développé dans un contexte de traitement du signal avec des valeurs numériques progressives au lieu du basculement.

Après l'engouement initial, les premières difficultés firent rapidement leur apparition, en particulier au niveau de l'apprentissage. En effet, si un réseau à deux couches pouvait être entraîné simplement, ses applications étaient limitées au calcul de fonctions très simples. Marvin Minsky et Seymour Papert, alors tous deux professeurs au MIT, publièrent une analyse théorique des réseaux à deux couches dans laquelle ils mirent en évidence leurs limitations (Minsky 1969). Ils envisagèrent la conception de réseaux à plusieurs couches cachées (Minsky 1972), mais leur constat pessimiste sur l'avenir des réseaux multicouches eut des conséquences désastreuses sur la recherche dans ce domaine. En effet, pendant plus d'une dizaine d'années, la majorité des financements fut bloquée, car l'étude des réseaux de neurones formels était devenue un projet sans avenir.

Au début des années 1980, alors que l'intelligence artificielle symbolique trouvait dans les systèmes experts un renouveau salutaire, la mouvance des réseaux neuromimétiques allait également sortir de l'ornière. Après les prédictions désastreuses de Minsky et Papert, la découverte de deux nouvelles techniques d'apprentissage pour les réseaux multicouches ouvrait enfin de nouvelles perspectives.

La première établissait une méthode de *rétropropagation de l'erreur* pour les réseaux de type Perceptron à plusieurs couches cachées (internes) (Rumelhart 1986) (Lecun 1987). Le principe est simple : on calcule l'erreur entre la valeur obtenue et la valeur désirée pour chaque neurone de la couche de sortie, puis cette différence est rétropropagée en gradient dans le réseau de façon à corriger les poids des connexions.

La seconde technique posait les bases des *réseaux récurrents,* c'est-à-dire des réseaux où des sorties rebouclent sur certaines entrées. Les plus célèbres sont les modèles proposés par John Hopfield (Hopfield 1982), les cartes du Finlandais Teuveo Kohonen (Kohonen 1972), ou bien encore la machine dite de Boltzmann (Ackley 1985).

L'intérêt essentiel des réseaux de neurones artificiels réside dans leur capacité d'apprentissage. Un réseau peut en effet apprendre un visage, à partir d'une photo par exemple, et il peut le retrouver ensuite si on lui présente un visage ressemblant, incomplet ou déformé.

Ce qui peut être fait avec un visage peut également l'être avec une empreinte digitale, un nom dans une base de données, ou toute autre forme.

En pratique une couche cachée d'un réseau peut apprendre n'importe quelle fonction. Elle représente en quelque sorte la mémoire où est stockée la représentation interne abstraite des données apprises lors de la phase d'entraînement. En ajoutant des couches cachées, on peut ainsi augmenter la « profondeur » du réseau et donc sa capacité à traiter des problèmes de plus en plus complexes. Néanmoins, accroître le nombre de couches pose deux difficultés majeures.

La première est appelée la disparition des gradients (vanishing gradients). Lorsque l'on augmente la profondeur du réseau, la rétropropagation des gradients d'erreur est de plus en plus petite comparée aux poids des entrées des neurones. Autrement dit, le réseau a des difficultés à apprendre.

La seconde concerne le problème récurrent en apprentissage automatique du surajustement (overfitting) où les données apprises collent de façon trop précise aux données de référence. Le réseau n'est pas alors en mesure de généraliser suffisamment pour reconnaître des structures semblables dans les cas réels.

Les travaux récents dans le domaine du *Deep Learning* ont permis de lever partiellement ces difficultés, conduisant parfois à des résultats spectaculaires. Ainsi, le programme *AlphaGo* développé par l'équipe *DeepMind* de Google a surpassé pour la première fois le meilleur joueur de Go en titre en 2016 (Silver 2016).

La clé des succès du *Deep Learning* réside dans l'utilisation de critères d'apprentissage non supervisé pour effectuer une initialisation progressive : chacune des couches est entrainée successivement pour produire une représentation interne de niveau supérieur en optimisant un critère local. Chaque couche produit alors une représentation plus abstraite de ce qui lui est présenté en entrée. Ce point de départ est ensuite amélioré au niveau global en ajustant les paramètres en utilisant un autre critère d'apprentissage supervisé.

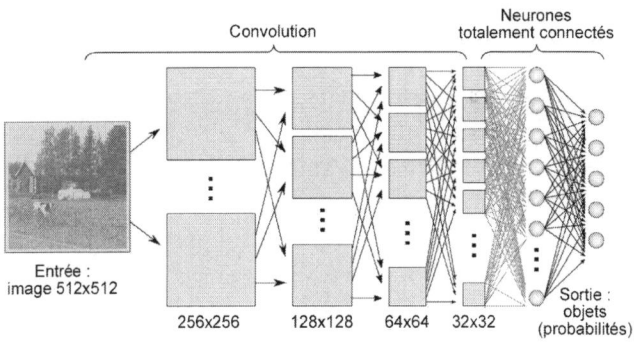

Figure 19. Schéma du principe d'un réseau « profond » pour la reconnaissance d'images. Ce type de réseau est capable d'apprendre des représentations hiérarchiques de plus en plus abstraites grâce à une grande quantité de données étiquetées d'apprentissage.

Cette approche a montré son efficacité comparée à une initialisation aléatoire avec les réseaux auto-encodeurs (Autoencoders) qui apprennent des représentations compressées et les réseaux RMB (Restricted Boltzmann Machine) qui produisent des distributions de probabilités (LeCun 2015a). En « empilant » ces réseaux, il devient donc possible de créer des architectures plus « profondes », autrement dit avec plus de couches. Citons également les réseaux convolutionnaires, particulièrement efficaces en traitement et reconnaissance d'images (Toptal 2016).

Un autre facteur de réussite de l'approche du *Deep Learning* réside dans la prise de conscience de l'importance cruciale d'un jeu de données d'apprentissage à la fois pertinent et le plus large possible. Au lieu d'essayer de limiter les données et de généraliser leur utilisation, il est finalement plus efficace d'inclure de très nombreux exemples qui couvrent l'ensemble des cas possibles.

Comme on peut s'en rendre compte, la recherche sur les réseaux neuromimétiques a progressé depuis les découvertes initiales de Warren McCulloch.

Toutefois, les réseaux actuels ont encore de nombreuses limitations. En particulier, ils n'ont pas (encore) de mémoire au sens où ils se comportent comme des systèmes réactifs qui ne sont pas capables de stocker des informations en dehors de ce qu'ils ont appris pendant la phase d'entrainement.

Les techniques d'apprentissage non supervisé sont également encore balbutiantes (Lecun 2015b).

Enfin, le modèle du neurone formel reste une simplification extrême du fonctionnement d'un véritable neurone. De plus, la taille et la structure des réseaux neuromimétiques ne sont en aucun cas du même ordre de complexité de ce que l'on peut observer avec le cerveau humain (Dettmers 2015).

26

L'approche distribuée

L'idée qui consiste à répartir une tâche complexe sur un ensemble de processeurs ou de machines est presque aussi ancienne que l'informatique, mais pendant longtemps cette approche ne pouvait être aisément mise en pratique compte tenu de la capacité et de l'encombrement des ordinateurs.

En ce qui concerne l'intelligence artificielle, si l'on met de côté les réseaux de neurones et les modèles connexionnistes dérivés (cf. chapitre précédent), les premiers projets basés sur une approche distribuée et coopérative apparurent essentiellement dans les années 1980. Ces nouvelles pistes de recherche furent regroupées sous la dénomination *Intelligence Artificielle Distribuée* (IAD) ou bien encore *Systèmes Multi-Agent* (SMA) (Ferber 1995).

L'un des tout premiers à avoir initié cette approche fut une nouvelle fois Marvin Minsky. Après avoir critiqué le Perceptron, ce qui eut pour conséquence de drainer l'essentiel des crédits vers l'intelligence artificielle symbolique, il défendit l'idée de multiplier les voies de recherche, aucune n'étant a priori supérieure aux autres et capable de résoudre à elle seule tous les problèmes. Selon lui, les systèmes intelligents devaient être dotés de «gestionnaires» dont le rôle serait de sélectionner les meilleures solutions à un problème donné parmi tout un ensemble.

En 1986, il publia son ouvrage *La Société de l'Esprit* où il présentait sa théorie selon laquelle l'esprit serait composé d'un très grand nombre de petits agents, individuellement dépourvus d'intelligence, qui tantôt coopèrent, tantôt se livrent bataille (Minsky 1998). Chaque agent est un petit programme spécialisé, indépendant et autonome, qui s'insère dans une architecture hiérarchisée.

Les agents les plus courants sont les agents *K-lines*, des sortes de mémoires à court terme qui activent un ensemble d'agents, par exemple pour retrouver une configuration efficace dans un contexte spécifique. Les agents *nèmes* stockent les connaissances et les *nomes* sont ceux capables de traiter les connaissances. Les *polynèmes* permettent d'activer des agents représentant des aspects différents d'un même objet et les *paranomes* permettent de manipuler simultanément différents modes de représentations des connaissances. En plus de ces agents spécialisés, qui peuvent utiliser diverses techniques d'intelligence artificielle, il existe donc ces agents «gestionnaires» qui sont chargés de planifier, de sélectionner les spécialistes et d'évaluer les résultats obtenus.

Tous ces agents de base se combinent pour créer des structures de plus grande taille, baptisées *frames*, *frame-arrays* ou *transframes*, afin d'exécuter des opérations complexes. L'esprit, ou «cerveau A», serait ainsi constitué d'un nombre gigantesque de ces structures. Marvin Minsky postule également l'existence d'un

« cerveau B », dont le rôle serait de contrôler la bonne exécution du « cerveau A ».

Il serait vain de citer ici la multitude des projets qui ont exploré ensuite la conception de systèmes intelligents distribués. Toutefois, à titre d'exemple, citons le système KOS (Knowledge-based Operating System) (Heudin 1986) développé par l'auteur à partir de 1985 pour des applications aussi diverses que le *Copilote électronique* pour les avions de combat de Dassault Aviation (Gilles 1991), la supervision du trafic des grandes villes comme Paris et Londres en collaboration avec la Compagnie Générale d'Automatisme et l'Institut National de la Recherche sur les Transports et leur Sécurité (Rémi 1994), ou bien encore le contrôle de processus d'une raffinerie pétrolière pour la société British Petroleum (Rémi 1991).

Aujourd'hui, l'étude des modèles basés sur des systèmes multiagents s'est développée à tel point que la grande majorité des logiciels intelligents sont, dans les faits, des systèmes distribués.

Un système multiagent est défini comme un logiciel composé de plusieurs agents. Le nombre de ces agents peut varier de quelques unités qui coopèrent pour atteindre un objectif commun jusqu'à un très grand nombre typiquement plusieurs milliers. On parle alors de parallélisme massif. Ces architectures logicielles peuvent être décrites comme tirant parti de deux domaines : l'intelligence artificielle classique et l'informatique distribuée pour la répartition et l'exécution parallèle des processus.

On distingue classiquement deux grandes sortes

d'agents : les *agents réactifs* et les *agents cognitifs*. Une première approche pour les définir est de considérer les agents réactifs comme des fonctions réflexes, c'est-à-dire des programmes qui réagissent immédiatement à des informations présentées en entrée, en calculant une réponse en sortie. Les agents cognitifs sont quant à eux capables d'effectuer des raisonnements afin de prendre une décision. Une autre manière de voir leur différence réside dans la présence ou non d'une représentation du « monde » pour lequel l'agent a été conçu. Ainsi, un agent cognitif élabore un modèle symbolique à partir duquel il va être capable d'effectuer des raisonnements avant de prendre une décision et d'agir ensuite sur le monde extérieur. À l'inverse, un agent réactif ne construit aucune représentation du monde qui l'entoure. Il se contente d'appliquer des règles de comportement en fonction de ses perceptions. En d'autres termes, la représentation du monde est le monde lui-même et le comportement de l'agent évolue en fonction des conséquences perçues de ses actions.

Les deux formes d'agents sont tout à fait compatibles et un même système multiagent peut très bien les utiliser conjointement. Néanmoins, la distinction entre cognitif et réactif correspond aussi à deux écoles de pensée. La première soutient une approche d'agents intelligents de haut-niveau qui collaborent ensemble vers un objectif commun. La deuxième étudie la possibilité de l'émergence d'un comportement intelligent à partir des interactions entre des agents plus simples, quasiment sans intelligence, mais en plus grand nombre.

Le second aspect important des systèmes multiagents concerne l'organisation des relations entre agents. Il existe de nombreux paradigmes qui définissent la topologie de leurs interactions. Voici les plus courants :

1. Les *hiérarchies* sont organisées selon une structure d'arbre dans laquelle chaque nœud correspond à un agent. Un nœud donné possède une autorité sur les nœuds-fils, ce qui permet de décomposer un problème en sous-problèmes et ainsi de suite.

2. Les *holarchies* sont des hiérarchies où un nœud est un agent constitué par le groupe des agents-fils, mais sans qu'il y ait forcément une relation d'autorité. Il s'agit ici plutôt ici d'une construction d'agent par inclusion d'agents d'un niveau inférieur.

3. Les *coalitions* sont des alliances d'agents qui collaborent temporairement, car leurs intérêts individuels convergent. La valeur de la coalition doit être supérieure à la somme des valeurs individuelles des agents qui la composent.

4. Les *équipes* regroupent des agents qui travaillent ensemble à la réalisation d'objectifs communs. À la différence d'une coalition, les agents d'une équipe cherchent à maximiser les intérêts de l'équipe plutôt que leurs intérêts personnels.

5. Les *congrégations* sont proches des coalitions et des équipes. Toutefois, elles sont destinées à être permanentes et ont généralement plusieurs objectifs à réaliser. En outre, les agents peuvent entrer et sortir des congrégations, ou bien appartenir à plusieurs congrégations en même temps.

6. Les *sociétés* sont des ensembles d'agents hétérogènes et de natures diversifiées. Leurs capacités peuvent être très différentes, mais ils sont soumis à des lois et normes communes.

7. Les *fédérations* sont constituées d'agents qui cèdent une partie de leur autonomie à un agent délégué de leur groupe. Les agents d'un groupe n'interagissent qu'avec leur délégué, qui lui-même interagit avec les délégués des autres groupes.

8. Les *marchés* sont composés d'agents acheteurs et d'agents vendeurs. Les vendeurs proposent des objets sur lesquels les acheteurs peuvent enchérir. Ce type d'organisation est adapté à la simulation des marchés réels ou pour mettre en place différentes formes de stratégies de négociation.

9. Enfin, les *matrices* sont des hiérarchies où les agents peuvent être soumis à l'autorité de plusieurs agents et non d'un seul.

Bien d'autres formes d'organisations peuvent être mises en œuvre, par exemple en combinant un ou plusieurs des paradigmes que nous avons cités. Ainsi dans le projet EVA (Evolutionary Virtual Agent), l'architecture générale est celle d'une fédération de sociétés (Heudin 2009a). La répartition sur des machines connectées en réseau se fait au niveau de la fédération, chaque société étant localisée sur un ordinateur donné. Les sociétés sont constituées d'un ensemble de « nanoagents » réactifs et cognitifs, chacun d'entre eux représentant une personnalité différente. Les différentes personnalités interagissent en langage naturel, entre elles et avec l'utilisateur, et il émerge de ces échanges une personnalité globale riche et crédible. Cette organisation a été baptisée du nom évocateur d'architecture « schizophrénique » (Heudin 2011). Elle rappelle sur cet aspect l'IA du film *Virtuosity* de Brett Leonard, créée à partir de plus d'une centaine de personnalités différentes et d'un algorithme génétique lui permettant d'améliorer ses performances.

Le domaine des systèmes multiagents s'est également assez tôt intéressé aux modèles biologiques, en particulier ceux qui caractérisent les insectes sociaux comme les fourmis, les termites ou les abeilles. Par la suite, les animaux communautaires notamment se déplaçant en formation, comme les oiseaux migrateurs et les bancs de poissons ou, dans une moindre mesure, les prédateurs chassant en meute, comme les loups, les hyènes et les lionnes, ont également donné lieu à des projets de recherche.

L'objectif est de mimer l'organisation de ces animaux et de leurs interactions pour obtenir l'émergence d'une intelligence collective observée dans la nature. On se limite généralement à des agents relativement simples, dont la perception de l'environnement est partielle et avec un répertoire de comportements limité. De nombreux travaux, en particulier sur les colonies de fourmis artificielles, ont ainsi mis en évidence que des agents très simples peuvent accomplir des tâches apparemment très complexes (Bonabeau 1994).

En résumé, l'organisation d'un tel système suit généralement les principes suivants :

1. Les agents ont une information locale et limitée.

2. Chaque agent obéit à un ensemble restreint de

règles propres simples.

3. Les agents interagissent entre eux, généralement à une échelle locale, typiquement leurs voisins.

4. Il émerge de ces interactions locales des comportements intelligents au niveau collectif qui sont supérieurs aux capacités des agents au niveau individuel.

Ces recherches sur l'intelligence collective se situent à la frontière d'une autre approche de l'intelligence artificielle qui, à partir de la fin des années 1980, s'est intéressée dans une plus large mesure aux modèles issus de la biologie : la vie artificielle.

27

L'approche bio-inspirée

À la fin des années 1980, l'approche bio-inspirée apparaissait au moment même où l'intelligence artificielle était en pleine crise et où ses promoteurs entendaient tirer les conclusions de cet échec. En effet, les crédits se faisaient de plus en plus rares et les grands projets applicatifs préféraient les techniques classiques avec des coûts mieux maitrisés.

Une des conclusions était qu'il n'était pas possible d'élaborer un « cerveau » en ignorant son organisation ni en réfutant la nécessité d'un « corps » capable d'explorer un environnement et de subir en retour les conséquences de ses propres actions (Stengers 1997). La construction d'un « corps vivant » devait donc précéder celle d'un « être pensant ». Plusieurs travaux de recherche, jusque-là considérés comme des curiosités scientifiques, allaient former la base de ce qu'il convient d'appeler *la vie artificielle* (Heudin 1994). Rappelons brièvement ici quelques-uns de ces travaux parmi les principaux précurseurs.

Le premier inspirateur de cette nouvelle approche fut sans nul doute John von Neumann avec sa théorie des automates autoreproducteurs (Neumann 1966).

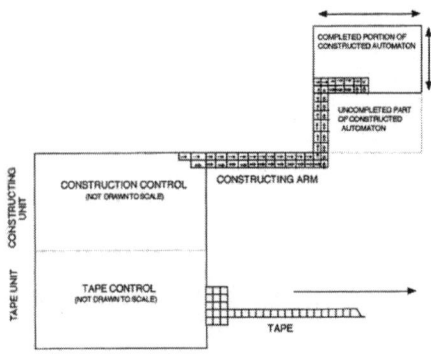

Figure 20. Le principe d'autoreproduction non triviale imaginée par John von Neumann peut être résumé en cinq points (schéma d'après von Neumann) : (1) le système comprend une description complète de lui-même (tape) ; (2) cette description ne comporte pas une description d'elle-même pour éviter le paradoxe de régression infinie ; (3) une partie du système supervise la manière d'interpréter la description (tape unit) soit comme une description soit comme un procédé de construction ; (4) une autre partie (construction control) est capable de produire tout élément si on lui fournit les matériaux et une description ; (5) la reproduction intervient lorsque le superviseur ordonne au copieur universel d'élaborer une copie du système en y incluant sa description.

En effet, au début des années cinquante, il s'intéressait aux mécanismes qui permettraient à une machine de fabriquer une copie d'elle-même. Pour von Neumann, cette question revenait en fait à se poser le problème de l'autoreproduction cellulaire et, par conséquent, celui de la nature même du vivant. Il pensait que l'autoreproduction d'une machine était possible à condition qu'elle ait atteint un niveau de complexité suffisant. Il définit ainsi un modèle d'autoreproduction « non triviale », différent d'une simple copie, basé sur un mécanisme baptisé « constructeur universel » qui devait être capable de fabriquer n'importe quelle structure, si on lui fournissait les matériaux adéquats ainsi qu'une description de la structure à reproduire. L'idée centrale de John von Neumann était d'associer à ce « copieur universel », une description de lui-même, ainsi qu'un « superviseur » capable de décider quand il fallait utiliser la description pour reproduire le système et quand il fallait juste la copier afin d'éviter un problème de régression infinie. Pour sa démonstration, après plusieurs tentatives, il décida d'utiliser un automate cellulaire, un modèle suggéré par le mathématicien Stanislaw Ulam (1909-1984).

Le plus connu des automates cellulaires n'est cependant pas celui de von Neumann, mais celui conçu par John Horton Conway, un mathématicien anglais de l'Université de Cambridge, vers la fin des années 1960. En s'inspirant des travaux d'Ulam et de von Neumann, il souhaitait « voir un animal autoreproducteur [...] affichant un comportement intéressant ».

Après deux années d'essais infructueux sur un plateau de jeu de go, car il ne disposait pas à l'époque d'un ordinateur, il aboutit à un automate cellulaire que l'on connaît depuis sous le nom du *jeu de la vie* (Gardner 1978). Le succès fut immédiat et son automate cellulaire devint un passe-temps pour un grand nombre d'étudiants et de chercheurs qui expérimentaient sur leur ordinateur le monde étrange inventé par Conway. Cette vogue était si importante, qu'en 1974, le très sérieux *Time Magazine* critiqua sévèrement les « millions de dollars » d'heures de calcul dilapidés par les fanatiques du jeu de Conway. À partir d'une grille de cases aléatoirement initialisées à zéro ou un, l'écran se peuple en effet spontanément de petits êtres mathématiques étranges, des motifs géométriques qui évoluent et changent de formes (Poundstone 1985).

John Conway n'était pas le seul à travailler sur un thème aussi original. À la même époque, un biologiste du nom d'Aristide Lindenmayer (1925-1989) cherchait une méthode formelle pour décrire le développement des plantes (Lindenmayer 1968). Il s'inspira pour cela des grammaires génératives et transformationnelles de Noam Chomsky dans lesquelles des règles de réécriture transforment un axiome de départ en une phrase syntaxiquement correcte (Chomsky 1969). Lindemayer proposa une méthode d'application récursive des règles de transformation, qui commençait par appliquer les règles à l'axiome, autrement dit la graine, puis à l'ensemble des résultats obtenus, pour obtenir une plante adulte avec toutes ses branches et ses feuilles. Le système réitérait ensuite l'application des règles à toutes les parties de la configuration et ainsi de suite. Les *L-Systems* de Lindenmayer donnaient des résultats graphiques impressionnant, montrant des végétaux virtuels qui se développaient comme de vraies plantes.

L'un des précurseurs de la vie artificielle parmi les plus célèbres fut le biologiste anglais Richard Dawkins, professeur à l'Université d'Oxford et auteur de plusieurs « best-sellers » scientifiques. Dans son livre *l'horloger aveugle* (Dawkins 1986), il défendait ardemment le gradualisme de la théorie darwinienne. Afin d'appuyer sa démonstration, il conçut un programme du nom de BW, les initiales de *Blind Watchmaker*. Le programme permettait de générer des *biomorphs*, des sortes de petites créatures étranges qui font penser à des insectes ou à des petits crustacés (Dawkins 1989). Le programme était assez simple et permettait de faire évoluer une population de biomorphs en sélectionnant manuellement les individus aptes à se reproduire. Son expérimentation inspira par la suite un grand nombre de chercheurs.

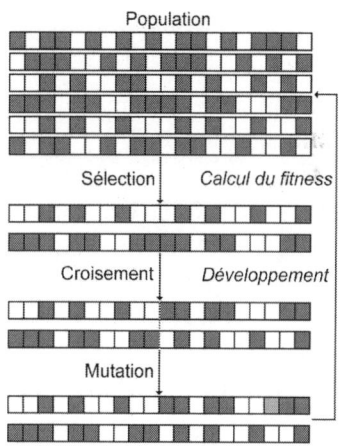

Figure 21. Un algorithme génétique exécute en boucle trois opérateurs sur une population de solutions potentielles encodées sous la forme de chaînes binaires. La sélection aléatoire des individus est biaisée par le calcul de leur adaptation (fitness). Le croisement crée de nouveaux individus en combinant les codes génétiques des « parents » sélectionnés à partir d'un « site » choisi aléatoirement. La mutation altère ces nouveaux individus en fonction d'une probabilité. L'algorithme stoppe lorsqu'une solution avec une valeur d'adaptation satisfaisante est obtenue.

Enfin, citons les travaux de John Holland qui fut à l'origine des *algorithmes génétiques* (Holland 1975). L'idée d'utiliser le principe de l'évolution darwinienne comme un processus d'optimisation ou d'adaptation est certes plus ancienne et trouve ses racines dans les travaux de nombreux chercheurs (Heudin 2008j). Néanmoins, les contributions de John Holland furent significatives et marquèrent le début des recherches sur l'évolution artificielle à une plus large échelle. Suite à la diffusion de ses travaux, le principe fut étendu dans de nombreuses directions, dont la *programmation génétique* qui permet l'évolution de programmes représentés sous la forme d'arbres d'opérateurs et de données (Koza 1992). Le vieux rêve d'un ordinateur capable de se programmer lui-même devenait enfin possible.

L'acte de naissance de la vie artificielle en tant que domaine de recherche date précisément de la première conférence *Artificial Life* à Los Alamos en 1987. Ce fut grâce à la vision et à la volonté de Christopher Langton, un chercheur hors du commun qui travaillait avec Arthur Burks (Burks 1970) et John Holland à l'Université du Michigan (Waldrop 1992). Langton s'intéressait aux automates cellulaires et il publia plusieurs articles importants dans la lignée des travaux de von Neumann et de Stephen Wolfram (Langton 1984). Mais son action fut surtout déterminante avec l'organisation cette première conférence.

Outre une sélection d'articles de chercheurs prestigieux, il ajouta aux actes une préface et un long article au ton prophétique présentant l'historique, les principes et les différents axes d'investigation du domaine (Langton 1989) : « La vie artificielle est l'étude des systèmes conçus par l'homme qui exhibent des comportements caractéristiques des systèmes naturels vivants. Elle vient en complément des sciences biologiques traditionnelles, qui *analysent* des organismes vivants, en tentant de *synthétiser* des comportements semblables au vivant au sein d'ordinateurs et d'autres substrats artificiels. En étendant les fondements empiriques sur lesquels la biologie est basée au-delà de la vie à base carbone qui a évolué sur terre, la vie artificielle peut contribuer à la biologie théorique en positionnant la vie *telle-que-nous-la-connaissons* dans un espace plus large de la vie *telle-qu'elle-pourrait-être*. »

Le principe méthodologique de la vie artificielle repose sur une démarche en deux étapes. Dans un premier temps, elle tente d'abstraire les principes fondamentaux du vivant, puis, dans un second temps, elle « réalise » ces principes sur un support arbitraire. Son principal objectif est la compréhension de la vie en essayant de généraliser les principes sous-jacents aux phénomènes biologiques et en recréant ces principes sur d'autres supports les rendant ainsi accessibles à de nouveaux champs d'expérimentation. Dans ce contexte, l'ordinateur représente un outil particulièrement adapté, bien qu'il ne soit pas le seul support envisageable.

Mais Langton ne se contentait pas de décrire sommairement la démarche. Il introduisait également les notions de génotype et de phénotype généralisés, qu'il nomma *Gtype* et *Ptype*. Il donnait en outre des pistes générales pour la réalisation des artefacts en une liste de cinq critères :

1. Le système est composé d'une population d'agents indépendants et relativement simples.

2. Chaque agent définit ses réponses aux événements de son environnement local et ses interactions avec les autres agents.

3. Il n'existe aucun agent qui dirige les autres agents.

4. Il n'existe aucune règle dictant un comportement global.

5. Tout comportement, propriété ou structure d'un niveau supérieur émerge des interactions entre les agents.

Ainsi, une approche typique de la vie artificielle débute par la création d'éléments simples, gouvernés par des lois simples, qui interagissent pour développer une structure globale sans contrôleur responsable du comportement de chaque élément. Héritière du courant cybernétique, la vie artificielle faisait sienne la devise « le tout est plus que la somme de ses parties ».

L'initiative de Christopher Langton fut accueillie avec enthousiasme par les chercheurs. Il ne s'agissait plus de construire un cerveau artificiel intelligent, mais d'établir les conditions favorables à l'émergence de la vie, puis de l'intelligence. Après les premières années fertiles qui renouvelaient profondément l'approche scientifique sur le thème des créatures artificielles, l'engouement commença à retomber. En effet, près de 25 ans après son manifeste, il faut bien constater que la vie artificielle, comme l'intelligence artificielle à ses débuts, n'a pas réussi à tenir ses promesses les plus ambitieuses.

28

IA forte contre IA faible

L'histoire de l'intelligence artificielle est en elle-même l'illustration que le progrès scientifique n'est pas linéaire et encore moins exponentiel. Ce jeune domaine a été l'objet d'une succession de prédictions prophétiques et de déceptions, et cela malgré des avancées significatives tant au niveau théorique que pragmatique.

Les périodes de « blues » de l'intelligence artificielle n'étaient pas seulement dues à l'évolution technologique ou à la pression du marché, mais aussi à une profonde remise en question des principes fondateurs de plus en plus discutés et critiqués ouvertement. L'hypothèse qu'il suffisait de reproduire certains raisonnements humains sous la forme de systèmes formels pour qu'un programme puisse un jour accéder à l'intelligence, voire à la conscience, était réfutée (Minsky 1982) (Dreyfus 1984).

Certains philosophes, comme John Searle, s'opposaient ainsi ouvertement aux conclusions de Turing. Pour ce dernier, rappelons-le, une machine universelle de Turing, autrement dit un ordinateur, pouvait accéder à l'intelligence et à la conscience si on la dotait d'un programme adéquat. Il avait également proposé un test qui permettrait de démontrer l'équivalence entre un humain répondant à des questions et un ordinateur faisant de même en manipulant des symboles pour produire les réponses. Pour Searle, au contraire, un ordinateur ne faisant que manipuler formellement des expressions syntaxiques ne pouvait être équivalent à l'esprit humain, car celui-ci fait appel à des significations, des intentions, bref du sens. Autrement dit, l'intelligence artificielle symbolique était réductible à des systèmes formels et ceux-ci ne pouvaient en aucun cas accéder au sens par des manipulations uniquement syntaxiques.

Pour illustrer son raisonnement, il proposa une expérience de pensée, dite de *la chambre chinoise*. Il imaginait qu'un programme d'ordinateur placé dans une pièce était capable de comprendre le chinois. Si on lui posait une question en chinois, alors il recherchait dans sa mémoire et fournissait la bonne réponse en chinois (Searle 1985) : « Supposons qu'en outre, ces réponses soient aussi bonnes que celles d'un véritable chinois. Alors, pourra-t-on dire que l'ordinateur comprend le chinois au sens littéral, comme un Chinois comprend sa langue ? »

John Searle continuait ensuite son raisonnement par une transposition du test de Turing pour démontrer son propos. Il imaginait une personne enfermée dans la pièce avec plusieurs paniers pleins de symboles chinois. La personne ne saurait pas parler chinois, mais elle aurait un livre expliquant comment manipuler parfaitement les symboles chinois. Les règles contenues dans ce livre spécifieraient de façon purement formelle les manipulations des symboles, en terme de syntaxe, par exemple : « Prenez un signe *ching-ching* dans le panier numéro 1, mettez le à côté d'un signe *chang-chang*, à puiser dans le panier numéro 2. »

En appliquant ce principe à un jeu de questions et réponses, en supposant un programme optimal et une personne particulièrement douée de façon à ce qu'il soit impossible de distinguer les réponses de celles que donnerait un Chinois, il concluait : « Vous voilà enfermé dans votre pièce, à jongler avec vos symboles chinois, à faire sortir des symboles censés répondre à d'autres symboles qui entrent. Dans une telle situation, je vous défie d'apprendre un mot de chinois par la simple manipulation de vos symboles. »

John Searle aboutissait à la conclusion qu'un ordinateur ne pourrait jamais accéder au sens et, par conséquent, à une véritable pensée consciente.

La polémique autour des partisans des différentes approches et de leurs capacités à reproduire l'intelligence humaine aboutit rapidement à deux conceptions radicalement différentes des objectifs de l'intelligence artificielle :

1. Une « IA forte » qui avait servi de moteur au départ de la discipline, dont le projet visait à la création d'une machine véritablement intelligente et consciente.

2. Une « IA faible », plus pragmatique, qui cherchait à élaborer des systèmes intelligents, mais en se limitant à une simulation des comportements observés chez l'homme.

Pour bien comprendre la portée du débat, il convient de préciser ce que l'on entend par intelligence, esprit et conscience, car une bonne part de l'incompréhension provient généralement des diverses interprétations de ces termes.

Nous avons conscience (justement) de la complexité de ces concepts et des très nombreuses thèses philosophiques, biologiques, épistémologiques, etc., qui s'y rapportent. Toutefois, dans les lignes qui vont suivre et sauf mention spécifique, nous les utiliserons en faisant référence aux définitions suivantes :

1. L'intelligence : la capacité d'une entité qui lui permet de se comporter de façon adaptée dans son environnement, en particulier si celui-ci est dynamique et complexe.

2. La mémoire : la capacité de se souvenir d'expériences passées et de les mobiliser pour améliorer ses comportements face à des modifications de l'environnement.

3. L'esprit, la pensée : ensemble des processus cognitifs qui permettent à une entité d'analyser une situation, de sélectionner un comportement adapté et de le mettre en œuvre. L'esprit peut revêtir de multiples formes, mais il est le plus souvent inséparable de la maîtrise d'un langage permettant des raisonnements complexes.

4. La conscience : la faculté qui permet à une entité de percevoir sa propre existence et de se représenter elle-même et les autres dans son environnement.

5. La personnalité : elle correspond à l'ensemble des traits morphologiques et comportementaux qui

permettent de différencier deux individus, surtout s'ils font partie d'une même espèce.

6. L'âme : le principe immatériel hypothétique capable de transcender et, selon certaines croyances religieuses, de quitter le corps matériel après la mort pour éventuellement se réincarner.

Le concept d'intelligence artificielle forte fait référence à une machine capable non seulement de produire un comportement intelligent, mais aussi d'avoir une conscience de soi et une véritable compréhension de ses propres raisonnements.

Dans sa forme la plus évoluée, l'intelligence implique une pensée et la conscience. On peut très bien imaginer des formes d'intelligences, au sens de notre définition, qui ne soient pas dotées d'une pensée consciente. Néanmoins, il est probable que ces propriétés soient apparues puis sélectionnées par l'évolution du fait de leur performance dans l'environnement.

On constate deux types de positions chez les détracteurs de l'intelligence artificielle forte. Pour certains, l'intelligence et la conscience sont deux propriétés spécifiques propres à la vie organique. Il n'est donc pas possible selon eux de reproduire ces propriétés sur d'autres supports, quelle que soit son organisation, en particulier sur un ordinateur. Cette position a longtemps été argumentée par des philosophes et religieux partisans de la thèse vitaliste qui s'opposaient à l'avancée du matérialisme. L'histoire des sciences a montré à plusieurs reprises que le vitalisme n'était pas fondé en dehors du contexte de la croyance religieuse, qui sort donc du champ scientifique.

Le second type de positions est plus subtil, car il admet que l'intelligence et la conscience ont un support biologique et par conséquent matériel. Ils ne réfutent donc pas la possibilité de créer un jour une machine dotée de ces facultés, mais celle-ci devra être caractérisée par une organisation et un support matériel apte à reproduire les caractéristiques du cerveau. Pour eux, une machine universelle de Turing, autrement dit un ordinateur tel que nous le connaissons, n'est pas compatible avec ces objectifs.

C'est en particulier la position du physicien Roger Penrose qui pense que l'esprit et la conscience sont les résultats de phénomènes quantiques dans le cerveau (Penrose 1989). John Eccles, Prix Nobel de médecine, a également proposé une hypothèse mettant en jeu la théorie quantique au niveau de microsites dans le cerveau pour expliquer l'interaction qui existe entre le cerveau et l'esprit (Eccles 1994b).

Par conséquent, l'approche symbolique ou neuromimétique sur une machine de Turing ne permettrait pas une reproduction réaliste de ces propriétés. Cette hypothèse quantique reste néanmoins spéculative dans l'état actuel des connaissances en neurosciences.

Les partisans de l'intelligence artificielle forte reconnaissent qu'il n'existe pas à l'heure actuelle une intelligence consciente comparable à celle de l'homme sur un support matériel autre que la vie organique. Néanmoins, selon eux, il n'y aurait aucune raison fonctionnelle fondamentale qui empêcherait de reproduire une telle intelligence sur une machine universelle de Turing puisque, par définition, celle-ci est capable de reproduire n'importe quel comportement.

Ses seules limites sont celles de la calculabilité et de l'aptitude humaine à concevoir un programme approprié. Les ordinateurs actuels sont tout à fait capables de modéliser des idées abstraites et même de reproduire le comportement d'un réseau de neurones, puisque la grande majorité des travaux dans ce domaine utilisent des ordinateurs classiques.

À ces arguments, les opposants à l'intelligence artificielle forte répondent qu'il existe des fonctions non calculables par une machine universelle de Turing. La pensée serait l'un de ces phénomènes non calculables par des processus discrets et finis. Pour passer d'un état de pensée au suivant, il y aurait une infinité non dénombrable, une continuité d'états transitoires.

En outre, une machine manipulant des symboles comme les ordinateurs actuels, même si elle était dotée d'un programme adéquat, serait beaucoup trop lente. En effet, la simulation d'un réseau de plusieurs milliards de neurones formels demanderait une puissance de calcul gigantesque et sa lenteur la rendrait incompatible avec une utilisation réelle.

La notion d'intelligence artificielle faible constitue, quant à elle, une approche pragmatique d'ingénieur. Elle ne cherche pas à réaliser une machine dotée de l'ensemble des capacités cérébrales humaines, mais vise plutôt à l'élaboration de systèmes plus efficaces avec la simulation des processus intelligents. Il n'est plus question de se demander si un tel système peut-être ou non doté d'une pensée consciente, mais de le programmer de façon à ce qu'il agisse comme s'il était intelligent.

Les partisans de l'intelligence artificielle faible sont aujourd'hui de loin les plus nombreux. Leur position ne suscite que peu de débats, car les objectifs restent pragmatiques avec des applications limitées sans ambition démesurée. Cette situation peut sembler paradoxale alors que certaines des prédictions importantes des précurseurs de l'intelligence artificielle forte se sont finalement réalisées, comme la victoire de *Deeper Blue* sur Garry Kasparov ou plus récemment celle de *DeepMind* sur Lee Sedol.

29

Intelligence machinique

Au bout du compte, dans la majorité des cas, les recherches actuelles dans les domaines de l'intelligence artificielle et de la robotique sont très éloignées des objectifs de l'intelligence artificielle forte. Les travaux se focalisent plutôt sur des projets avec des visées applicatives à court ou moyen termes. Le vieux débat de l'IA forte contre l'IA faible semble du coup un peu désuet au sein de la communauté scientifique. Il ne reste que les prédictions fantasmatiques des transhumanistes pour affirmer l'arrivée prochaine d'une super-intelligence consciente et omnisciente. Même les projets les plus médiatisés se cantonnent à résultats pragmatiques, comme nous allons le voir avec deux exemples récents.

Siri est le projet d'assistant personnel intelligent d'Apple installé en standard sur les iPhones depuis octobre 2011. Le nom est d'origine norvégienne et signifie quelque chose comme «une jolie femme qui vous guide vers la victoire». Siri a été développé par une start-up issue du centre de recherche en intelligence artificielle du SRI à Stanford en Californie, suite au projet CALO (Cognitive Assistant that Learns and Organizes) financé par l'agence américaine de défense DARPA (Wikipedia 2016j). Tout d'abord proposée en application sur l'*Appstore*, elle a ensuite été acquise par Apple pour être intégrée directement dans son système d'exploitation iOS.

Siri est un assistant personnel qui analyse les demandes de l'utilisateur pour exécuter ensuite les actions nécessaires. Les requêtes sont exprimées en langage naturel et interprétées grâce au système de reconnaissance vocale développé par *Nuance Communications*. Plus vous l'utilisez en corrigeant les inévitables erreurs d'interprétations, plus Siri s'améliore et « comprend ». Plutôt que d'effectuer les traitements sur le téléphone, Siri communique avec un serveur dans le « Cloud » Apple pour interpréter la requête et l'exécuter. Chaque message transmis est sécurisé, identifié, daté, et possède un degré de confiance. Comme Siri a accès aux données stockées sur le smartphone, le programme peut effectuer des connexions contextuelles simples entre les informations de l'agenda, des contacts, de la géolocalisation, etc. Il possède également des interfaces spécifiques avec plusieurs services web pour, par exemple, réserver une table dans un restaurant ou un voyage. Pour des recherches plus générales, il utilise le moteur de recherche *Bing* de Microsoft et d'autres services comme *Wolfram Alpha* selon les cas.

Siri est donc essentiellement un système d'analyse de requêtes exprimées en langage naturel et de délégation vers des services *ad hoc*. Il est également capable d'engager de courtes discussions. Si on lui demande par exemple « Quel est le sens de la vie ? », il peut répondre de plusieurs manières avec humour « Je dirais vertical » ou une autre phrase sélectionnée dans une liste prédéfinie associée à ce type de question.

Siri fut relativement bien accueilli du fait de sa facilité d'utilisation et de sa personnalité transparente. Il a été rapidement adapté au niveau de chaque pays en sélectionnant des voix avec les accents locaux. La reconnaissance vocale étant délocalisée, son utilisation par un nombre grandissant d'utilisateurs permet là aussi d'améliorer la fiabilité du système.

Siri est l'assistant le plus connu du fait de sa disponibilité en standard sur les plateformes d'Apple. Depuis, ses créateurs proposent un nouvel assistant baptisé ViV (Kittlaus 2016) qui ouvre l'intégration de services et préfigure une nouvelle approche du « commerce conversationnel ».

En pratique, les projets d'assistants intelligents se sont multipliés et toutes les grandes entreprises technologiques investissent dans ce domaine à l'instar de Google, Facebook, Amazon, Microsoft, pour ne citer que les principaux.

Le projet *Watson* est quant à lui plus impressionnant, du moins en apparence. Le nom du projet ne provient pas de l'assistant de Sherlock Holmes, mais du premier président de la firme IBM, Thomas J. Watson.

Suite à la victoire de *Deeper Blue* sur Garry Kasparov en 1997, IBM a été encouragé à se lancer dans un autre challenge plus complexe : celui qui consiste à répondre à toute question en langage naturel. Le résultat est le système Watson qui s'est fait connaître suite à plusieurs victoires consécutives au jeu *Jeopardy !* face à des concurrents humains.

Jeopardy ! est un show télévisé américain créé par Merv Griffin, le créateur de *La roue de la fortune*, qui existe depuis 1964. Le principe consiste, pour trois candidats auxquels on donne des réponses, à trouver les questions correspondantes. Par exemple, à la « question » : Je suis le premier président des États-Unis, la « réponse » doit être : Qui est George Washington ?

Chaque bonne réponse rapporte une somme et chaque erreur la fait perdre. Les candidats peuvent choisir entre cinq thèmes et cinq valeurs de réponses. Lorsque l'un d'entre eux veut répondre, il lui faut appuyer sur un gros bouton de façon à parler le premier.

Pour être capable de répondre en quelques secondes à peine à des questions qui nécessitent une culture générale importante, il fallait non seulement créer un programme d'intelligence artificielle spécifique, mais aussi une infrastructure informatique de pointe pour obtenir des temps d'exécution compatibles avec le jeu.

C'est d'ailleurs cette partie du système qui est la plus impressionnante. Watson est composé de 90 serveurs IBM Power 750 dotés chacun d'un processeur à huit cœurs, quatre threads par cœur, cadencé à 3,5 GHz. La mémoire vive totale du système est de 16 téraoctets, la grande majorité des données y étant stockée pour accélérer les accès. Selon ses concepteurs, Watson peut traiter 500 giga-octets par seconde, l'équivalent d'un million de livres, et 80 téraflops (operations de calcul en précision flottante).

Le programme d'intelligence artificielle repose sur le logiciel *DeepQA* développé par IBM et l'environnement Apache UIMA (Unstructured Information Management Architecture). Les sources de données incluent des encyclopédies, dont tous les textes de Wikipedia, des thesaurus et des ontologies. Pendant le jeu, Watson n'est pas connecté à Internet.

Le principe de fonctionnement de Watson est le suivant. Il reçoit les données initiales sous forme de textes et en extrait une liste de mots clés. L'innovation n'est pas dans la création d'un nouvel algorithme, mais dans l'exécution de plusieurs milliers de recherches simultanées de « clusters » comprenant ces mots clés. Une fois les résultats obtenus, ils sont analysés avec plus d'une centaine de méthodes différentes. Les résultats choisis sont ceux qui reviennent le plus dans les différentes tentatives. Lorsque Watson obtient un petit nombre de solutions potentielles, il vérifie leur pertinence et sélectionne l'une d'entre elles pour la proposer si celle-ci obtient un score suffisant.

Contrairement à Siri, Watson n'effectue pas de reconnaissance vocale, mais reçoit directement les données sous forme de textes. Par contre, le résultat est donné par un système de synthèse vocale somme toute assez classique.

Watson a des avantages et des désavantages comparés à ses concurrents humains. Il analyse de façon systématique une grande quantité d'information, mais il a des difficultés à comprendre le contexte des problèmes qu'on lui soumet. Par conséquent, les joueurs humains sont généralement plus rapides pour trouver une réponse, mais Watson compense cela en anticipant le déclenchement du « buzzer », une action qu'il peut faire sans aucun temps de latence comparé à un humain.

Comme on peut s'en rendre compte avec les projets Siri et Watson, il n'est à aucun moment question de réaliser une super-intelligence consciente. Il s'agit de visées pragmatiques qui répondent à des problématiques spécifiques en tirant parti non seulement des technologies d'intelligence artificielle, mais aussi de reconnaissance et de synthèse vocale, de recherche et d'analyse dans des données massives (big data) et d'une multitude d'autres techniques qui ne relèvent pas à proprement parler de l'intelligence artificielle. Ce type d'approche est typique de l'intelligence artificielle « faible », mais qui, au final, se révèle plus efficace que l'intelligence artificielle dite « forte ».

Ces deux exemples montrent également les différences fondamentales qui existent entre l'intelligence naturelle humaine et l'intelligence artificielle « machinique ». Au lieu de s'opposer, ces deux formes d'intelligence sont en fait très complémentaires.

D'un côté, nous avons un système organique complexe dont les décisions sont largement influencées par l'émotion, l'empathie et l'instinct. De l'autre nous avons des intelligences aux capacités de calcul, de logique et d'accès a l'information sans précèdent.

D'un côté nous avons une mémoire extraordinaire capable de conceptualiser, de mettre en relation contextuelle quasi instantanément, mais incapable de mémoriser plus de sept chiffres à la suite. De l'autre, nous avons des mémoires numériques gigantesques, des capacités de calcul et d'analyse sans précédent, mais qui peinent à prendre en compte la réalité du monde et tout ce qui pour nous relève de l'évidence.

D'un côté l'homme prend le plus souvent une décision émotionnelle, empathique, puis rationalise son choix ensuite. De l'autre, la machine analyse méthodiquement les données puis prend une décision strictement logique.

Ces différences résultent de la nature même de ces deux intelligences. La première est organique, vivante, le résultat de plusieurs millénaires d'évolution. La seconde est électronique, inanimée, conçue de toute pièce par des chercheurs et ingénieurs. L'une ne remplace pas l'autre : il vaut mieux envisager une coopération dont l'objectif est d'augmenter les capacités humaines en termes d'analyse et de décision. Autrement dit, l'intelligence artificielle doit être au service de l'homme : il s'agit d'augmenter l'intelligence humaine et non de la remplacer.

L'architecture générale de tels systèmes est conforme à ce que l'on peut déjà observer avec Siri et Watson :

1. Un ensemble d'algorithmes et de services optimisés pour des tâches précises,

2. associé à une interface intelligente facilitant les interactions avec l'intelligence humaine.

Dans cette perspective, l'intelligence artificielle ne cherche plus à tout faire mieux que l'homme, mais se concentre d'une part sur une interface homme-machine la plus naturelle possible et, d'autre part, sur une analyse intelligente des requêtes afin de sélectionner le ou les services les plus adaptés.

L'homme étant par nature un animal social, il a en effet tendance à interagir en suivant les règles de communication interpersonnelle, même si l'interaction n'est pas avec un humain (Reeves 1996). En d'autres termes, l'homme tend à répondre socialement avec un système, c'est-à-dire en lui attribuant une personnalité.

Ainsi, il apparaît intéressant d'encourager cet aspect anthropomorphique avec des interfaces qui, sans leurrer l'utilisateur, sont les plus proches possible d'un humain : échanges en langage naturel, reconnaissance et synthèse vocale, analyse et expression des émotions pour étendre le domaine à la communication non verbale, respect des codes sociaux et culturels.

De tels assistants intelligents, personnels ou professionnels, sont très probablement amenés à se multiplier dans l'avenir et ceci dans un grand nombre de secteurs, en particulier avec l'augmentation massive des données de toutes sortes. En effet, une analyse intelligente des données couplée à une interface naturelle semble être une voie prometteuse pour un nombre important d'applications d'aide à la décision. Ces agents intelligents seront hébergés dans les nuages (Clouds) et accessibles, quelle que soit la plate-forme : sur les smartphones, mais aussi sur les tablettes et les ordinateurs.

D'autres agents, aux capacités plus réduites, seront très probablement intégrés directement aux systèmes d'exploitation des objets intelligents afin qu'ils puissent assurer un service même en cas d'une indisponibilité de connexion au réseau.

Loin d'une divinité supra-intelligente régnant la destinée humaine, ces nouvelles formes d'IA adaptées aux besoins et aux usages, représentent probablement le véritable avenir de l'intelligence artificielle.

30

Fantômes numériques

Dans les chapitres précédents, nous avons vu que la recherche dans les laboratoires était en fait éloignée des prédictions fantasmatiques des transhumanistes. Cette intelligence artificielle « faible », qui serait plus juste d'appelée « pragmatique » a néanmoins souvent abouti à des résultats spectaculaires. Qu'en est-il alors de l'immortalité numérique dans ce contexte ?

Le moins que l'on puisse dire est que cette problématique est généralement absente de l'esprit des chercheurs en intelligence artificielle et en robotique. L'idée même d'une entité supra-intelligente ou de la transformation de l'homme sous la forme de purs esprits résidants dans les nuages informatiques, fait sourire la majorité des chercheurs et agace les autres devant tant de crédulité.

Le territoire de l'immortalité numérique semble donc plutôt être celui de l'imaginaire, comme le montre d'ailleurs le long métrage *Transcendance* réalisé par Willy Pfister. Il serait vain de citer ici en effet toutes références à des formes de fantômes numériques dans la science-fiction, tant elles sont nombreuses.

Néanmoins, il semble incontournable d'en citer quelques-unes parmi les plus emblématiques.

L'une des plus anciennes est due à William Gibson dans son premier roman *Le neuromancien* (Neuromancer) (Gibson 1984). Le terme est une variation sur « romancier » et « nécromancien », un magicien qui pratique la divination par l'évocation des morts, en y adjoignant le préfixe « neuro ». Publié en 1984, ce roman est généralement considéré comme le texte fondateur du mouvement Cyberpunk. Il présente une dystopie où le monde est sous l'emprise de multinationales sans état d'âme, une société en décomposition rongée par l'argent et la drogue. Les héros y sont des pirates du cyberespace qui se connectent à la matrice par l'intermédiaire d'une prise neurale et d'électrodes qui leur permettent de se déplacer dans le monde virtuel en ayant une perception sensorielle des données.

Dans cet univers sombre, un *construct* est une mémoire morte qui sauvegarde la personnalité et les compétences d'une personne disparue. Ainsi, l'un des plus grands hackers de l'histoire est McCoy Pauley, connu sous le nom de Dixie Flatline. Sa personnalité a été sauvegardée sous la forme d'une IA stockée dans une mémoire ROM, une cassette physique câblée. Son nom provient de son électroencéphalogramme plat lors de sa mort biologique et de son incroyable capacité de « survie » numérique contre les attaques informatiques.

Quelques années plus tard, William Gibson reprit cette idée sous une forme plus aboutie de *personnalités enregistrées* dans le roman *Mona Lisa Overdrive* (Gibson 1988). Celles-ci prennent la forme de cubes noirs laqués rangés sur une étagère de pin avec sous chacun d'entre eux un portrait monochrome. Les cubes contiennent les fantômes de personnalités importantes décédés. Les personnalités enregistrées sont capables de répondre aux questions qu'on leur pose, mais elles ne sont pas conscientes. Elles sont considérées comme des anciens et ils font l'objet de méditations, de recueillement et de profond respect. Grâce aux réponses qu'elles donnent aux interrogations des vivants, les personnalités enregistrées conservent ainsi leur influence sur le monde. Gibson transposait ici avec finesse les traditions ancestrales japonaises du shintoïsme dans un contexte futuriste.

Le romancier anglais Peter F. Hamilton reprit ensuite à son compte cette forme de fantôme numérique dans sa première trilogie de romans *Greg Mandel* publiée en 1993 (Hamilton 1993). L'action se déroule dans l'Angleterre du XXIe siècle, profondément affectée par le réchauffement climatique et qui tente de se relever d'une décennie de dictature d'extrême gauche. La Seconde Restauration voit une société post-socialiste ultra libérale où les compagnies privées, issues des fortunes du marché noir, et des combinats internationaux s'affrontent pour le contrôle des nouvelles technologies. Dans le premier volume, *Mindstar Rising*, le millionnaire britannique Philip Evans, ancien propriétaire et fondateur de la société Event Horizon, sauvegarde sa personnalité dans un *bloc RN*, un ordinateur neuronal surpuissant. Julia, sa petite fille et héritière, est équipée d'implants qui lui permettent d'être en permanence connectée au réseau informatique de l'entreprise et au fantôme numérique de son grand-père. Mais contrairement au *construct* de Gibson, le bloc RN d'Hamilton conserve toutes les propriétés intellectuelles de son hôte, y compris la conscience.

Dans la *saga du Commonwealth* avec *L'étoile de Pandore* en 2004, Hamilton continuera à mettre en scène des personnages capables de vivre plusieurs siècles grâce à la technologie (Hamilton 2004). En effet, grâce aux procédés de « réjuvénation » par clonage et de remodelage cellulaire, les corps peuvent être rajeunis ou remplacés presque indéfiniment. Les hommes sont devenus des cyborgs avec des implants rétiniens, des assistants virtuels connectés à la cybersphère, mais ils sont surtout dotés d'un implant-mémoire qui sauvegarde les données essentielles, images, vidéos et sons, tout au long de l'existence. En cas de décès, la mémoire du cerveau organique est perdue, mais celle de l'implant peut être rechargée à partir de la dernière sauvegarde effectuée. Les souvenirs numériques sont alors réimplantés dans un nouveau corps conforme à l'original et utilisés pour réapprendre qui était la personne, son histoire, ses habitudes, etc.

Il y a aussi une race de machine appelée SI (Sentient Intelligence) créée par les humains et qui s'est retirée sur une planète où elle vit en paix isolée. Les humains sont autorisés cependant à y télécharger leur esprit lorsqu'ils meurent. Un millier d'années après le Commonwealth, les hommes ont créé une autre entité post-physique appelée ANA (Advanced Neural Activity) où ils peuvent se retirer dans une réalité virtuelle lorsqu'ils sont fatigués de vivre dans le monde réel.

Au Japon, pays qui possède une longue tradition de fantômes et d'esprits errants, la référence la plus connue est sans aucun doute *Ghost in the Shell* de Masamune Shirow (Wikipedia 2016k). Ce manga fut prépublié au

Japon dans Young Magazine en 1989, puis adapté en films d'animation par Mamoru Oshii : *Ghost in the Shell* (1995) puis *Innocence* (2004). Le titre fait lui-même explicitement référence aux fantômes (ghost) et au numérique, un «Shell» étant en informatique un langage interface pour contrôler un système d'exploitation. Le terme *ghost* est également utilisé pour nommer l'esprit, l'âme humaine, ce qui fait la différence entre un robot et un humain, et *shell* (coquille) pour l'armure robotisée, l'exosquelette qui protège les forces d'intervention.

Le premier film se déroule dans un univers cyberpunk situé dans le futur proche et relate l'enquête menée par deux cyborgs, le major Motoko Kusanagi et Batou, à la recherche d'un mystérieux pirate informatique, le *Puppet Master*, dont la spécialité est de détourner les ghosts.

Citons enfin *Caprica* créée par Remi Aubuchon, David Eick et Ronald Moore, la préquelle de la série *Battlestar Gallactica*, riche en robots, clones et créatures artificielles androïdes de toutes sortes (Wikipedia 2016l).

Daniel Greystone, un expert en informatique renommé, décide de faire revivre sa fille Zoé qui a été tuée dans un attentat. Cette dernière, ayant hérité des dons de son père, avait en effet réussi à digitaliser sa personnalité en regroupant l'ensemble des données multimédia qui la concernait dans un avatar à son image. Elle le croisait régulièrement dans un monde virtuel qu'elle fréquentait avec ses amis membres d'une secte pour un dieu unique. Daniel refuse d'abandonner le double virtuel de sa fille décédée et décide d'incarner la Zoé digitale dans la puce informatique du tout premier robot Cylon.

Parmi ces diverses formes de fantômes numériques de la science-fiction, certaines sont évidemment plus crédibles que d'autres. Ainsi, comme nous l'avons vu (cf. chapitre 2), il est en effet envisageable de rassembler les informations digitales d'une personne dans une sorte de mémoire multimédia dotée d'un système d'indexation et de recherche. D'une certaine manière, Facebook préfigure déjà une mémoire de ce type.

À ce système d'exploitation d'un genre nouveau, il pourrait être associé une interface en langage naturel permettant de reproduire la voix et la façon de s'exprimer de son propriétaire. Ce double immortel pourrait même avoir un avatar à l'image de son modèle humain (cf. chapitre 2). Afin d'être le plus proche du souvenir que l'on souhaite conserver, il serait même possible de choisir l'âge et de « gommer » d'éventuelles imperfections. Un embaumement virtuel en quelque sorte.

Avant de poursuivre, rappelons brièvement les origines du terme *avatar*. Il provient du mot sanskrit *avatâra* qui au sens propre signifie « descente ». Il s'agit de l'incarnation corporelle d'une entité supérieure dans le monde des mortels pour accomplir une tâche précise. Initialement, il a été utilisé dans la croyance hindoue pour les incarnations de Vishnu, le dieu suprême, mais il existe de nombreux autres exemples dans cette tradition.

Bien avant que l'on assimile un avatar à la représentation digitale d'un visiteur des mondes virtuels, cette notion a été utilisée dans la littérature fantastique à propos d'esprits humains qui prennent le contrôle d'une autre personne, par exemple dans la nouvelle *Avatar* de Théophile Gautier (Gautier 1856) et cela bien avant le long métrage éponyme de James Cameron en 2009. Cet emprunt aux traditions hindouistes trouverait donc avec les fantômes numériques une interprétation renouant d'une certaine manière avec ses origines (Heudin 2009b).

Cette conception n'est également pas si éloignée du culte de la mémoire de l'ancienne Égypte. Comme nous l'avons évoqué lors de la première partie de ce livre (cf. chapitre 3), l'esprit d'un mort pouvait se réincarner dans une statuette, appelée *chaouabti*, placée dans le caveau lors de la cérémonie funéraire. Le tombeau contenait également tout un ensemble d'objets ayant appartenu au défunt. Une grande partie des rituels consistaient dans les faits à s'assurer que sa mémoire resterait vivante, autrement dit présente dans l'esprit des vivants. De fait, les fantômes numériques seraient, en quelque sorte, des *chaouabti* modernes.

PARTIE 4

Transcendance

31

Problème de conscience

Dans les chapitres précédents, nous avons vu que la recherche en intelligence artificielle dans les laboratoires était très éloignée des prédictions fantasmatiques des transhumanistes. En outre, l'approche pragmatique de l'intelligence artificielle semble être au final plus efficace qu'une approche visant à créer une super-intelligence. Néanmoins, certains projets à l'instar de Watson ou DeepMind rivalisent avec certaines capacités humaines. Ce type de systèmes fait indéniablement preuve d'une intelligence comparable, même si les processus sous-jacents sont assez différents.

De même, on pourrait plus hardiment conclure à la présence d'une pensée, tout du moins au sens où nous l'avons défini, c'est-à-dire celui d'un processus permettant à une entité d'analyser une situation et de sélectionner un comportement adapté. Ce processus comme nous l'avons indiqué est lié chez l'homme à la maîtrise d'un langage permettant des raisonnements complexes. Dans une machine informatique, le langage « naturel » est d'une tout autre nature : c'est celui des langages de programmation évolués. Cette différence de type de langage illustre parfaitement la différence entre l'intelligence humaine et celle des machines.

Si les machines peuvent avoir une intelligence et un processus assimilable à une pensée, il leur manque toutefois une faculté très importante. Aucun dispositif actuel, quel qu'il soit, ne peut être en effet raisonnablement qualifié de conscient. Contrairement à l'avènement improbable d'une singularité et de la victoire de l'homme sur la mort, la véritable transcendance pour une machine intelligente serait d'accéder à la conscience. Peut-on imaginer qu'il puisse exister un jour une forme de conscience machinique ?

Plusieurs raisons ont été avancées pour expliquer la difficulté, voire l'impossibilité d'aboutir à une machine consciente. Certaines d'entre elles ne sont pas récentes (Ganascia 1990b). Elles ont déjà été opposées au projet de l'intelligence artificielle dans les années 1950 et réfutées par Alan Turing dans son article de 1959 (Turing 1959). Nous allons passer en revue ces principales objections et discuter leur pertinence.

1. *Objection théologique* : la conscience est un attribut des êtres créés par Dieu, aucune machine ne pourra jamais être réellement vivante ou même dotée d'une conscience…

L'argument sort du cadre scientifique en reposant sur l'idée que l'homme peut fabriquer une créature artificielle, mais qu'il ne pourra jamais lui insuffler la vie ou la conscience. La technique humaine ne peut donner que l'apparence du vivant et rien de plus. Il y manquera toujours cette énergie vitale que seul Dieu peut insuffler et sans laquelle il ne peut y avoir de vie véritable.

La difficulté de cette objection réside dans sa nature même qui sort du cadre scientifique pour celui de la croyance. Nous n'entrerons donc pas ici dans ce débat.

2. *Objection technophobique* : les machines intelligentes, *a fortiori* si elles devaient devenir conscientes, représenteraient un danger potentiel pour l'humanité. Au mieux, elles apporteraient un faible progrès comparé à leurs conséquences néfastes, entre autres sur le plan économique et social...

Cette objection repose sur la méfiance à l'égard des machines intelligentes qui existe dans la culture occidentale. Elle s'appuie également sur une forme de néo-luddisme qui dénonce tout progrès comme un engrenage qui broie l'homme, où la machine est systématiquement dépeinte comme génératrice de chômage et d'exploitation sociale.

Ces arguments ne reposent sur aucune étude sérieuse. Ainsi, au Japon, le pays des robots par excellence, le niveau de vie est l'un des plus élevés au monde et le taux de chômage l'un des plus bas. Plus généralement, la technologie n'est intrinsèquement ni bonne ni mauvaise, c'est ce que nous décidons d'en faire qui détermine ses effets positifs ou négatifs.

3. *Objection de Hamlet* : « il y a plus de choses sur la terre et dans le ciel, Horatio, que n'en rêvera jamais votre philosophie. » (Shakespeare 1603)...

Cette objection est une variante de la précédente qui argumente sur la futilité et la vanité des créations humaines. Elle affirme qu'il vaudrait mieux se focaliser sur des sujets bien plus importants et enracinés dans le réel que d'imaginer des machines conscientes.

Ce type de réaction joue sur le désarroi que provoquent certaines situations, comme la faim dans le monde par exemple, pour diminuer l'importance des travaux scientifiques. L'argumentaire est évidemment fallacieux, car il s'agit en fait de réfuter le progrès scientifique dans son ensemble et nier les bienfaits qu'il peut apporter à l'humanité. Il représente pourtant l'espoir le plus important que nous ayons pour résoudre les problèmes auxquels nous avons à faire face.

4. *Objection de Lady Lovelace* : comme le moteur analytique de Charles Babbage, les machines universelles de Turing sont limitées par leur programme. Toutes ces machines ne sont finalement que des automates sans aucune créativité possible...

Selon cette objection, toutes les machines basées sur une technologie informatique ne sont que des automates, certes sophistiqués, mais limités aux fonctions préprogrammées et incapables de quoi que ce soit d'original.

L'argument était pertinent dans les premières décennies du développement des ordinateurs. Aujourd'hui, les résultats obtenus, en particulier par les techniques d'apprentissage et d'évolution artificielle, démontrent le contraire.

5. *Objection « discrète »* : le monde réel est continu alors que les ordinateurs fonctionnent uniquement sur un mode binaire. Par conséquent, tous les programmes ne sont tout au plus que des simulations des processus et non les processus eux-mêmes...

Même si des seuils sont parfois importants dans les systèmes physiques ou biologiques, cette objection conclut qu'une machine à états finis ne peut tout au plus que parvenir à une approximation des phénomènes continus (Ganascia 1990c).

L'évolution des technologies numériques rend cet

argument caduc en pratique. Par exemple, le numérique a remplacé les systèmes analogiques de reproduction sonore et visuelle avec un gain de réalisme et de qualité. En outre, il ne s'agit pas de se limiter à la reproduction des processus biologiques continus, mais de créer aussi des processus numériques d'un genre nouveau.

6. *Objection calculatoire* : nous n'arriverons jamais à créer une machine consciente, car celle-ci demanderait une puissance de calcul hors de notre portée...

Réduire l'intelligence ou la conscience au seul problème de la vitesse de calcul est une erreur. Néanmoins, les progrès constants réalisés dans le domaine des architectures informatiques montrent que la capacité de calcul n'est pas en soi le critère limitant. Il est ainsi possible d'utiliser un très grand nombre d'ordinateurs en parallèle pour obtenir la puissance de calcul qui serait éventuellement nécessaire.

7. *Objection mathématique* : les travaux du logicien Kurt Gödel ont montré les limitations intrinsèques des systèmes formels. Par conséquent, les ordinateurs ne pourront jamais rivaliser avec certaines capacités intellectuelles humaines comme la conscience...

Les théorèmes de limitation des systèmes formels stipulent que dans toute axiomatique contenant une arithmétique, il existe des théorèmes indémontrables. L'argument repose sur l'idée que toute machine est réductible de près ou de loin à un système formel et que, de ce fait, il y a aura toujours des choses qu'elle ne pourra pas faire.

S'il ne peut effectivement exister une machine générale qui puisse résoudre tous les problèmes imaginables, le théorème de Gödel n'exclut pas qu'il puisse exister des machines qui résolvent un très grand nombre de problèmes. Même si celles-ci échouaient sur un problème particulier, rien n'empêcherait d'élaborer un dispositif spécifique pour le résoudre. Par construction, la limitation tombe donc en pratique, même si elle reste valide au niveau théorique.

8. *Objection sur la complexité* : certains phénomènes du monde réel, dont la conscience, sont si complexes qu'ils échappent à notre compréhension. Il est donc vain d'essayer de les reproduire sur une machine…

Cette objection part du fait que la complexité du cerveau et de ses propriétés, comme la conscience, sont d'un niveau de complexité très supérieur aux machines que nous sommes capables de concevoir. En outre, cette complexité peut masquer des aspects importants qui nous auraient éventuellement échappé.

Cet argument est effectivement recevable, mais il n'interdit pas que nous puissions accroître notre connaissance et progresser dans l'avenir.

L'enracinement salutaire de l'intelligence artificielle dans les applications ne signifie pas qu'il faille pour autant abandonner certains domaines de recherche plus fondamentaux. Il constitue donc, dans les faits, un plaidoyer pour les recherches sur la complexité, sujet que nous allons aborder plus précisément au cours des prochains chapitres.

32

Complexus

Complexus ou « tissés ensemble » (Morin 2005). Lorsque l'on observe attentivement une tapisserie, l'image disparaît pour laisser la place à une intrication de milliers de fils de couleurs différentes. Il apparaît ainsi une hiérarchie à deux niveaux : celui de la scène créée par l'artiste et celui des fils qui composent l'œuvre. Pourtant, l'un et l'autre se confondent en un tout unique qui provoque en nous une émotion.

La métaphore de la tapisserie aide à dépasser le simple stade de la notion intuitive lorsque l'on s'interroge sur la complexité. Il ne sert à rien de connaître les caractéristiques des fils qui la composent pour admirer sa beauté. De la même manière, l'image formée par les fils n'apporte que peu d'informations sur leur nature et les interactions qu'ils entretiennent (Heudin 1998).

Il y a parfois confusion entre complexité et méconnaissance. Le dispositif mécanique sophistiqué des rouages d'une horloge apparaît complexe au néophyte, mais il est simple aux yeux d'un maître horloger. Le fonctionnement global de l'horloge peut être compris en traçant le comportement de l'ensemble de ses composants et une fois compris, il n'apparaît plus mystérieux.

D'une façon plus générale, tout ce qui est compliqué n'est pas forcément complexe. Une pelote de laine dévidée et embrouillée peut paraître difficile à rembobiner, mais elle n'est pas pour autant complexe. Une fois démêlée, on retrouve la linéarité du fil de la pelote. En revanche, la complexité du cerveau humain composé de milliards de cellules est bien réelle, car aucune procédure connue ne permet de retrouver une hypothétique linéarité (Morin 2002). De même, nous connaissons ses constituants élémentaires et leurs propriétés, les neurones, mais cela ne nous renseigne que très peu sur le phénomène qu'est la conscience.

Intuitivement, le complexe semble donc l'inverse du simple et nous pensons pouvoir le reconnaître. Ainsi, considérons les trois suites numériques suivantes :

01010101010101010101 (1)
26 535 897 392 384 626 433 (2)
47 218 643 993 412 192 643 (3)

La première suite (1) nous paraît simple et organisée, car elle est constituée d'une alternance régulière de zéro et de un. La seconde (2) et la troisième (3), en revanche, nous paraissent complexes et désordonnées. Il nous serait très difficile de les mémoriser au premier coup d'œil. Mais cette première impression est trompeuse. En fait, la seconde suite correspond aux décimales du nombre π à partir de la sixième. Elle est donc plutôt de type organisé, à l'inverse de la troisième qui elle est totalement aléatoire. En effet, celle-ci ne contient aucune régularité décelable, son contenu en information est donc incompressible et imprévisible. Cet exemple met donc en évidence deux formes de complexité. La première est synonyme d'aléatoire, d'absence d'ordre ou de régularité. La seconde, à l'opposé, signifie structurée, organisée et riche en information (Delahaye 1994a).

Le concept de *complexité aléatoire* a été proposé initialement par Ray Solomonoff (Solomonoff 1964) puis formalisé par Andreï Kolmogorov (1903-1987) (Kolmogorov 1965) et Gregory Chaitin (Chaitin 1977). Elle est souvent appelée, de ce fait, la complexité de Chaitin-Kolmogorov. La complexité aléatoire d'une suite numérique peut être mesurée en comptant le nombre d'instructions du plus petit programme qui la génère. Ainsi, la complexité aléatoire d'une suite de cent mille zéros est faible, car le programme minimal capable de la générer est très simple. De même, la complexité aléatoire des mille premières décimales du nombre Pi est relativement faible, car Pi peut être calculé avec un programme assez court. À l'inverse, une suite aléatoire de mille chiffres est caractérisée par une complexité aléatoire importante, car celle-ci est proportionnelle à la taille de la suite, un programme capable de la générer étant équivalent à une séquence d'opérations de lecture-écriture des données qui la compose. Cette propriété donne une explication au fait que la notion de complexité aléatoire soit associée à l'incompressibilité des informations, l'imprévisibilité et l'absence de structure.

La *complexité organisée* a également été étudiée par Solomonoff, mais c'est Charles Bennett qui en a proposé en 1977 une définition satisfaisante

(Bennett 1987). Baptisée la profondeur de Bennett, elle s'exprime comme le temps de calcul du plus petit programme générant la suite numérique (Bennett 1988). Si nous reprenons l'exemple de la suite (2), il est aisé de trouver un programme court qui la calcule. Mais, à l'exécution, ce calcul n'est pas trivial et prend du temps. Il est donc assez vraisemblable que cette suite, malgré une complexité aléatoire faible, soit caractérisée par une complexité organisée plus importante.

Les concepts de complexité aléatoires et de complexité organisée sont mathématiquement très utiles, mais on peut s'interroger sur le bien-fondé d'une approche limitée à de « simples » mesures numériques. Celles-ci ne suffisent pas en effet à exprimer de façon satisfaisante la *complexité naturelle* du monde réel. Tout au plus, elles permettent de faire une distinction entre quatre types de systèmes (Delahaye 1994b) :

1. Les systèmes « peu aléatoires » et « peu profonds » comme les cristaux.

2. Les systèmes « peu aléatoires » et « profonds » comme la suite des décimales du nombre π.

3. Les systèmes « aléatoires » et « peu profonds » comme les gaz.

4. Les systèmes « aléatoires » et « profonds » comme les êtres vivants.

La complexité naturelle semble être définie de façon plus satisfaisante comme une organisation hiérarchique de niveaux de complexité, dans lesquels les éléments de même nature se combinent pour former des structures qui relèvent d'un niveau supérieur d'organisation. Nous allons revenir plus précisément sur cette approche, mais auparavant, nous allons essayer de mieux comprendre une notion très souvent employée lorsque l'on parle de complexité : l'émergence.

33

L'émergence

Un système complexe est très souvent caractérisé par ce qu'il convient d'appeler des propriétés émergentes. Ainsi, la conscience serait l'une des propriétés émergentes de la complexité du cerveau humain.

On utilise souvent le terme d'émergence pour qualifier un phénomène qu'on ne parvient pas à expliquer simplement par une combinaison des propriétés des éléments qui le composent. Cette notion est souvent résumée par la formule que nous avons évoquée à plusieurs reprises : « Le tout est plus que la somme de ses parties ».

C'est un bien curieux mystère qui conduit certains à se demander si, dans certains cas, deux plus deux sont toujours égaux à quatre. La confusion règne sur la notion d'émergence. On parle d'émergence à propos de tout et de n'importe quoi. Le terme est devenu un mot « valise » qui sert à englober tout ce qui n'est pas explicable simplement en le teintant d'une dose de mystère voir de mysticisme. L'émergence est donc le sujet de nombreux débats et de querelles. Est-ce un authentique concept scientifique ou bien un simple passe-partout linguistique ?

Pour clarifier cette notion, il est utile de prendre un exemple simple et concret : celui la fluidité de l'eau. Bien que la molécule d'eau soit globalement neutre, les deux atomes d'hydrogène qui la composent forment une région plutôt chargée positivement, alors que son atome d'oxygène forme une région plutôt chargée négativement. De cette dissymétrie résulte une forte polarisation de la molécule, qui est alors capable d'établir des liaisons électrostatiques avec trois autres molécules. Une « coopérativité » grâce à laquelle les molécules d'eau constituent, de proche en proche, un réseau tétraédrique dans l'espace. À basse température, les molécules s'écartent et se conforment à cette structure régulière pour créer des réseaux ordonnés : les cristaux de glace. Lorsque la température augmente, les liaisons électrostatiques tendent à disparaître. Les molécules d'eau s'assemblent et se désassemblent au gré des fluctuations. Il émerge alors une propriété singulière à l'échelle macroscopique : l'eau devient fluide. Cette propriété, aucune des milliards de molécules d'eau ne la possède. Elle est le résultat du nombre gigantesque d'interactions dynamiques qui se produisent entre les molécules (Heudin 2005).

La fluidité dans l'eau ne représente qu'un exemple parmi trois grandes formes possibles d'émergence. D'un côté, il y a des « fausses » émergences et, de l'autre, des « vraies » : l'émergence quantitative et l'émergence qualitative.

Souvent, l'émergence est définie comme une apparition inattendue et soudaine. Cette définition est symptomatique de ce qu'il convient d'appeler une *fausse émergence.* Dans ce sens, elle est le synonyme d'une propriété que l'on n'attend pas et qui créée la surprise.

Le personnage surgit de la boîte dans laquelle il était caché. Le ressort se déploie et l'observateur sursaute. Cette forme d'émergence n'est pas liée au manque de prédictibilité du phénomène, mais à l'ignorance de l'observateur quant à sa nature. Une fois connu, le comportement de l'ensemble apparaît égal à la simple combinaison des comportements de ses parties.

Une autre forme possible de fausse émergence relève de la non-prédictibilité d'un phénomène. L'aléatoire ou le hasard peuvent être, en effet, à l'origine d'un effet de surprise et d'étonnement. Soudainement, une forme fugitive semble apparaître dans le bruit d'un écran de télévision sans signal. Mais, là encore, même s'il défit notre intuition, le hasard n'est pas la cause d'une véritable émergence.

L'émergence *quantitative* est la forme la plus simple et la plus commune de « vraie » émergence. On la nomme également l'émergence *statistique*. Les propriétés macroscopiques d'un système diffèrent radicalement de celles de ses constituants élémentaires. Pourtant elles en découlent, mais c'est le passage d'une échelle à une autre qui donne naissance à des comportements nouveaux (Balian 1990). De très nombreuses grandeurs comme la température, la pression, la viscosité, la conductance, n'existent pas à l'échelle microscopique. Il en est ainsi de notre exemple de la fluidité de l'eau.

Ces propriétés émergentes proviennent des effets collectifs des milliards de particules dont les propriétés s'annulent ou se combinent. Néanmoins, elles sont explicables en termes des lois élémentaires de la physique. Ainsi, la température peut être interprétée à l'échelle microscopique comme l'énergie cinétique moyenne des molécules. L'usage du terme «moyenne» explique la raison pour laquelle on parle de mécanique statistique. On ne prête plus attention aux mouvements individuels des éléments, mais à leurs propriétés collectives.

Le concept d'émergence provient en partie du fait qu'on ne parvient pas à suivre mentalement la manière dont il se produit (Zwirn 2005). Dans le cas de l'émergence statistique, nos capacités cognitives ne nous permettent pas de suivre le mouvement des milliards de particules dans un milligramme de matière (Balian 2005). Le parallélisme massif des interactions et leur écrasante combinatoire sont la cause de notre incapacité à appréhender le phénomène sans recourir à des moyens de calcul adaptés.

La seconde forme d'émergence est *qualitative*, car elle ne nécessite pas forcément un très grand nombre d'éléments en interaction. Des composants, même en petit nombre, adoptent une configuration structurelle, une organisation particulière qui forme une unité d'un ordre supérieur caractérisée par des propriétés que les composants ne possèdent pas. On n'est plus dans la mécanique statistique, mais dans une autre forme de rupture de causalité. Lorsqu'un paramètre du système franchit une valeur critique, une *bifurcation* se produit et le système change de nature. On parle alors d'*auto-organisation*. Elle se traduit fréquemment par l'apparition d'un cycle autoreproductif, d'un système qui se ferme, d'une frontière, d'une clôture ou d'une membrane.

La pierre que l'on ajoute à la voûte lui donne sa cohérence. Comme toutes les autres pierres, elle la solidarise, elle la constitue en un tout qui tient debout l'édifice. Aucune d'entre elles ne vaut par sa spécificité, mais seulement de fermer l'ensemble, d'assurer la continuité. Il suffit d'enlever une pierre pour que tout s'écroule. Cette métaphore architecturale met en évidence la principale propriété de l'émergence qualitative : l'*autonomie*. Le processus autoreproductif d'une cellule vivante la définit comme une unité autonome qui se distingue de son environnement.

Difficile à ce stade de conclure sur la nature même de la conscience. S'agit-il d'une émergence statistique provoquée par les interactions des milliards de neurones qui composent le cerveau ? S'agit-il d'une émergence qualitative liée à son organisation spécifique ? Ou bien les deux ?

Nous allons essayer de progresser en essayant de mieux comprendre pourquoi l'émergence défit nos capacités d'analyses.

34

Rupture dans le réel

Une bonne part de la difficulté à appréhender la notion d'émergence provient du fait, qu'en pratique, une propriété émergente peut relever simultanément de plusieurs formes que nous avons listé : une méconnaissance de tout ou partie du phénomène, une part de hasard, une écrasante combinatoire des éléments, la présence d'une boucle étrange. En se combinant, elles nous empêchent de décomposer et de reconstruire mentalement la manière dont le phénomène se produit.

Il est évident qu'une étude sérieuse vient généralement à bout des difficultés si celles-ci relèvent d'un manque de connaissance. Il en est de même pour l'aléatoire ou l'effet collectif de millions d'éléments, ces cas de figure ayant été étudiés intensivement, en particulier en physique. Il est par contre plus difficile de comprendre pourquoi une simple boucle autoreproductive peut défier notre compréhension. Prenons un exemple simple qui nous permet d'illustrer ce problème : le glisseur du jeu de la vie (Heudin 2005).

Le jeu de la vie est un automate cellulaire très connu

créé par John Conway. Nous en avons déjà parlé à propos de la vie artificielle (cf. chapitre 27). Rappelons néanmoins brièvement son principe. Il s'agit d'une grille de cases ou « cellules » binaires, dont les valeurs sont calculées itérativement en appliquant à chaque cellule la règle de transition suivante :

1. Si la cellule est à l'état « 1 » et entourée par deux ou trois cellules à l'état « 1 », alors elle conserve son état.

2. Si la cellule est à l'état « 0 » et entourée par trois cellules à l'état « 1 », alors elle passe à l'état « 1 ».

3. Dans tous les autres cas, elle passe à l'état « 0 ».

Un des aspects intéressants pour notre démonstration réside dans le caractère déterministe de la règle de Conway. En effet, elle ne fait intervenir aucun aléa ni un quelconque tirage au sort. À partir d'une configuration initiale donnée, on obtient donc toujours la même succession de configurations. Mais si l'on considère une matrice cellulaire dans sa globalité, la combinatoire devient écrasante et il est alors impossible de prévoir son développement sans effectivement le calculer sur un ordinateur.

Imaginons donc que nous ayons une grille de vingt cellules de côté par exemple. Vous pouvez la dessiner sur une feuille de papier, utiliser un plateau de jeu comme John Conway, ou bien trouver sur Internet une des très nombreuses implémentations informatiques du jeu de la vie.

Parmi le nombre considérable de structures possibles, l'une des plus étonnantes s'appelle le glisseur (glider). Il se compose seulement de cinq cellules à l'état « 1 » dans une configuration particulière : une base de trois cellules contiguës, une à gauche, une au centre et une à droite ; une cellule au-dessus de celle de droite ; et la dernière au centre, deux cases au-dessus de la base.

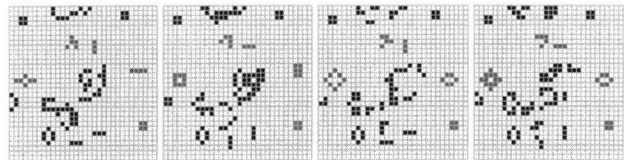

Figure 22. Quatre générations successives de l'automate cellulaire de Conway montrant la dynamique obtenue après une initialisation aléatoire. Les motifs en gris sont des structures classiques du jeu de la vie, dont le célèbre « glisseur » (en haut et au centre).

La très grande majorité des configurations cycliques du jeu de la vie changent de formes, mais ne se déplacent pas sur la grille. Le glisseur, lui, se translate diagonalement en suivant un cycle de quatre phases. Vous pouvez tout à fait reproduire ce mouvement en appliquant séquentiellement la règle de transition sur chaque cellule de la grille. En se déplaçant ainsi, les cellules qui composent le glisseur sont constamment remplacées. Après seulement quelques séquences d'application de la règle, les cellules qui le constituent ne sont plus les mêmes. Pourtant, il conserve sa cohérence, son identité de glisseur, du moins tant qu'il ne « heurte » pas d'autres structures.

Une unité cohérente a donc émergé des interactions cellulaires et elle semble revendiquer son autonomie vis-à-vis du milieu dont elle provient. Sa configuration dynamique de cellules à l'état « 1 » évoque une forme primitive de « métabolisme » autoreproducteur entouré par une « membrane » de cellules à l'état « 0 » qui définit la frontière avec son environnement.

Décrite de cette manière, cette organisation rappelle l'autopoïèse, du grec *autos*, qui signifie *soi*, et *poiein*, *produire*, autrement dit « se produire soit même », définie par Francesco Varela et Humberto Maturana (Maturana 1980), bien que sa structure ne soit pas robuste face aux fluctuations de son environnement (Beer 2004). En effet, pratiquement toutes les collisions avec d'autres cellules à « 1 » détruisent le glisseur, alors qu'une boucle autopoiétique serait capable de reconstituer une partie de sa structure lors d'une perturbation. Le glisseur est un système autoreproducteur plus simple. Il s'agit en fait d'une boucle de rétroaction positive qui assure sa propre pérennité de génération en génération. Les cellules sont en interactions avec leurs voisines de telle sorte que chacune exerce un effet sur l'ensemble et donc sur elle-même, un peu comme la voute de pierre de notre métaphore architecturale.

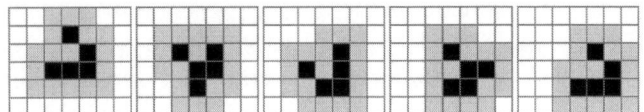

Figure 23. Les quatre phases du déplacement d'un glisseur dans le Jeu de la vie de Conway. Les cellules à « 1 » sont en noir, les cellules à « 0 » en blanc. Les cellules grisées sont des cellules à « 0 » qui entrent dans le calcul du voisinage lors de l'application de la règle de transition. Elles forment une sorte de « membrane » autour du glisseur.

Il est difficile de prédire ce phénomène en ne considérant que le niveau cellulaire et cela malgré son déterminisme. De même, l'observation d'un glisseur en tant qu'un tout, ne peut, à elle seule, nous renseigner sur la nature des lois qui régissent la dynamique cellulaire. Nous sommes donc bien en face d'une propriété émergente. Le glisseur nous questionne, car son unité, son autonomie, n'est pas réductible à la seule combinaison des effets de la règle de transition. Nous pourrions tenter d'évacuer le problème en disant que cette combinaison n'est pas simplement additive, mais relève d'un autre mode de combinaison non linéaire.

Cette explication est exacte, mais insuffisante. Prise indépendamment, chaque cellule obéit à la même règle qui fait que son état à l'instant suivant dépend de celui de ses huit voisines et de son propre état. De proche en proche, on peut donc expliquer comment chacune d'entre elles bascule d'un état à un autre ou bien conserve son état précédent. Mais dès que l'on considère le tout, il se produit une *rupture de causalité*. Le glisseur devient une structure autonome qui « surgit » de son environnement.

La rupture de causalité provient du changement de niveau d'observation et donc de représentation qu'opère l'observateur. Alors que dans un cas, celui de l'application de la règle, il est accaparé par la localité des interactions cellulaires, dans l'autre, il identifie la structure globale qui se déplace au sein de la matrice. On a donc bien deux niveaux de représentation distincts : celui de la matrice cellulaire et celui du glisseur en tant que structure cohérente. Elles sont chacune caractérisées par des échelles spatio-temporelles différentes. Au niveau cellulaire, l'espace couvert ne concerne tout au plus que quelques dizaines de cellules pendant quelques phases de calcul ou « générations ». Au niveau du glisseur, une portion importante de l'espace cellulaire est observée pendant plusieurs dizaines de générations. L'espace et le temps n'y sont donc pas les mêmes. Comme il s'agit du même phénomène, c'est-à-dire l'automate cellulaire, les deux niveaux coexistent. Il y a superposition des comportements des unités individuelles et ceux des unités du niveau supérieur.

Cette superposition de niveaux de représentation évoque la dualité onde-particule de la mécanique quantique. En 1924, Louis de Broglie (1892-1987) a établi que les particules de matière ne se comportent pas seulement comme des corpuscules ponctuels, mais aussi comme des ondes avec une étendue spatiale. Trois ans plus tard, Nils Bohr (1885-1962) introduisait le concept de *complémentarité* pour résoudre le paradoxe de cette double représentation (Bohr 1937). Elles sont toutes deux valides, mais elles ne peuvent être observées simultanément.

Dans notre cas, si nous observons le niveau cellulaire, le phénomène émergent que constitue le glisseur disparaît. Réciproquement, si l'on observe le glisseur comme une unité, c'est l'aspect cellulaire qui disparaît. En d'autres termes, les représentations « causales-locales » et « visuelles-globales » sont complémentaires, mais mutuellement exclusives. D'une certaine manière l'émergence pourrait être décrite comme une généralisation du principe de dualité onde-particule de la mécanique quantique.

Revenons à présent au phénomène de la conscience. Elle est une manifestation cognitive macroscopique à l'échelle d'un individu, mais qui n'est pas observable au niveau cellulaire. Elle est une propriété émergente à la fois quantitative due aux innombrables interactions non linéaires entre neurones et qualitative du fait de l'organisation spécifique du cerveau. La rupture de causalité entre les deux provient d'une part de la combinatoire des interactions neuronales et, d'autre part, de la complexité architecturale du cerveau qui comprend plusieurs niveaux d'organisation enchevêtrés. Dans les prochains chapitres, nous allons essayer d'appréhender la nature de cette organisation.

35

Une hiérarchie étrange

Le glisseur du jeu de la vie est un modèle « jouet » intéressant à plus d'un titre, mais il ne représente qu'un exemple de systèmes complexes à deux niveaux. Le cerveau humain, comme de nombreux systèmes complexes naturels, est caractérisé par un plus grand nombre de niveaux d'organisation structurés hiérarchiquement.

L'astrophysicien Hubert Reeves insiste sur le fait que l'univers tout entier est construit sur ce mode hiérarchique (Reeves 1986) : « La nature est structurée comme un langage » nous dit-il. Le langage écrit utilise les lettres de l'alphabet comme éléments de base. En assemblant les lettres, nous obtenons des mots. Avec seulement sept lettres, il y a plus de dix milliards de combinaisons possibles, mais seulement une infime partie correspond à des mots ayant réellement un sens. En combinant des mots, nous construisons des phrases. En assemblant des phrases, nous formons des paragraphes, puis des chapitres et enfin des livres. Un sens apparaît alors qui n'existait pas auparavant. Tous les niveaux coexistent et ne forment qu'un tout unique.

Connaître un niveau ne permet cependant pas d'accéder directement à la connaissance des autres niveaux. De la même manière, vous ne pouvez pas apprécier un texte en le lisant lettre par lettre.

Au-delà de la métaphore du livre, la physique nous montre les niveaux d'organisation de la matière. Au niveau le plus élémentaire actuellement connu, les électrons et les quarks composent la structure intime des particules. Ceux-ci se combinent pour élaborer les atomes, puis eux-mêmes forment, à leur tour, les molécules. Aux échelles supérieures, les étoiles s'assemblent en galaxies, les galaxies en amas, les amas en superamas et ainsi de suite.

Pour décrire la complexité, l'image de la *pyramide de complexité* nous aide à visualiser comment la matière atteint des niveaux élevés d'organisation (Reeves 1986). Observé à des échelles différentes, un système complexe apparaît toujours composé de structures semblables qui s'organisent en paliers successifs. Les propriétés locales de ces structures leur permettent d'établir des relations avec les autres structures du même niveau d'observation. Elles constituent le point de départ pour la formation des structures du niveau supérieur.

Bien que simplificatrice, l'image pyramidale illustre le fait que dans la nature, seule une faible part des structures d'un niveau donné participe à la formation des niveaux plus évolués. Les niveaux « bas » sont constitués par un grand nombre de structures, mais répertoriables en peu de catégories. En comparaison, les niveaux « hauts » ne contiennent plus qu'un petit nombre de structures, mais celles-ci peuvent être extrêmement diversifiées.

Ainsi, l'univers tout entier peut être vu comme une

pyramide de structures enchevêtrées. Au plus bas niveau se trouve l'ensemble de la matière sous forme des particules élémentaires. Ce palier est caractérisé par un nombre gigantesque de particules, mais seulement quelques types de particules élémentaires suffisent à composer l'ensemble des structures de l'univers. Ce n'est qu'en remontant un à un les échelons que la diversité apparaît. Arrivé au palier du vivant, la multiplicité et la richesse des formes de la nature s'expriment pleinement, mais celle-ci ne représente plus qu'une infime partie de la matière présente dans l'univers. Les organismes que nous sommes ressemblent à des structures étranges, des hiérarchies enchevêtrées dotées de ces propriétés extraordinaires que sont la vie et la conscience.

Comme nous l'avons déjà souligné à plusieurs reprises, le cerveau est caractérisé par une complexité organisationnelle remarquable. Il n'est pas structuré de manière homogène et régulière. Il ressemble bien plus à un *patchwork* de sous-réseaux assemblés par un processus complexe de bricolage issu de l'évolution des espèces, qu'à un système résultant d'une conception unifiée et précise (Varela 1993b).

Il est encore prématuré de pouvoir en donner un modèle satisfaisant, mais les recherches actuelles dans le domaine de l'imagerie cérébrale laissent envisager des progrès importants dans la compréhension de son organisation. Pour l'instant, nous nous contenterons donc de définir quelques grandes lignes générales à cette forme d'organisation :

1. Le système est composé au plus bas niveau par un ensemble d'éléments structurels en grand nombre,

mais répertoriables en un nombre restreint de catégories.

2. Le système est composé de plusieurs niveaux d'organisation hiérarchisés, les éléments structurels d'un niveau servant de composants pour la formation des éléments structurels du niveau supérieur. Ces niveaux s'emboîtent les uns dans les autres et se superposent pour former le système dans son ensemble.

3. Les éléments structurels sont en interaction selon une connectivité généralement locale. L'interaction peut revêtir de multiples formes, par exemple de nature structurelle ou par un échange d'information.

4. Les comportements dynamiques du système résultent essentiellement des interactions entre les éléments qui composent le système.

5. L'organisation du système définit une frontière qui le distingue de l'environnement dans lequel il évolue. Il interagit avec cet environnement au travers de cette frontière.

Cette caractérisation, certes encore très générale, dresse néanmoins une première ébauche d'organisation. Elle a en particulier le mérite d'écarter de nombreux modèles qui ne seraient pas conformes à cette description.

Au cours du prochain chapitre, nous allons nous poser la question des conditions a priori nécessaires pour l'émergence de propriétés globales dans un tel système.

36

Au bord du chaos

La complexité n'a pas toujours existé. L'univers tel que nous le connaissons est apparu progressivement au cours du temps. Il y a environ quinze milliards d'années, il correspondait à un « chaos primordial », une soupe de particules chaude et dense. Une minute après le « big bang », la température tombait en dessous du milliard de degrés. Ces conditions furent propices à l'émergence des premiers noyaux d'hélium. Un million d'années plus tard apparaissaient les premiers atomes et les premières molécules. Mais il fallut attendre encore plusieurs centaines de millions d'années pour « voir » les premières galaxies. La Voie lactée était déjà vieille de dix milliards d'années lorsque, parmi les cent milliards d'étoiles qui la composaient, le soleil apparut, puis la Terre. Dès lors, l'évolution biologique entrait en scène et, avec elle, l'intelligence et la conscience. Loin d'être une surprise, la création d'une pyramide de complexité se déroule donc naturellement dans le sens croissant du temps.

La première question importante concerne dès lors les conditions propices à cette évolution (Heudin 1998).

Lorsqu'un très grand nombre d'éléments sont en interaction, la physique nous montre que plusieurs situations peuvent se produire. Dans certains cas, le système se fige et, assez rapidement, les structures qui composent le système ne peuvent plus évoluer, le comportement devient totalement prévisible. Le cas extrême, c'est l'ordre « parfait » : le système est « gelé » et plus rien ne bouge.

À l'inverse, dans d'autres cas, l'environnement est si perturbé, que les turbulences détruisent toute nouvelle structure avant même qu'elle ne puisse se stabiliser. Le désordre « parfait » est synonyme d'aléatoire et d'imprévisibilité. Le système se comporte de façon erratique, sans aucune cohérence décelable.

Mais lorsque ni l'ordre ni le désordre ne dominent, l'environnement se répartit en zones plus ou moins gelées ou perturbées. Dans ces « mares » isolées se forment des structures qui se stabilisent et résistent aux aléas (Kauffman 1993b). Au sein de ce « meilleur des mondes », elles ont alors la possibilité de s'organiser sous la forme de « boucles autoreproductives » qui vont pouvoir s'adapter et évoluer.

De nombreux chercheurs ont étudié ces phénomènes. De notre côté, nous avons étudié dans ce cadre les différentes classes d'automates cellulaires bidimensionnels à partir d'une généralisation du jeu de la vie de Conway (Magnier 1997). Cette étude a confirmé l'existence des quatre classes déjà mises en évidence par Stephen Wolfram pour les automates à une dimension (Wolfram 1984), à savoir :

1. Les automates cellulaires de *classe I* évoluent vers un état fixe et homogène, quelle que soit la

configuration initiale.

2. Les automates cellulaires de *classe II* aboutissent, après quelques générations, à un état stable périodique.

3. Les automates cellulaires de *classe III* présentent un comportement chaotique constitué par une succession d'états désordonnés.

4. Les automates cellulaires de *classe IV* sont caractérisés par des dynamiques complexes, de longues transitoires où une grande diversité de structures apparaît.

Ces études montrent que les automates « complexes » de classe IV ne sont pas situés n'importe où dans l'espace que forme l'ensemble des automates cellulaires. On les retrouve systématiquement à la frontière entre les automates ordonnés et les automates chaotiques. Ainsi, tout se passe comme si la complexité ne pouvait apparaître qu'à la frontière de l'ordre et du désordre (Langton 1991).

Au lieu d'augmenter de façon monotone vers un comportement de plus en plus aléatoire, la complexité s'accroît jusqu'à un seuil, une transition de phase, à partir duquel elle décroît ensuite. De chaque côté de la transition, on retrouve une forme de stabilité dynamique. Du côté de l'ordre, les configurations sont fixes ou cycliques. Du côté du chaos, les configurations se succèdent, toutes différentes au niveau local, mais toutes semblables au niveau global.

Le complexe est bien plus subtil. Pour apparaître, il a besoin d'ordre et de chaos, et cette situation n'est possible qu'à l'interface des deux régimes.

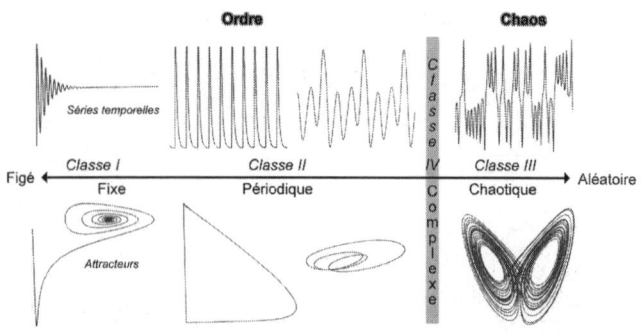

Figure 24. Les classes d'automates cellulaires (en italique) comme les systèmes physiques montrent que les systèmes complexes se situent à la frontière entre l'ordre et le chaos. En haut, les allures générales des séries temporelles pour les différentes classes. En bas, un exemple d'attracteur dans l'espace des phases pour chaque classe.

On peut également considérer ces systèmes comme une forme particulière de traitement de l'information. Dans ce cas, il s'avère que les automates cellulaires qui possèdent la capacité de calcul la plus intéressante, celle du calcul universel au sens de Turing, sont tous de la classe IV. En effet, un traitement de l'information nécessite au minimum le stockage et la transmission de cette information. Or les dynamiques de la classe IV sont les seules qui combinent ces deux propriétés. Les automates ordonnés (classes I et II) sont capables de stocker l'information sous la forme d'attracteurs, mais ils ne peuvent pas la transmettre. À l'inverse, les dynamiques chaotiques (classe III) sont incapables de stocker l'information. Dans le premier cas, toute information locale reste locale. Dans le second, elle se propage et détruit tout état antérieur. En se situant à la frontière de l'ordre et du chaos, seuls les automates cellulaires de classe IV autorisent l'émergence de capacités de calcul évoluées. Il en est ainsi de l'automate de Conway et de son glisseur (cf. chapitre 34).

Les systèmes complexes ne peuvent donc apparaître qu'aux frontières entre l'ordre et le chaos. Une question importante concerne le principe qui régit leur évolution. Notre hypothèse de travail stipule l'existence d'une loi générale unifiant les différentes perspectives évolutionnistes en biologie, mais aussi celles des systèmes physiques. Il réside dans la dualité de deux classes de processus qui s'appliquent de façon continue et en parallèle à tous les niveaux d'une pyramide de complexité : *variation* et *stabilisation* (Heudin 2009c).

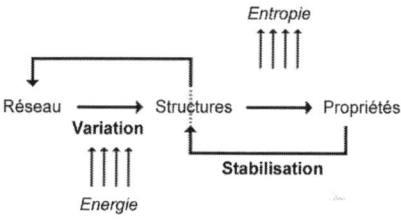

Figure 25. Le principe de variation-stabilisation montre comment les variations dans un réseau d'éléments d'un niveau de complexité créent des sous-réseaux transitoires. Certaines de ces structures se stabilisent du fait de leurs propriétés pour former des éléments qui relèvent d'un niveau supérieur.

Un niveau de complexité est composé d'éléments qui sont susceptibles d'adopter un grand nombre de configurations différentes. Sous l'action des fluctuations qui permettent au système de quitter les états d'équilibre, les *variations* aléatoires des configurations engendrent des structures transitoires qui relèvent d'un niveau supérieur. Certaines se stabilisent au sens où elles perdurent pendant une durée plus ou moins longue. Ce processus de *stabilisation* dynamique peut être assimilé à une forme généralisée de « sélection naturelle » fondée sur la satisfaction des contraintes liées à leur environnement. En effet, il fait intervenir les propriétés des structures en formation et celles des autres structures qui, vis-à-vis d'elles, constituent le milieu. On parle alors de coévolution structurale.

Ce nouvel échelon de complexité est lui-même soumis au principe de variation-stabilisation, qui s'applique donc à tous les niveaux entremêlés. C'est chaque fois le même phénomène : il y a création d'un champ des possibles extrêmement large, puis le « choix » d'une trajectoire de stabilisation qui mène à l'ordre ou au chaos. Pourtant, certaines structures réussissent à échapper à ces puissants attracteurs en se maintenant à leur frontière. Grâce à leurs capacités de traitement de l'information, elles s'adaptent et évoluent au niveau de cette transition de phase. Elles résistent ainsi mieux que d'autres aux fluctuations du milieu et préservent leur identité de génération en génération.

Lorsque l'on observe les séries temporelles d'évolution d'un automate cellulaire de classe complexe comme le jeu de la vie, un cours de bourse, ou bien un électro-encéphalogramme, on se rend vite à l'évidence qu'elles partagent des propriétés similaires. Elles sont toutes les trois le résultat des interactions non linéaires d'un très grand nombre d'éléments : des « cellules » pour l'automate, des investisseurs qui achètent et revendent pour la bourse, des neurones pour le cerveau humain. Ces courbes singulières représentent la signature caractéristique de la dynamique d'un système complexe qui évolue à la frontière entre l'ordre et le chaos.

Il y a près de deux mille cinq cents ans, le philosophe grec Démocrite écrivait « Tout arrive par hasard et nécessité ». Plus récemment, le biologiste Jacques Monod titrait son ouvrage « Le hasard et la nécessité » (Monod 1970). Ils ont tous deux lié ces deux notions dans une même phrase. Le hasard c'est la *variation*, la fluctuation génératrice de diversité. La nécessité c'est la *stabilisation*, la tendance naturelle de tout système à évoluer vers un état d'équilibre. Pour comprendre la richesse de la nature, ces deux notions sont indispensables et intimement mêlées : « Hasard et nécessité coopèrent au lieu de s'opposer » (Prigogine 1984).

37

L'approche de la complexité

La complexité a longtemps été un obstacle à contourner. Elle est aujourd'hui un enjeu crucial, non seulement pour l'étude de phénomènes comme l'intelligence et la conscience, mais pour la science dans son ensemble.

Considérée comme un nouveau domaine de la recherche, la complexité est héritière de nombreuses contributions antérieures. Parmi les plus significatives, citons la théorie du chaos avec les travaux précurseurs d'Henri Poincaré (1854-1912) (Bergé 1997). Puis, en 1968, René Thom (1923-2002) a proposé la théorie des catastrophes dans laquelle il mettait en évidence les phénomènes de bifurcation, de seuil critique et d'auto-organisation (Thom 1983). Les années soixante-dix ont marqué une étape importante avec les découvertes du météorologue Edward Lorenz sur le fameux « effet papillon » (Lorenz 1993), celle des attracteurs étranges (Ruelle 1991) et des nombres de Mitchell Feigenbaum (Feigenbaum 1980). En 1977, Ilya Prigogine (1917-2003) obtint le prix Nobel de Chimie pour ses travaux sur les systèmes dissipatifs (Prigogine 1986). Dans les années quatre-vingt, Benoît Mandelbrot théorisa les phénomènes d'autosimilarité avec la théorie fractale (Mandelbrot 1975).

Nous n'insisterons pas à nouveau sur la mouvance cybernétique des années cinquante qui inspira plus tard l'approche systémique (LeMoigne 1977) ni sur les travaux plus récents menés dans le cadre du *Santa Fe Institute* avec, entre autres, les contributions de Stuart Kauffman (Kauffman, 1993a, 1995).

La complexité, ou plutôt les sciences de la complexité devraient-on dire, est devenue partie prenante de la science moderne. Certains pensent qu'elle s'oppose au réductionnisme qui a fondé la science occidentale. Il n'est évidemment pas question de réduire à néant tout le savoir accumulé et la puissance technique qu'il a permis d'obtenir, mais plutôt de compléter cette approche, analytique et quantitative, par une indispensable compréhension globale, synthétique et qualitative. La complexité ouvre de nouvelles perspectives en tenant compte de la place de l'observateur et, par conséquent, de l'homme.

L'approche scientifique des sciences de la complexité repose sur une démarche pluridisciplinaire et synthétique. L'idée centrale consiste à créer, à partir d'unités élémentaires et de leurs interactions, les conditions propices à l'émergence d'un niveau supérieur. Ces expérimentations permettent alors d'étudier les phénomènes d'auto-organisation et de dynamique non linéaire qui défient une analyse classique.

La mise en œuvre de la méthode implique en fait un va-et-vient, une coopération, entre l'approche réductionniste et l'approche par synthèse. Elle se traduit par un mouvement ascendant et descendant, entre émergence et réduction, qui convergent vers une meilleure compréhension du phénomène étudié. L'approche ne peut se limiter à seulement deux niveaux, celui du plus « bas » et celui du plus « haut. » Elle doit embrasser l'ensemble des niveaux de la pyramide de complexité.

Bien souvent, les débats conduisent à comparer cette approche à d'autres, plus anciennes, et à la classer dans une catégorie identifiée. On parle de l'émergentisme en le rapprochant du vitalisme et en l'opposant au réductionnisme. La confusion est d'autant plus importante que tous ces « ismes » ont une interprétation qui varie sensiblement en fonction des individus.

Le terme *émergentisme* a été introduit par le philosophe et critique George Henry Lewes (1817-1878) en Angleterre au XIXe siècle. Il a été développé ensuite comme une alternative au réductionnisme et au vitalisme.

Les réductionnistes pensent que ce sont seulement les propriétés physiques d'un système qui déterminent les propriétés biologiques ou mentales, par exemple. Au sens fort, le réductionnisme élimine donc les propriétés apparentes d'un système pour les remplacer par les processus élémentaires sous-jacents. En d'autres termes, tous les niveaux phénoménologiques d'une pyramide de complexité sont supprimés à l'exception du niveau le plus bas qui doit permettre d'expliquer l'ensemble. Le réductionnisme « fort » prône ainsi une identité totale entre l'intrication neuronale du cerveau et l'esprit ou la conscience. Cette position extrême est évidemment critiquable, car elle reviendrait à dire que lorsqu'une souris est attirée par un morceau de gruyère, ce sont en fait les particules qui composent le fromage qui attirent les particules de l'animal.

Pour un émergentiste, à l'inverse, les propriétés biologiques et psychologiques émergent des propriétés physiques, mais elles ne sont pas réductibles à ces propriétés. L'émergentisme « fort » soutient, quant à lui, qu'il est impossible d'expliquer pourquoi une propriété émergente apparaît à partir des propriétés physiques des constituants.

L'émergentisme évoque évidemment par certains aspects le dualisme et le vitalisme. De la même manière, un dualiste comme René Descartes soutiendrait que deux objets peuvent être physiquement identiques, mais psychologiquement différents. Les vitalistes, comme Henri Bergson, considèrent qu'une substance immatérielle, l'élan vital, existe et explique la différence entre deux systèmes physiques qui seraient, par ailleurs, strictement identiques.

Depuis l'avènement de la mécanique quantique, la thèse émergentiste forte est devenue moins crédible. De même, nous avons montré les limites de la thèse réductionniste forte. S'il fallait choisir, nous opterions pour une voie intermédiaire selon laquelle, une propriété émergente, bien que réductible en principe, échappe à notre compréhension du fait de la rupture de causalité qui se produit entre les niveaux d'observation (cf. chapitre 33). Cette situation conduit naturellement à la méthode de convergence itérative entre réduction et émergence que nous avons proposée.

À partir des conclusions des chapitres précédents, nous pouvons à présent esquisser ce que serait un modèle possible pour concevoir un programme IA dans le contexte des sciences de la complexité. Nous avons déjà utilisé une approche similaire pour étudier la dynamique des espèces dans un écosystème virtuel (Métivier 2002) et l'émergence des grandes structures gravitationnelles en cosmologie (Torrel 2006). Le système EVA (Evolutionary Virtual Agent) a aussi été développé avec une approche de ce type, mais limitée à seulement deux niveaux de complexité (Heudin 2011).

Le modèle que nous proposons est un système *multiagent hiérarchique* qui peut être décrit de la façon suivante :

1. Le modèle est constitué par un ensemble fini de *niveaux de complexité* correspondant à des échelles spatiales et/ou temporelles différentes, ou bien à des modalités différentes.

2. Un niveau de complexité donné est constitué par un nombre fini d'*agents en interaction*. Ce réseau peut comporter un nombre très important d'agents relativement simples au niveau hiérarchique le plus bas.

3. Un *agent* est un programme indépendant caractérisé par la *classe* à laquelle il appartient. Celle-ci détermine ses *attributs* qui spécifient son état et des *méthodes* qui définissent les lois d'interaction avec les autres agents. Au plus bas niveau, le nombre de classes est réduit par rapport au potentiel des niveaux supérieurs.

4. Un agent d'un niveau donné est formé par un réseau fini d'agents en interaction du niveau inférieur.

5. Aucun agent ne contrôle directement les autres

agents d'un même niveau ou d'un niveau supérieur. De même, aucune règle globale ne contrôle le comportement des agents. Les dynamiques globales *émergent* des interactions entre agents. Elles correspondent pour la plupart à des dynamiques de *classe IV*, c'est-à-dire caractéristiques des phénomènes qui évoluent à la frontière de l'ordre et du chaos dans l'espace-temps.

Selon la catégorisation des systèmes distribués que nous avons introduit (cf. chapitre 26), l'architecture générale est celle d'une fédération de sociétés hiérarchisées. Elle rappelle, dans une certaine mesure, les propos tenus par Marvin Minsky (Harrisson 1994) : « L'esprit est fait de nombreuses petites parties dont aucune, par elle-même, ne détient l'esprit. Nous appelons agents ces éléments essentiels. Par lui-même, chaque agent ne peut exécuter qu'une tâche simple qui n'a aucunement besoin de l'esprit ni de la pensée. Mais lorsque ces agents viennent à s'interconnecter, selon certains modes tout à fait sociaux, ils travaillent ensemble en tant que sociétés, et c'est ainsi que l'intelligence émerge de la non-intelligence. »

Les détails de l'approche proposée par Marvin Minsky dans la société de l'esprit sont évidemment discutables (Varela 1993c). Une des divergences principales avec l'approche que nous proposons réside dans la place prépondérante que doit prendre l'émergence et l'auto-organisation des niveaux de complexité, en particulier par des processus évolutionnaires (Heudin 2008k).

38

Vers une conscience machinique

La tentative de modèle que nous avons proposé lors du chapitre précédent n'est qu'une étape préliminaire. Il lui manque en effet de nombreux points qu'il conviendrait de préciser avant d'envisager une quelconque implémentation visant à expérimenter une approche de la conscience machinique.

Nous avons proposé une première définition simple de la conscience (cf. chapitre 28) : la faculté qui permet à une entité de percevoir sa propre existence et de se représenter elle-même dans son environnement.

Afin de progresser dans cette voie, nous allons essayer de définir à présent plus précisément ce que nous entendons par conscience.

La conscience est apparue à l'issue d'une sélection naturelle et avec l'apparition de nouvelles morphologies. Elle naquit d'un ensemble de relations qui se sont tissées entre la perception, la formation des concepts et la mémoire, grâce à de nouveaux groupes neuronaux sélectionnés pour l'efficacité de leurs fonctions au cours de l'évolution.

Lorenz Griffin définit de la façon suivante le vécu

mental et la conscience chez l'animal (Griffin 1976) : « Tout être humain normal pense à des objets et des événements qui sont éloignés dans le temps et dans l'espace par rapport à la succession immédiate des sensations : voilà ce que j'entends par "expériences mentales"... La présence *d'images mentales* et de leur utilisation par l'animal pour moduler son comportement fournissent à titre d'hypothèse de travail une définition pragmatique de la *conscience*. »

Si de très nombreux comportements d'animaux peuvent s'expliquer par des comportements réflexes du type stimuli-réponse, d'autres laissent penser que les animaux ont développé une forme de conscience.

Ainsi selon William Homan Thorpe (1902-1986), certains oiseaux sont capables de reconnaître des nombres (Thorpe 1974) : « Nous possédons des indices extrêmement convaincants qui montrent que certains animaux savent, à partir des données sensorielles, abstraire mentalement la caractéristique dite "nombre" : cette opération d'abstraction ne peut être accomplie chez l'enfant humain que par une activité cérébrale consciente. »

Ces constatations nous conduisent à définir deux formes de consciences : primaire et supérieure.

La *conscience primaire* concerne essentiellement la perception et la mémoire (Edelman 1992b). Elle permet à l'animal d'appréhender le présent et de se remémorer des scènes passées. Elle joint dans le temps et dans l'espace les stimuli qui surviennent en parallèle en une scène corrélée. Elle est nécessaire à l'apparition d'une conscience d'ordre supérieur.

La *conscience supérieure* naît avec l'apparition des

compétences sémantiques. Elle s'épanouit avec l'acquisition du langage et des références symboliques. Les compétences linguistiques requièrent un nouveau type de mémoire pour les sons articulés. Les aires de la parole qui interviennent dans la catégorisation et dans la mémoire linguistique interagissent avec les aires conceptuelles déjà existantes du cerveau. Leur fonction consiste à relier la phonétique à la sémantique.

John Eccles propose d'employer pour l'expérience mentale qu'il juge la plus élevée les termes « conscience de soi » (Eccles 1994c). Cette faculté implique de savoir que l'on sait, de penser que l'on pense, etc., qui sont des expériences introspectives et subjectives.

Cette conscience de soi est pour Théodore Dobzhansky (1900-1975) la caractéristique la plus fondamentale de l'espèce humaine (Dobzhansky 1967) : « Elle représente une nouveauté, car les espèces dont descend l'humanité n'avaient que des rudiments de conscience de soi, ou bien même en étaient totalement dépourvues. Et pourtant, la conscience de soi apporte avec elle de sinistres compagnons : peur, anxiété, conscience de la mort. L'homme porte le fardeau de la présence de la mort. »

Le développement de la conscience chez un bébé jusqu'à l'apparition de la conscience de soi chez l'enfant semble être un bon modèle de l'émergence de la conscience chez les hominiens. Il y a des preuves d'une forme de conscience de soi chez le chimpanzé qui se reconnaît dans une glace. Le même type de comportement est accompli par un enfant vers l'âge d'un an et demi (Eccles 1994d).

On peut penser qu'au cours de l'évolution, la conscience de soi a précédé la prise de conscience de la mort. Celle-ci, comme nous l'avons vu au début de cet ouvrage, s'est exprimée par l'apparition des premiers rites funéraires. De la même manière, la conscience de soi chez l'enfant précède de quelques années la prise de conscience de la mort.

Pour émerger, la conscience de soi est dépendante du flux massif des stimuli parallèles provenant des perceptions du monde extérieur, mais aussi des sensations au niveau du monde intérieur. Les perceptions externes incluent entre autres la lumière, les couleurs, les images, les sons, les odeurs, le goût, le toucher, la température, etc.

La perception interne, tout aussi massive, comporte les sensations corporelles, les muscles, la douleur, etc.

À cela il faut ajouter les pensées, les sentiments, les souvenirs, les rêves, les intentions, etc. Il y a donc au moins trois mondes : l'univers extérieur, le corps et l'esprit.

C'est une expérience humaine universelle que l'appréhension subjective de l'unité de son esprit d'une part, et de celle de du corps d'autre part. Nous avons tous la certitude que nous existons en tant qu'être conscient unique. De même, nous avons la certitude que le monde matériel qui nous entoure existe, y compris notre corps et notre esprit.

Cette unité, le fait d'être distinguable de son environnement et des autres, est un point très important. Quel que soit le système, conceptuel, matériel ou vivant, les processus qui déterminent et distinguent une unité de son environnement spécifient sa nature.

Nous avons décrit le cerveau comme une entité

complexe, hiérarchique, pleine de boucles et de niveaux différents. Les neurophysiologistes commencent à peine à démêler cette complexité née du « bricolage » de l'évolution. Les cartographies existantes montrent à quel point les différentes parties du cerveau sont interconnectées entre elles, avec des boucles réentrantes à plusieurs niveaux.

La définition simplifiée de la conscience que nous avons donnée au départ est en elle-même une forme de boucle : la faculté qui permet à une entité de percevoir sa propre existence et de se représenter elle-même dans son environnement.

L'hypothèse que nous avançons ici est que le cerveau, tout comme la conscience qui en émerge, sont des systèmes autonomes, c'est-à-dire *opérationnellement clos* au sens où l'a défini Francisco Varela (Varela 1989a). Selon lui, l'organisation d'un système autonome opérationnellement clos est caractérisée par :

1. des processus qui dépendent récursivement les uns des autres pour la génération et la réalisation des processus eux-mêmes, et

2. ces processus constituent le système comme une unité reconnaissable dans le domaine où les processus existent.

Les processus peuvent être de toute nature. Si ces processus se réalisent dans l'espace matériel, alors la clôture opérationnelle est identique à l'autopoièse (Varela 1989b).

Les processus qui composent des systèmes,

complexes ou non, peuvent être combinés et reliés de multiples manières. La clôture opérationnelle est l'organisation qui définit spécifiquement un système autonome. Elle émerge de la concaténation circulaire de processus constituant un réseau. Une fois la circularité installée, l'unité qui surgit constitue une organisation qui se produit elle-même et qui obtient sa cohérence du fait de sa propre opération et non par une action de l'environnement. Les frontières de l'unité qui la définissent en tant qu'un tout, sont indissolublement liées à l'opération du système. Si la clôture opérationnelle disparaît, alors l'unité disparaît.

La clôture opérationnelle est une proche parente de la notion de *feed-back* issue de la cybernétique. Elle généralise aussi en un sens la notion de stabilité dynamique d'un système ou bien encore celle des hypercycles étudiés par Eigen et Schuster (Eigen 1979).

Selon Francisco Varela, le système nerveux est un réseau de neurones couplé de trois façons différentes à l'organisme dont il est l'un des composants (Varela 1989c) :

1. L'organisme, y compris le système nerveux, forme l'environnement physique et chimique de l'autopoïèse des neurones et des autres cellules. Il est donc une source de perturbations, physiques et biochimiques, pouvant transformer les propriétés des neurones et conduire aux couplages (2) et (3).

2. Certains états, physiques et biochimiques, de l'organisme transforment l'état d'activité du réseau neuronal, en agissant sur les récepteurs des membranes de certains neurones et conduisent au couplage (3).

3. Certains états du système nerveux changent l'état de l'organisme et reconduisent aux couplages (1) ou (2).

Le système nerveux dans son ensemble est donc un réseau opérationnellement clos de neurones en interactions. Cette unité autonome n'est cependant pas dénuée d'échanges avec son environnement : l'organisme dont il fait partie et l'univers dont l'organisme fait partie. Ainsi, les neurones sensoriels et effecteurs, tels qu'ils seraient décrits par un observateur extérieur qui verrait évoluer l'organisme au sein de son environnement, n'échappent pas à cette règle. En effet, toute activité sensorielle conduit à une activité des effecteurs et toute activité des effecteurs conduit à une activité sensorielle. De ce point de vue, sa phénoménologie reste celle d'un système opérationnellement clos où toute activité neuronale reboucle sur une activité neuronale.

À ce stade, une machine consciente devrait donc être un système (1) composé de plusieurs niveaux de complexité au sens où nous l'avons défini, (2) qui opère dans un domaine à la frontière entre l'ordre et le chaos, et (3) caractérisé par une organisation autonome opérationnellement close.

Cette description sommaire ne représente pas une théorie aboutie, mais une proposition visant à stimuler la construction par d'autres chercheurs de modèles plus complets ou de théories alternatives.

À l'issue de cette tentative de caractérisation, il apparaît cependant que la conscience ne relève ni d'une propriété intrinsèque ou exclusive de la matière organique ni d'une organisation *a priori* impossible à recréer sur une machine. Même si la conception d'une machine consciente est encore prématurée compte tenu de nos connaissances et de nos capacités technologiques actuelles, elle n'en reste pas moins possible à terme.

39

Éloge de la douleur

Les machines actuelles, robots et ordinateurs, même dotés des programmes d'intelligence artificielle les plus sophistiqués font pâles figures comparées à la complexité des êtres humains. En outre, ces machines n'ont en pratique qu'une perception très réduite du monde qui les entoure et pratiquement aucune sensation de leur propre matérialité. En d'autres termes, ce sont des machines « autistes » par rapport au monde et incapables de percevoir leur propre existence. Contrairement au cerveau humain hyperconnecté à l'organisme, il leur manque un système sensori-moteur capable d'appréhender leur environnement dans toute sa complexité, incluant leur propre structure.

Dans ces conditions, il n'est donc pas surprenant que la conscience, même sous une forme primitive, n'ait aucune chance d'émerger. Même un système hypercomplexe de neurones artificiels n'aurait pas, dans un tel contexte, la possibilité de développer une conscience du monde qui l'entoure et une conscience de soi dans cet environnement.

À notre cahier des charges d'une machine capable

potentiellement d'accéder à la conscience, il faut donc ajouter la nécessité d'une perception du monde et d'un couplage interne conséquent.

Lorsque l'on pose la question à un large public de la différence entre l'humain et la machine, la réponse la plus fréquente et la plus populaire n'est pas celle de l'intelligence ou de la conscience, mais celle des émotions : une machine n'aurait pas la possibilité de ressentir une quelconque émotion.

Cette réponse, non dénuée de bon sens, n'est toutefois qu'en partie vraie. Ainsi, plusieurs expérimentations ont montré qu'un robot doté de capteurs peut « ressentir » son environnement et analyser les émotions de son interlocuteur pour adapter son comportement en conséquence.

De plus, de nombreux travaux ont permis d'aboutir à des expressions émotionnelles très réalistes. Les travaux de l'équipe de Cynthia Breazeal ont été précurseurs dans ce domaine, en particulier avec le robot *Kismet* capable d'exprimer les expressions faciales des principales émotions avec crédibilité (Breazeal 2002). Réduit à une simple tête parlante mécatronique qui pourrait faire penser aux *Gremlins* de Stephen Spielberg, *Kismet* adapte son état émotionnel en fonction des interactions qu'il a avec un utilisateur de façon à maintenir son engagement (Breazeal 2003).

Toutefois, malgré ces avancées, il reste indéniable qu'il existe une différence fondamentale entre exprimer un état émotionnel, fût-il le résultat d'un processus mettant en œuvre un niveau de perception, et « ressentir réellement » une émotion. C'est toute la différence entre simulation et réalisation.

Dans toutes les expérimentations actuelles, il s'agit en effet de percevoir l'état émotionnel de l'utilisateur d'une part et, d'autre part, de reproduire par un système communication verbale et/ou non verbale, l'expression d'une émotion. Il existe des travaux qui visent à créer l'équivalent d'un métabolisme émotionnel, comme (Gebhard 2005) ou (Heudin 2015) par exemple, mais là encore, l'organisation actuelle des machines implique qu'il ne peut y avoir de réelles sensations au sens où nous les ressentons en tant qu'organisme vivant.

Parmi l'étendue des sensations et des émotions humaines, il en est une qui semble plus intéressante que les autres lorsque l'on aborde le sujet de la conscience. Il s'agit de la douleur.

Dans la Grèce antique, berceau de nos valeurs, de notre culture et de la médecine moderne, la douleur était avant tout d'origine divine, une punition des dieux. Elle était souvent représentée par la blessure d'une flèche, celle de l'épée ou d'un javelot. Dans la tradition homérique, au fil des pages de l'Iliade et l'Odyssée, la douleur est toujours aiguë et liée à l'exaltation du combat. À partir du VIIe siècle avant J.-C. environ, la tragédie prit le pas sur la mythologie, car les Grecs, prenant conscience du silence des dieux, durent alors assumer seuls leur destinée. À l'épopée lyrique et poétique que contait Homère, succédait la tragédie des hommes face à leurs désirs, leurs passions et leurs désespoirs. La douleur, autrefois blessure physique, devenait une souffrance morale, un mal chronique et lancinant.

On peut retrouver cette progression dans l'essor de la médecine grecque. Au départ elle était intimement liée au culte d'Apollon, dieu de la lumière, des arts et de la divination, qui régnait sur une médecine purement magique. Mais son fils, un demi-dieu nommé *Asclepios*, ressuscita plusieurs morts en utilisant les vertus du sang de Méduse tuée par Persée. Cette transgression du pouvoir thérapeutique suprême provoqua la colère de Zeus qui décida de foudroyer le jeune homme.

Les prêtres guérisseurs lui dédièrent alors un culte et devinrent les « Asclépiades ». Hippocrate (460-377 av J.-C.), le père de la médecine moderne, est le descendant direct d'une dynastie d'asclépiades de l'île de Cos. Il élabora ce qu'il convient d'appeler le *corpus hippocratum*, une cinquantaine d'ouvrages prônant le principe de ne pas nuire au malade, le *primum non nocere*. La douleur n'était plus un châtiment des dieux, mais un symptôme naturel qu'il convenait de traiter.

Avec le monde moderne, la douleur s'est complexifiée. Elle est devenue multiforme et peut prendre des significations très diverses. On utilise indifféremment les termes de douleur et de souffrance. Mais parfois, ils sont aussi employés en opposition l'un à l'autre : la douleur est physique, la souffrance est mentale. Dans d'autres cas, ils indiquent un niveau supérieur : la souffrance est la douleur physique ou mentale sévère. Dans la suite de notre propos, nous utiliserons néanmoins ces deux termes sans y attacher de différence.

La douleur est généralement une expérience désagréable liée à un dommage ou à une menace pour l'individu. Elle représente une sensation fondamentalement négative, même si son rôle de signal d'alerte a des conséquences positives.

Parmi les multiples définitions, en voici une (Wikipedia 2016m) : « une douleur est une sensation désagréable ressentie par un organisme dont le système nerveux détecte un stimulus nociceptif. Elle peut être provoquée par un traumatisme ou une maladie, mais aussi par un mauvais fonctionnement du système nerveux responsable de sa transmission.

Habituellement, elle correspond à un signal d'alarme de l'organisme pour signifier une remise en cause de son intégrité physique. Un individu pourrait ressentir une sensation extrêmement désagréable, voire insupportable, qui peut provoquer un mouvement réflexe de retrait (au niveau des membres et des extrémités) ou un changement de position du corps. »

La douleur peut être physique ou mentale, selon qu'elle se rattache essentiellement à un processus somatique ou psychique. Parmi les exemples de souffrance physique, citons une brûlure, un choc, une coupure, la nausée, une démangeaison, etc. Ces sensations sont liées à la conscience primaire d'un organisme.

Des exemples de souffrance mentale sont : l'anxiété, la peur, la haine, l'ennui, le deuil, etc. Ces sensations sont donc plutôt liées à la conscience supérieure.

L'intensité d'une douleur est variable en fonction de la nature de l'agression et de l'organisme, depuis l'anodin négligeable jusqu'à l'atroce insupportable. En plus de l'intensité, on distingue également des paramètres comme la durée et la fréquence pour la quantifier.

La sensation de douleur physique est dépendante d'un type particulier de cellules nerveuses : les *neurones nociceptifs* découverts par Charles Scott Sherrington (1857-1952) en 1906. Les terminaux périphériques d'un « nocicepteur » détectent les stimuli nuisibles à l'organisme et les transforment en un signal électrique.

Selon les cas, ils sont sensibles aux modifications thermiques, chimiques ou mécaniques de leur environnement local. Si le potentiel dépasse un certain seuil, le neurone envoie alors un signal au système nerveux central. En fonction de leur intensité, de leur durée et de leur fréquence, ces signaux permettent au cerveau de générer la sensation de douleur.

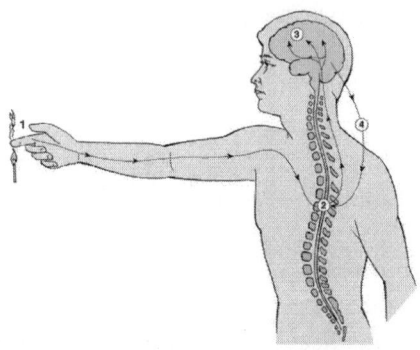

Figure 26. L'intégration de la douleur. (1) *Transduction* : les neurones nocicepteurs sont activés par une cause mécanique, thermique ou chimique. (2) *Transmission* : l'influx est transmis jusqu'à la moelle épinière. (3) *Perception* : le cerveau intègre l'information. Le thalamus joue un rôle dans la localisation et la conscience de la douleur. Le cortex identifie la douleur et génère une réponse. (4) *Modulation* : Le cerveau module la douleur (excitation ou inhibition). La douleur peut également entrainer des réflexes, de retrait par exemple, qui partent directement des ganglions et de la moelle vers les nerfs moteurs.

La douleur est une sensation fondamentale, associée à l'intégrité d'un organisme et nécessaire à l'apparition de la conscience. Interprétée comme un signal d'alerte, elle rend compte de l'état interne et de toute agression de l'environnement susceptible de perturber fortement ou d'endommager structurellement l'organisation de l'individu.

Tous les systèmes complexes ne sont pas capables de ressentir la douleur, mais tous les organismes vivants dotés d'un système nerveux central possèdent vraisemblablement cette faculté. Ainsi, il n'est pas évident que les insectes (Eisemann 1984) ou les poissons (Rose 2012) éprouvent la sensation de douleur malgré l'observation de comportements qui pourrait le faire penser. Le sujet est encore l'objet de recherches aux résultats contradictoires (Sneddon 2003).

Quoi qu'il en soit, avec la douleur, son complément, le plaisir n'est pas loin. Ces deux sensations « primitives » jouent alors un rôle prépondérant dans de nombreuses formes d'apprentissage.

Avec l'émergence d'une conscience d'ordre supérieure, ces sensations se complexifient et d'autres, plus sophistiquées, apparaissent alors pour donner naissance aux émotions. Selon Socrate (469-399 av. J.-C.) : « Quelle étrange chose, mes amis, parait être ce qu'on appelle le plaisir et quel singulier rapport il a naturellement avec ce qui passe pour être son contraire, la douleur ! Qu'on poursuive l'un et qu'on l'attrape, on est presque toujours contraint d'attraper l'autre aussi... C'est ce qui m'arrive puisqu'après la douleur que la chaîne me causait à la jambe, je sens venir le plaisir qui la suit. »

L'hypothèse que nous formulons ici est que la création d'une machine consciente implique qu'elle soit capable de souffrir. Il ne s'agit pas ici de simuler la douleur humaine, mais plutôt d'obtenir un équivalent au plus bas niveau de la machine : un signal issu du système de perception interne qui informe d'une agression potentiellement susceptible de déstabiliser l'organisation, c'est-à-dire de rompre d'une manière ou d'une autre la clôture opérationnelle du système. Dans un ordinateur ou un robot, ces agressions ne manquent pas : perte de l'intégrité matérielle, température excessive des composants, encombrement mémoire, bugs, virus informatiques, etc.

Il ne semble donc pas impossible d'implémenter dans une machine une notion assimilable à la douleur d'un organisme vivant. Néanmoins, un tel projet demande encore un travail théorique et expérimental conséquent, ainsi qu'une nouvelle forme d'architecture de machine dotée, entre autres, d'une forme de système de perception nociceptif.

40

Cauchemars d'éternité

S'il est un critère qui permet de distinguer ceux qui appartiennent au monde humain, c'est bien la mortalité. C'est ce que rappelle Ulysse : «Je ne ressemble aux Immortels qui possèdent le ciel immense ni par la taille ni par leur port : je ne suis que mortel.»

La transcendance pour l'homme est de devenir un immortel à l'instar des dieux. Pour les machines, au contraire, immortelles par construction, la véritable transcendance est celle de la conscience.

Nymphe et reine de l'île d'Ogygie, Calypso, fille d'Atlas, accueillit Ulysse, seul rescapé qui venait de faire naufrage. Elle tomba amoureuse du héros et, pendant sept ans, elle s'efforça de lui faire oublier l'amour d'Ithaque et de Pénélope, son épouse. Mais elle eut beau déployer tous ses charmes pour qu'il reste auprès d'elle, Ulysse passait ses journées à contempler la mer. Calypso lui offrit l'immortalité et l'éternelle jeunesse. Rien n'y fit : Ulysse accepta la mort afin de pouvoir rentrer chez lui.

Même les héros comme Achille sont condamnés à mourir. Les guerriers de sa génération avaient choisi la gloire posthume et éternelle à la place d'une vie longue et sans éclat. Mais lorsque Ulysse rencontra Achille aux Enfers, le héros n'était pas comme un bienheureux siégeant sur les Champs Élysées : « Mais Achille, a-t-on vu ou verra-t-on jamais bonheur égal au tien ? Jadis, quand tu vivais, nous tous, guerriers d'Argos, t'honorions comme un dieu : en ces lieux, aujourd'hui, je te vois, sur les morts, exercer la puissance ; pour toi, même la mort, Achille est sans tristesse ! »

Achille lui répondit qu'il préférait une vie misérable que celle d'un roi immortel : « Oh ! Ne me farde pas la mort, mon noble Ulysse !... J'aimerais mieux, valet de bœufs, vivre en service chez un pauvre fermier, qui n'aurait pas grand-chère, que régner sur ces morts, sur tout ce peuple éteint. »

Les aventures d'Ulysse correspondent à un voyage géographique et initiatique, au cours duquel il voit ses compagnons disparaître les uns après les autres. Même pour lui, la mort est inévitable et marque le terme de son voyage. L'Iliade représente la démesure des hommes et l'Odyssée d'Ulysse le retour vers la sagesse. En composant L'Odyssée, Homère semble prendre ses distances avec le monde grandiose de L'Iliade et l'immortalité. Ulysse, tout comme Achille, préfère finalement vivre et mourir, que d'errer éternellement parmi les morts. C'est par leur choix difficile qu'ils deviennent à la fois héroïques et profondément humains en ce qu'ils assument complètement leur condition (Thibault 2010).

En des temps anciens, mais il n'y a pas si longtemps, seul le maître avait le droit de vie et de mort. Il n'avait, en fait, que le droit de tuer et faire exécuter la sentence par le bourreau (Folco 1991). En effet, au cours de l'histoire humaine, la puissance s'est exprimée plus souvent par la mort que par la création (Serres 2001b). L'évolution elle-même, depuis des millions d'années, sculpte le corps des êtres vivants au moyen de la mort. On peut se demander en effet pour quelle raison la sélection naturelle n'a point privilégié la longévité et l'immortalité plutôt que le vieillissement et la mort ?

Si l'on considère l'hypothèse que l'évolution n'influe que sur le succès reproductif des êtres, alors il n'est pas nécessaire de garder en vie les individus après qu'ils se soient reproduits. *A priori*, le vieillissement et la mort n'ont donc aucune conséquence néfaste sur la pérennité des espèces.

On pourrait même affirmer le contraire. En effet, dans un monde clos, aux ressources et à l'espace limité, la perpétuation trop longue des individus peut avoir des conséquences catastrophiques sur la diversité.

C'est un phénomène bien connu des expérimentations en évolution artificielle. Lorsqu'avec un algorithme génétique, on conserve une trop grande proportion d'individus d'une génération à une autre, alors la population tend naturellement à homogénéiser son patrimoine génétique. De ce fait, la diversité décline rapidement et la dynamique des espèces n'est plus assez importante pour faire face à d'éventuels changements de l'environnement. En d'autres termes, les mutations et les recombinaisons génétiques ne permettent plus de créer des variations au sein desquelles de nouvelles espèces mieux adaptées pourraient émerger. De ce point de vue, la mortalité est en quelque sorte nécessaire à la diversité.

Mais les temps changent. L'humanité va franchir une étape déterminante et rien ne saurait dépasser cette bifurcation. Il ne s'agit pas d'une singularité technologique incarnée dans une super-intelligence omnisciente prête à asservir l'humanité pour la sauver d'elle-même. Un nouveau temps apparaît où nous devenons potentiellement capables de créer plutôt que de tuer, de choisir notre avenir sur cette planète. Bientôt nous tiendrons en main la naissance de l'individu, des espèces, de nous-mêmes et de notre propre genre (Serres 2001c).

Alors que les progrès de la science et la technologie nous laissent entrevoir la possibilité de devenir immortel, si ce n'est au niveau de la chair, en tout cas au niveau de notre personnalité numérique, ferons-nous le même choix que les héros antiques ?

L'avenir vibre et hésite encore entre plusieurs possibles, entre délivrance et catastrophe, entre espoir et sombre déclin. La vie nous force à avancer sur un chemin inconnu qui se construit à chaque pas. Mais ce qui est certain, c'est qu'il se trouve sur cette mince frontière entre la fixité de l'ordre et les fluctuations du chaos.

Références

Abelson, H., Sussman, G.H., Sussman, J., 1985. *Structure and interpretation of computer programs*, Cambridge : MIT Press.

Ackley, D.H., Hinton, G.E., Seijnowski, T.J., 1985. A learning algorithm for Boltzmann machines, *Cognitive Science*, vol. 9, 147-169.

Alexandre, L., 2014. *La stratégie secrète de Google apparaît...*, www.lejdd.fr

André-Leickman, B., Ziegler, C., 1982. *Naissance de l'écriture, cunéiformes et hiéroglyphes*, Paris : Réunion des musées nationaux.

Anonymous, 2006. The cutting edge – A Moore's law for razor blades?, *The Economist*, London, vol. 378, n. 8469, 85.

Anonymous, 2006. *Une bactérie immortelle livre ses secrets*, www.laterredufutur.com

Anonymous, 2007 (a). *La clef de l'immortalité*, www.gizmodo.fr

Anonymous, 2007 (b). *Virtual immortality how to live-forever*, www.dailygalaxy.com

Asimov, I., 1950. *I, robot*, New York : Gnome Press.

Asimov, I., 1966. *Fantastic Voyage*, Boston : Houghton Mifflin Company.

343

Asselineau, C., 1859. *Notes sur « La Double Vie » de Charles Baudelaire*, Paris : L'Artiste.

Aubert, J.-F., 2005. *Histoire des statuettes funéraires égyptiennes*, Paris : Éditions de la Bibliothèque nationale de France.

Avan, L., Sticker, H.J., 1988. *L'Homme réparé : artifices, victoires, défis*, Paris : Gallimard, coll. « Découvertes ».

Avouris, P., Collins, P.G., Arnold, M.S., 2001. Engineering Carbon Nanotubes and Nanotube Circuits Using Electrical Breakdown, *Science*, vol. 292, n. 5517.

Balian, R., 1990. *Du microscopique au macroscopique*, Paris : Ellipses.

Balian, R., 2005. Un va-et vient entre émergence et réduction, L'énigme de l'émergence, *Sciences et Avenir*, n.143, 21.

Beer, R.D., 2004. Autopoiesis and Cognition in the Game of Life, *Artificial Life*, MIT Press, vol. 10, n. 3, 309-326.

Bell, G., Gemmell, J., 2007. A Digital Life, *Scientific American*, March 2007.

Bell, G., Gemmell, J., 2009. *Total Recall: How the E-Memory Revolution Will Change Everything*, Foreword by Bill Gates, New York : Penguin Books.

Benenson, Y., *et al.*, 2001. Programmable and autonomous computing machine made of biomolecules, *Nature*, vol. 414, 430-434.

Bennett, C.H., 1987. Information, Dissipation and the definition of Organization, *Emerging Synthesis in Sciences*, Reading.

Bennett, C.H., 1988. *Logical Depth and Physical Complexity, Turing Machine : A Half-Century Survey*, New York : Oxford University Press.

Bergé, P., Pomeau, Y., Dubois-Gance, M., 1997. *Des rythmes au chaos*, Paris : Odile Jacob, coll. « Opus 64 ».

Bluebrain, 2016. bluebrain.epfl.ch

Bock, E., 2009. *Les trois années du Christ Jésus*, Alès : Iona.

Bohr, N., 1937. Causality and Complementarity, *Philosophy of Science*, n. 4, 289-298.

Bonabeau, E., Theraulaz, G., 1994. *Intelligence collective*, Paris : Hermès Science.

Boole, G., 1854. *Les Lois de la pensée*, Paris : Vrin, coll. « Mathesis ».

Boston, 2016. www.bostondynamics.com

Branscombe, M., 2008. *Super-Cooled Quantum Computing Is Coming*, www.tomshardware.com

Breazeal, C., 2002. *Designing Sociable Robots*, Cambridge : MIT Press.

Breazeal, C., 2003. Toward sociable robots, *Robotics and Autonomous Systems*, vol. 42, n. 3-4., 167-175.

Brigis, A., 2008. *Ray Kurzweil: The Singularity is Not a Religion*, futureblogger.net

Buck, S., 2013. *How 1 billion people are coping with death and Facebook*, www.mashable.com

Burks, A.W., 1970. *Essays on Cellular Automata, Introduction*, Champaign : University of Illinois Press.

Callaway, E., 2016. 'Minimal' cell raises stakes in race to harness synthetic life, *Nature*, n. 531, 557–558.

Chailloux, J., Devin, M., Hullot, J.M., 1984. LeLisp: a portable and efficient LISP system, *Proceedings ACM Symposium on LISP and functional programming*, 113-122.

Chaitin, G.J., 1977. *Algorithmic Information Theory*, IBM Journal of Research and Development, n. 31.

Changeux, J.-P., 1983 (a). *L'homme neuronal*, Paris : Arthème Fayard, 18.

Changeux, J.-P., 1983 (b). *Ibid.*, 78-86.

Chomsky, N., 1969. *Le langage et la pensée*, Paris : Payot.

Chow, A., *et al.*, 2004. The artificial silicon retina microchip for the treatment of vision loss from retinitis pigmentosa, *Archive of Ophthalmology*, vol. 122, n. 4, 460-469.

Chuang, I.L., *et al.*, 1998. Experimental realization of a quantum algorithm, *Nature*, vol. 393, n. 6681, 143-146.

Church, A., 1941. The Calculi of Lambda-Conversion, *Annals of Mathematics Studies*, Princeton : Princeton University Press.

Colmerauer, A., Roussel, P., 1992. *La naissance de Prolog*, Rapport Faculté des Sciences de Luminy.

Dawkins, R., 1986. *The blind watchmaker*, London : Longman.

Dawkins, R., 1989. The evolution of evolvability, *Artificial Life*, SFI Studies in the Sciences of Complexity, vol. VI, Reading : Addison-Wesley, 201-220.

Deevy, E.S., 1960. The Human Population, *Scientific American*, vol. 203, n.3, 194-206.

Delahaye, J.-P., 1994 (a). *Information, Complexité et Hasard*, Paris : Hermès Science.

Delahaye, J.-P., 1994 (b). *Ibid.*, 96-119.

Derycke, V., Martel, R., Appenzeller, J., Avouris, P., 2001. Carbon nanotube inter- and intra-molecular logic gates, *Web edition of Nano Letters*, American Chemical Society.

Descartes, R., 1637. *Discours de la méthode*, Paris : Flammarion.

Dettmers, T., 2015. *Brain vs. Deep Learning Singularity*, timdettmers.wordpress.com

Diamond, J., 2011. *Collapse: How Societies Choose to Fail or Succeed*, New York : Penguin Books.

Djebbar, A., 2013. *L'âge d'or des sciences arabes*, Paris : Le Pommier, 15.

Dobzhansky, T., 1967. *The biology of ultimate concern*, New York : The new American library.

Drexler, K.E., 1986. *Engines of Creation: The Coming Era of Nanotechnology*, New York : Anchor Books.

Drexler, K.E., 1989. Biological and nanomechanical systems: contrasts in evolutionary capacity, *Artificial Life*, SFI Studies in the Sciences of Complexity, vol. VI, Reading : Addison-Wesley, 501-519.

Dreyfus, H.L., 1984. *Intelligence Artificielle : mythes et limites*, Paris : Flammarion.

Eccles, J.C., 1994 (a). *Évolution du cerveau et création de la conscience*, Paris : Flammarion.

Eccles, J.C., 1994 (b). *Ibid.*, 252-257.

Eccles, J.C., 1994 (c). *Ibid.*, 270-273.

Eccles, J.C., 1994 (d). *Ibid.*, 272.

Edelman, G.M., 1992 (a). *Biologie de la conscience*, Paris : Odile Jacob.

Edelman, G.M., 1992 (b). *Ibid.*, 193-202.

Eigen, M., Schuster, P., 1979. *The hypercycle*, Berlin : Springer-Verlag.

Eisemann, C.H., *et al.*, 1984. Do insects feel pain ? – A biological view, *Experienta*, vol. 40.

Érasme, 1968. *Des prodiges, Dictionnaire du Diable et de la démonologie*, Paris : Marabout Université, 51.

Faure, G., 2009. *Qu'est-ce qui arrive aux comptes Facebook après la mort ?*, rue89.nouvelobs.com

Feigenbaum, E., Buchanan, B.G., Lederberg, J., 1971. On generality and problem solving : A case study using the Dendral program, *Machine Intelligence*, vol. 6, Edinburgh : Edinburgh University Press, 165-190.

Feigenbaum, M., 1980. Universal Behaviour in Nonlinear Systems, *Los Alamos Science*, vol. 1, 1-4.

Ferber, J., 1995. *Les systèmes multiagents – Vers une intelligence collective*, Paris : InterEditions.

Feynman, R.P., 1960. *There's plenty of room at the bottom, Engineering and Science*, CalTech, 22-36.

Folco, M., 1991. *Dieu et nous seuls pouvons*, Paris : Le Seuil.

Ford, M., 2009. *The Lights in the Tunnel: Automation, Accelerating Technology and the Economy of the Future*, Acculant Publishing.

Frégnac, Y., Laurent, G., 2014. Neuroscience: Where is the brain in the Human Brain Project?, *Nature*, www.nature.com

Futur, 2016. *Open Letter on Autonomous Weapons*, futureoflife.org/AI

Ganascia, J.-G., 1990 (a). *L'âme machine, Les enjeux de l'intelligence artificielle*, Paris : Le Seuil, coll. « Science ouverte », 32.

Ganascia, J.-G., 1990 (b). *Ibid.*, 202-210.

Ganascia, J.-G., 1990 (c). *Ibid.*, 204-205.

Gardner, M., 1970. Mathematical Games: The Fantastic Combinations of John Conway's Game of Life, *Scientific American*, n. 223, 120-123.

Garis, H. de, 2005. The Artilect War – *Cosmists vs. Terrans: A Bitter Controversy Concerning Whether Humanity Should Build Godlike Massively Intelligent Machines*, ETC Publications, 254.

Gautier, T., 1856. Avatar, *Robot Erectus*, J.-C. Heudin (Ed.), Paris : Science eBook.

Gebhard, P., 2005. ALMA: A layered model of affect, *Proceedings 4th International Joint Conference on Autonomous Agents and Multi-agent Systems*, 29-36.

Gelmis, J., 1970. Extrait de l'entretien de Stanley Kubrick, *The Film Director as Superstar*.

Gibson, D.G., *et al.*, 2008. Complete Chemical Synthesis, Assembly, and Cloning of a Mycoplasma genitalium Genome, *Science*, vol. 319, n. 5867, 1215-1220.

Gibson, W., 1984. *Neuromancer*, Phantasia Press.

Gibson, W., 1988. *Mona Lisa Overdrive*, Bantam Books.

Gilles, A., Lebiannic, Y., Montet, P., Heudin, J.-C., 1991. A parallel architecture for the copilote électronique, *11th International Conference on Expert Systems Applications*, EC2, Avignon.

Godwin, J.W., Pinto, A.R., Rosenthal, N.A., 2013. Macrophages are required for adult salamander limb regeneration, *Proceedings of the National Academy of Sciences*.

Good, I.J., 1965. Speculations Concerning the First Ultra-intelligent Machine, *Advances in Computers*, vol. 6, New York : Academic Press, 31-88.

Good, J., 2010. *The rise of the dead: how Many ghosts are on Facebook?*, blog.1000memories.com

Google, 2013. *Google announces Calico, a new company focused on health and well-being*, googlepress.blogspot.fr

Goossaert, V., 2013. *Immortalité : sens et conceptions d'une notion complexe*, www.religions-histoire.com, n. 52, 24-27.

Gould, S.J., 2002. *The structure of Evolutionary theory*, Cambridge : Belknap Press.

Greussay, P., 1977. *Contribution à la définition interprétative des lambda-langages*, Thèse d'état, Université Paris VIII.

Griffin, D.R., 1976. *The question of animal awareness*, New York : Rockefeller University Press, 5.

Grover, L.K., 1996. A fast quantum mechanical algorithm for database search, *Proceedings of 28th Annual ACM Symposium on Theory of Computing*, 212-219.

Hamilton, P.F., 1993. *Greg Mandel – Mindstar Rising*, Tor Books.

Hamilton, P.F., 2004. *Pandora's Star*, Del Rey Books.

Harrisson, H., Minsky, M., 1994. *Le problème de Turing*, Paris : Livre de Poche, coll. « Science Fiction », 134.

Hayes-Roth, F., Waterman, D.A., Lenat, D.B., 1983. *Building Expert Systems*, Reading : Addison-Wesley.

Hebb, D.O., 1949. *The organization of behavior: A Neuropsychological Theory*, New York : Wiley.

Heinlein, R.A., 1940. *Waldo and Magic Inc.*, New York : Doubleday.

Heudin, J.-C., 1988. *Architectures fondées sur la connaissance pour l'exécution et le contrôle de processus complexes*, Thèse de l'Université Paris XI, 141-156.

Heudin, J.-C., 1994. *La vie artificielle*, Paris : Hermès Science.

Heudin, J.-C., 1998. *L'évolution au bord du chaos*, Paris : Hermès Science.

Heudin, J.-C., 2005. Le jeu de la vie, L'énigme de l'émergence, *Sciences et Avenir*, n.143, 22-28.

Heudin, J.-C., 2008 (a). *Les Créatures artificielles*, Paris : Odile Jacob, 429-432.

Heudin, J.-C., 2008 (b). *Ibid.*, 186-203.

Heudin, J.-C., 2008 (c). *Ibid.*, 395-397.

Heudin, J.-C., 2008 (d). *Ibid.*, 422-424.

Heudin, J.-C, 2008 (e). *Ibid.*, 75-114.

Heudin, J.-C., 2008 (f). *Ibid.*, 55-74.

Heudin, J.-C., 2008 (g). *Ibid.*, 79-81.

Heudin, J.-C., 2008 (h). *Ibid.*, 84-88.

Heudin, J.-C., 2008 (i). *Ibid.*, 97-103.

Heudin, J.-C., 2008 (j). *Ibid.*, 301-319.

Heudin, J.-C., 2008 (k). *Ibid.*, 301-319.

Heudin, J.-C., 2009 (a). An evolutionary nano-agent control architecture for intelligent artificial creatures, *Proceedings 14th Int. Symposium on Artificial Life and Robotics.*

Heudin, J.-C., 2009 (b). *Robots & Avatars*, Paris : Odile Jacob, 116-129.

Heudin, J.-C., 2009 ©. The origin of evolution in physical systems, *Complex Science*, Springer, 550-559.

Heudin, J.-C., 2011. A schizophrenic approach for intelligent conversational agent, *Proceedings 3rd Int. Conference on Agents and Artificial Intelligence.*

Heudin, J.-C., 2013 (a). Demain, tous cyborgs ?, *L'autre, le semblable, le différent...*, R. Frydman, M. Flis-Trèves (éds.). Paris : Presses Universitaires de France.

Heudin, J.-C., 2013 (b). *Discover how works a Computer*, Paris : Science eBook.

Heudin, J.-C., 2013 ©. *Les 3 lois de la robotique – Faut-il avoir peur des robots ?*, Paris : Science eBook.

Heudin, J.-C., 2015. A Bio-inspired Emotion Engine in the Living Mona Lisa, *Proceedings ACM Virtual Reality International Conference*, Laval.

Heudin, J.-C., Burg, B., Zavidovique, B., 1986. A flexible operating system for distributed process control, *Proceedings 4th SPIE Conference on Applications of Artificial Intelligence*, Innsbruck.

Hibbard, B., 2002. *Super-Intelligent Machines*, Berlin : Springer.

Hibbard, B., 2012. Avoiding Unintended AI Behaviors, *Proceedings of the Fifth Conference on Artificial General Intelligence*.

Hodges, A., 1988. *Alan Turing, The Enigma*, Paris : Payot, coll. « Bibliothèque scientifique ».

Hofstadter, D., 1985. *Gödel, Escher, Bach, Les brins d'une guirlande éternelle*, Paris : InterEditions, 38-47.

Holland, J.H., 1975. *Adaptation in natural and artificial systems*, Ann Arbor : University of Michigan Press.

Hopfield, J.J., 1982. Neural networks and physical systems with emergent collective computational abilities, Proceedings of Natural Academical Sciences, *Biophysics*, vol. 79, 2554-2558.

Huebner, J., 2005. A Possible Declining Trend for Worldwide Innovation, *Technological Forecasting & Social Change*.

Imam Abdallah, 2010. *Comment faire les toilettes mortuaires*, imam-abdallah.over-blog.com

Jarriault, S., Schwab, Y., Greenwald, I., 2008. A Caenorhabditis elegans model for epithelial-neuronal transdifferentiation, *Proceedings of the National Academy of Sciences*, USA, vol. 105, n.10, 3790-3795.

Jenkins Jr., H.W., 2013. Will Google's Ray Kurzweil Live Forever?, *Wall Street Journal*, online.wsj.com

Kahn, A., Papillon, F., 2005. *Le secret de la salamandre – la médecine en quête d'immortalité*, Paris : Nil.

Kasimirski, M., 1841 (a). *Le Koran*, traduction, Paris : Charpentier, 47:15.

Kasimirski, M., 1841 (b). *Ibid.*, 4:56.

Kauffman, S.A., 1993 (a). *The Origins of Order: Self-Organization and Selection in Evolution*, New York : Oxford University Press.

Kaufman, S., 1993 (b). *Ibid.*, 522.

Kauffman, S.A., 1995. *At Home in the Universe: The Search for Laws of Self-Organization and Complexity*, New York : Oxford University Press.

Kittlaus, D., 2016. *The team behind Siri debuts its next-gen AI "Viv"*, www.youtube.com/watch?v=MI07aeZqeco

Kohonen, T., 1972. Correlation matrix memories, *IEEE Transaction on Computers*, C-21, 353-359.

Kolmogorov, A.N., 1965. Three Approaches for Defining the Concept of Information Quantity, *IEEE Transaction on Information Theory*, vol. II.14, n. 5.

Koza, J.R., 1992. *Genetic Programming*, Cambridge : MIT Press.

Kurzweil, R., 1999. *The Age of Spiritual Machine: When Computers Exceed Human Intelligence*, New York : Penguin Books.

Kurzweil, R., 2005. *The singularity is Near: When Humans transcend Biology*, New York : Viking.

Kurzweil, R., Grossman, T., 2004. *Fantastic Voyage: Live Long Enough to Live Forever*, Emmaus : Rodale Books.

Kyrou, A., 2010. *Google God : Big Brother n'existe pas, il est partout*, Paris : Inculte.

Langton, C.G., 1984. Self-reproduction in cellular automata, *Physica D*, vol. 10, 135-144.

Langton, C.G., 1989. Artificial Life, *Artificial Life*, SFI Studies in the Sciences of Complexity, vol. VI, Reading : Addison-Wesley, 1-47.

Langton, C.G., 1991. Life at the Edge of Chaos, *Artificial Life II*, SFI Studies in the Sciences of Complexity, Reading : Addison-Wesley.

Lanier, J., 2013. *Who Owns the Future?*, New York : Simon & Schuster, 328.

Laviedapres, 2009. www.laviedapres.com

Le Moigne, J.-L., 1977. *La théorie du système général, Théorie de la modélisation*, Paris : Presse Universitaire de France.

Lecouteux, C., 1986. *Fantômes et Revenants au Moyen Âge*, Paris : Imago, 65.

Lecouteux, C., 2009. *Histoire des vampires : autopsie d'un mythe*, Paris : Imago, 195.

Lecun, Y., 1987. *Modèles connexionistes de l'apprentissage*. Doctoral dissertation, Université de Paris VI.

Lecun, Y., Bengio, Y. and Hinton, G. E., 2015 (a). Deep Learning, *Nature*, vol. 521, 436-444.

Lecun, Y., 2015 (b). www.cs.nyu.edu/~yann/talks/lecun20150610-cpvr-keynote.pdf

Letzing, J., 2012. Google Hires Famed Futurist Ray Kurzweil, *The Wall Street Journal*, blogs.wsj.com

Lindenmayer, A., 1968. Mathematical models for cellular interaction in development, Part I and II, *Journal of Theoretical Biology*, n. 18, 280-315.

Lindsay, R.K., Buchanan, B.G., Feigenbaum, E.A., Lederberg, J., 1980. *Applications of artificial intelligence for organic chemistry : the Dendral projet*, New York : McGraw-Hill.

Lorenz, E.N., 1993. Un battement d'aile de papillon au Brésil peut-il déclencher une tornade au Texas ?, *Alliage*, n. 22, 42-45.

Mabyshev, D.A., *et al.*, 2014. A semi-synthetic organism with an expanded genetic alphabet, *Nature*, vol. 5099, 385-388.

Magnier, M., Lattaud, C., Heudin, J.-C., 1997. Complexity Classes in the Two-dimensional Life Cellular Automata Subspace, *Complex Systems*, vol. 11, 419-436.

Mandelbrot, B., 1975. *Les objets fractals : forme, hasard et dimension*, Paris : Flammarion.

Maturana, H., Varela, F.J., 1980. Autopoiesis and Cognition : the realization of the living, *Studies in the Philosophy of Science*, t. XLII, Boston.

McCarthy, J., 1958. An Algebraic Language for the Manipulation of Symbolic Expressions, *MIT AI Memo*, n. 1, Cambridge.

McCarthy, J., 1960. Recursive Functions of Symbolic Expressions and Their Computation by Machine, *Communication ACM*, vol. 3, n.3, 184-195.

McCarthy, J., 1979. *History of Lisp*, AI Laboratory report, Stanford University.

McCracken, H., Grossman, L., 2013. *Google vs. Death: How CEO Larry Page has transformed the search giant into a factory for moonshots. Our exclusive look at his boldest bet yet – to extend human life*, content.time.com

McCulloch, W.S., Pitts, W., 1943. A Logical Calculus of Ideas Immanent in Nervous Activity, *Bulletin of Mathematical Biophysics*, vol. 5, 115-133.

Métivier, M., Lattaud, C., Heudin, J.-C., 2002. A Stress-based Speciation Model in LifeDrop , *Proceedings of the 8th International Conference on Artificial Life*, Cambridge : MIT Press, 121-126.

Meyer, R., 1997 (a). *L'immortalité de l'âme*, www.lecclesiaste.fr

Meyer, R., 1997 (b). *Le retour à la vie*, Paris : Dammarie-lès-Lys.

Minsky, M., 1954. *Neural nets and the brain-model problem*, PhD Dissertation, Princeton : Princeton University.

Minsky, M., 1982. Why people think computers can't, *AI Magazine*, vol. 3, n. 4.

Minsky, M., 1991. Conscious Machines, *Proceedings Machinery of Consciousness*, National Research Council of Canada, 75th Anniversary Symposium on Science in Society.

Minsky, M., 1998. *La société de l'esprit*, Paris : InterEditions.

Minsky, M., Papert, S., 1969. *Perceptrons*, Cambridge : MIT Press.

Minsky, M., Papert, S., 1972. Artificial Intelligence Progress Report: research at the laboratory in vision, language, and other problems of intelligence, *MIT AI Memo*, n. 252.

Mitchell, S., 2013. *Gilgamesh, la quête de l'immortalité*, A. Clause (trad.). Paris : Synchronique.

Modis, T., 2002. Forecasting the Growth of Complexity and Change, *Technological Forecasting & Social Change*, vol. 69, n. 4.

Mohen, J.-P., *et al.*, 2004. *Rituels de la mort, croyances d'immortalité*, www.lemondedesreligions.fr, n.8.

Monod, J., 1970. *Le hasard et la nécessité*, Paris : Le Seuil.

Montemagno, C.D., 2001. Nanomachines: A Roadmap for Realizing the Vision, *Journal of Nanoparticle Research*, n. 3, 1-3.

Moore, G.E., 1965. Cramming More Components onto Integrated Circuits, *Electronics*, vol. 38.

Moravec, H. 1990. *Mind Children: The Future of Robot and Human Intelligence*, Cambridge : Harvard University Press.

Moravec, H., 1998. When will computer hardware match the human brain?, *Journal of Transhumanism*, vol. 1.

Morin, E., 2002. *À propos de la complexité*, www.cnrs.fr

Morin, E., 2005. *Introduction à la pensée complexe*, Paris : Le Seuil, coll. « Points ».

Neper, J., 1617. *Rabdologiae, seu Numerationis per virgulas libri duo.*

Neumann, J. von, 1966. *Theory of Self-Reproducing Automata*, edited and completed by A. W. Burks, University of Illinois Press.

Newell, A., Shaw, J.C. , Simon, H.A., 1957. Empirical explorations with the logic theory machine: A case study in heuristics, *Proceedings West Joint Computer Conference*, 218-239.

Panos, P., 1994. *Using Virtual Reality to Document Human Existence*, www.personafoundation.org/personaform.htm

Penrose, R., 1989. *The Emperor's New Mind*, New York : Oxford University Press.

Philibert, M., 2002. *Mort et Immortalité : De la préhistoire au Moyen-Âge*, Paris : Éditions du rocher.

Philipkoski, K., 2002. *Ray Kurzweil's Plan: Never Die*, archive.wired.com

Poundstone, W., 1985. *The Recursive Universe, Cosmic complexity and the limits of scientific knowledge*, Chicago : Contemporary Books.

Prigogine, I., 1986. *La nouvelle alliance*, Paris : Gallimard.

Prigogine, I., Stengers, I., 1984. *Order out of Chaos – Man's new dialog with nature*, Toronto : Bantam Books.

Reeves, B., Nass, C., 1996. *The Media Equation: How People Treat Computers, Television, and New Media like Real People and Places*, Cambridge : Cambridge University Press.

Reeves, H., 1986. *L'heure de s'enivrer, L'univers a-t-il un sens ?*, Paris : Le Seuil, 54-59.

Regev, A., Shapiro, E., 2002. Cellular abstractions: Cells as computation, *Nature*, vol. 419, 343.

Rémi, C., 1991. KOS, marier temps réel et intelligence artificielle, *01 Informatique*, n. 1160, 43.

Rémi, C., 1994. Claire surveille les embouteillages de Londres, *01 Informatique*, n. 1337, 32.

Rendu, W., *et al.*, 2013. Evidence supporting an intentional Neandertal burial at La Chapelle-aux-Saints, *Proceedings of the National Academy of Sciences*.

Richard, J.P., Zuryn, S., Fischer, N., Pavet, V., Vaucamps, N., Jarriault, S., 2011., Direct in vivo reprogramming involves transition through discrete, non-pluripotent steps, *Development*, dev.biologists.org

Rieusset-Lemarié, I., 1999. *La société des clones à l'ère de la reproduction multimédia*, Arles : Actes Sud, 72-73.

Roco, M.C., Bainbridge, W.S., 2013. *Le rapport NBIC*, www.transhumanism.org

Rokicki, T., *et al.*, 2016. www.cube20.org

Rose, G., 2009. *128 qubit chip mounted on I/O system*, dwave.wordpress.com

Rose, J.D., *et al.*, 2012. Can fish really feel pain?, *Fish and Fisheries*, Blackwell Publishing.

Rosenblatt, F., 1958. The Perceptron: A probabilistic model for information storage and organization in the brain, *Psychological Review*, vol. 65, n. 6, 386-408.

Rosenblueth, A., Wiener, N., Bigelow, J., 1943. Behavior, purpose and teleology, *Philosophy of Science*, vol. 10, 18.

Rousseau, J.-J., 1762. *Émile, ou, De l'éducation*, livre V, Paris : Flammarion.

Ruelle, D., 1991. *Hasard & Chaos*, Paris : Odile Jacob, coll. « Opus 89 ».

Rumelhart, D.E., Hinton, G.E., Williams, R.J., 1986. Learning internal representations by error propagation, Parallel distributed processing, *Explorations in the microstructure of cognition*, vol. 1, Cambridge : MIT Press, 318-362.

Schaeffer, J., *et al.*, 2007. Checkers is solved, *Science*, 317, 5844. 1518–1522.

Schneiker, C., 1989. Nanotechnology with Feynman machines: scanning tunneling engineering and artificial life, *Artificial Life*, SFI Studies in the Sciences of Complexity, vol. VI, Reading : Addison-Wesley, 443-500.

Searle, J.R., 1980. Minds, Brains, and Programs, *The Behavioral and Brain Science*, vol. 3, Cambridge : Cambridge University Press.

Searle, J.R., 1985. *Du cerveau au savoir*, Paris : Hermann, coll. « Savoir », 42-43.

Serres, M., 2001 (a). *Hominescence*, Paris : Le Pommier, 65.

Serres, M., 2001 (b). *Ibid.*, 74-75.

Serres, M., 2001 (c). *Ibid.*, 61.

Serres, M., 2012. *Petite Poucette*, Paris : Le Pommier.

Serres, M., 2013. *Ce n'est pas une crise c'est un changement de monde*, www.lejdd.fr

Shakespeare, W., 1603. *Hamlet*, Acte I, Scène V, Paris : Aubier.

Shapiro, E., Warren, D.H.D., 1993. The Fifth Generation Project: Personal Perspectives, *Communication ACM*, vol. 36, n. 3, 46-100.

Shelley, M., 2012. Frankenstein ou le Prométhée moderne, *Robot Erectus*, J.-C. Heudin (Ed.), Paris : Science eBook.

Sherman, W.B., Seeman, N.C., 2004. A Precisely Controlled DNA Biped Walking Device, *Nano Letters*, n. 4, 1203-1207.

Shor, P.W., 1994. Algorithms for quantum computation: Discrete logarithms and factoring, *Proceedings 35nd Annual Symposium on Foundations of Computer Science*, IEEE Press, 124-134.

Shortliffe, E.H., 1976. *Computer-based medical consultation: Mycin*, New York : American Elsevier.

Silver, D., *et al.*, 2016. Mastering the game of Go with deep neural networks and tree search, *Nature,* n. 529, 484–489.

Simonite, T., 2013. *D-Wave's Quantum Computer Goes to the Races*, www.technologyreview.com

Slate, 2016. *2098 : plus de morts que de vivants sur Facebook*, www.slate.fr

Sneddon, L.U., Braithwaite, V.A., Gentle, M.J., 2003. Do fishes have nociceptors ? Evidence for the evolution of a vertebrate sensory system, *Proceedings of the Royal Society B*, vol. 270, n. 1520.

Solomonoff, R.J., 1964. A Formal Theory of Inductive Inference, *Inference & Control*.

Spectrum, 2008. *Tech Luminaries Address Singularity*, spectrum.ieee.org

Steele Jr., G.L., 1984. *Common Lisp, The language*, New York : Digital Press.

Stengers, I., 1997. *Cosmopolitiques, La vie et l'artifice : visages de l'émergence*, t. 6, Paris : La Découverte, 71-73.

Stojanovic, M.N., Stefanovic, D., 2003. A Deoxyribozyme-Based Molecular Automaton, *Nature Biotechnology*, n. 21, 1069-1074.

Tainter, J., 1988. *The Collapse of Complex Societies*, Cambridge : Cambridge University Press.

Taniguchi, N., 1974. On the Basic Concept of Nano-Technology, *International Conference on Production and Engineering*, Japan Society of Precision Engineering, Tokyo.

Thibault, F., 2010. *La mort dans L'Odyssée*, www.weblettres.net

Thom, R., 1983. *Paraboles et catastrophes*, Paris : Flammarion.

Thorpe, W.H., 1974. Animal Nature and Human *Nature*, London : Methuen, 299.

Toptal, 2016. *Machine learning : an introduction to deep learning from perceptron to deep network*, www.toptal.com

Torrel, J.-C., Lattaud, C., Heudin, J.-C., 2006. Complex Stellar Dynamics using a Hierarchical Multi-agent Model, *International Conference on Complex Systems ICCS2006*, Boston : New England Complex Systems Institute.

Turing, A.M., 1937. On Computable numbers, with an application to the Entscheidungsproblem, *Proceedings London Mathematical Society*, vol. 2, n. 42, 230-265.

Turing, A.M., 1947. Intelligent Machinery, Mechanical Intelligence, *Collected Works of A.M. Turing*, D.C. Ince (ed.). North-Holland, 107-127.

Turing, A.M., 1950. *Computing Machinery and Intelligence, Mechanical Intelligence, Ibid.*, 133-160.

Turing, A.M., 1959. Computing Machinery and Intelligence, *Mind*, vol. 59, 434-469.

Vandersypen, L.M.K., *et al.*, 2001. Experimental realization of Shor's quantum factoring algorithm using nuclear magnetic resonance, *Nature*, vol. 414, 883.

Varela, F., Thompson, E., Rosch, E., 1993 (a). *L'inscription corporelle de l'esprit – Sciences cognitives et expérience humaine*, Paris : Le Seuil, coll. « La couleur des idées », 78.

Varela, F., Thompson, E., Rosch, E., 1993 (b). *Ibid.*, 153.

Varela, F., Thompson, E., Rosch, E., 1993 (c). *Ibid.*, 155.

Varela, F.J., 1989 (a). *Autonomie et connaissance – Essai sur le vivant*, Paris : Le Seuil, coll. « La couleur des idées », 61.

Varela, F.J., 1989 (b). *Ibid.*, 79-91.

Varela, F.J., 1989 ©. *Ibid.*, 143-154.

Venter, C., 2008. *Venter Institute Scientists Create First Synthetic Bacterial Genome*, Press release, www.jcvi.org

Vettiger, P., *et al.*, 2002. The millipede: nanotechnology entering data storage, *IEEE Transactions on Nanotechnology*, vol. 1, n. 1, 39-55.

Vinge, V., 1993. What is the singularity?, *Vision-21 NASA Symposium*.

Wagner, D.E., Wang, I.E., Reddien, P. W., 2011. Clonogenic neoblasts are pluripotent adult stem cells that underlie planarian regeneration, *Science*, 332, 811-816.

Waldrop, M.M., 1992. *Complexity, The emerging science at the edge of order and chaos*, New York : Touchstone Books, 200-203.

Watson, J.D., Crick, F.H.C.,1953. A Structure for Deoxyribose Nucleic Acid, *Nature*, vol. 171, n. 4356. 737–738.

Weizenbaum, J., 1966. Eliza, A Computer Program for the Study of Natural Language Communication between Man and Machine, *Communication ACM*, n. 9, 36-45.

Widrow, B., Hoff, M.E., 1960. Adaptive switching circuits, *Proceedings IRE WESCON*, New York, 96-104.

Wiener, N., 1948. *Cybernetics, Control and Communication in the Animal and the Machine*, Cambridge : MIT Press.

Wiener, N., 1952. *Cybernétique et société*, Paris : 10/18.

Wikipedia, 2016 (a). fr.wikipedia.org/wiki/Réincarnation

Wikipedia, 2016 (b). fr.wikipedia.org/wiki/Zombie_(mort-vivant)

Wikipedia, 2016 (c). fr.wikipedia.org/wiki/Vampire

Wikipedia, 2016 (d). wikipedia.org/wiki/Débuts_de_l'écriture_en_Mésopotamie

Wikipedia, 2016 (e). fr.wikipedia.org/wiki/Google_Glass

Wikipedia, 2016 (f). fr.wikipedia.org/wiki/Interface_neuronale_directe

Wikipedia, 2016 (g). en.wikipedia.org/wiki/Smartwatch

Wikipedia, 2016 (h). fr.wikipedia.org/wiki/Google_Glass

Wikipedia, 2016 (i). fr.wikipedia.org/wiki/Deep_Blue

Wikipedia, 2016 (j). en.wikipedia.org/wiki/CALO

Wikipedia, 2016 (k). fr.wikipedia.org/wiki/Ghost_in_the_Shell

Wikipedia, 2016 (l). fr.wikipedia.org/wiki/Caprica

Wikipedia, 2016 (m). fr.wikipedia.org/wiki/Douleur

Wikispace, 2016. scalometer.wikispaces.com/singularity

Wolfram, S., 1984. Universality and complexity in cellular automata, *Physica D*, vol. 10, 1-35.

Yang, X., 2004. An Embryonic Nation, *Nature*, 428, 210-212.

Zaffagni, M., 2013. *Le tatouage électronique qui fait micro breveté par Motorola Mobility*, www.futura-sciences.com

Zeck, G., Fromhertz, P., 2001. Non invasive neuroelectronic interfacing with synaptically connected snail neurons immobilized on a semiconductor chip, *Proceedings of the National Academy of Science*, vol. 98, n. 18, 10457-10462.

Zwirn, H., 2005. Qu'est-ce que l'émergence ?, L'énigme de l'émergence, *Sciences et Avenir*, n.143, 20.

Du même auteur :

Robot Erectus (2012)

Les 3 lois de la robotique (2013)

Les robots dans Star Wars (2015)

Retrouvez l'auteur sur :

www.facebook.com/jcheudin

twitter.com/jcheudin

jcheudin.blogspot.com

www.science-ebook.com

© Science-eBook, Mai 2016
Première édition : Juin 2014
http://www.science-ebook.com
ISBN 979-10-91245-38-8
Printed by CreateSpace

16771279R00214

Printed in Great Britain
by Amazon